백제학연구총서 쟁점백제사 17

백제는 부여를 계승하였나

백제학연구총서 쟁점백제사 17
백제는 부여를 계승하였나

총괄 김기섭(한성백제박물관장)
기획 · 진행 조영훈(백제학연구소장) · 이장웅(학예연구사)
편집교정 이장웅(학예연구사) · 전미정(연구원)
행정지원 박용헌 · 최영미 · 양재연(총무과)

한성백제박물관
05540 서울특별시 송파구 위례성대로 71
Tel. 02-2152-5800
http://baekjemuseum.seoul.go.kr

발행일 2020년 12월 23일

디자인 · 제작 학연문화사
Tel 02-2026-0541

ISBN 979-11-86012-75-8
978-89-969903-7-6(세트)
값 10,000원

백제학연구총서 쟁점백제사 17

백제는 부여를 계승하였나

한성백제박물관
SEOUL BAEKJE MUSEUM

발 간 사

한성백제박물관 백제학연구총서『쟁점백제사』제17권은 지난 2020년 10월 22일 개최한 학술회의「백제는 부여를 계승하였나」를 정리한 것입니다. 학술회의는 코로나19 확산 방지를 위한 거리두기 지침에 따라 7명의 발표·토론자만 실무진과 함께 현장에 참석하고 모든 과정과 자료를 실시간 온라인 송출하는 방식으로 진행하였습니다. 종합토론은 오후 1시부터 4시간 40분 동안 이어졌습니다.

한국고대사에서 부여사는 고조선사와 함께 매우 중요한 위치를 차지합니다. 백제의 국가 형성 및 성장의 연원을 밝히려면 반드시 고대국가 부여夫餘의 역사와 문화를 살펴보아야만 합니다. 백제의 제21대 개로왕은 북위北魏로 보낸 국서에서 스스로 "백제는 고구려와 함께 부여에서 나왔다"고 하였으며, 제26대 성왕은 사비泗沘로 천도하면서 나라 이름을 남부여南扶餘로 바꾼 바 있습니다. 그럼에도 불구하고 그동안 부여사 연구를 진작시키지 못한 것은 매우 아쉬운 일입니다.

이번 학술회의는 문헌사학과 고고학의 입장에서 각각 부여사의 쟁점 및 연구 동향을 살펴보고, 그 문화의 특질과 분포 범위를 파악하는 데 관심을 기울였습니다. 토론 중 북부여와 동부여 문제, 옥저 및 선비와의 구분, 중국 발굴 자료에 대한 이해, 종족 계통과 문화전파 등 많은 논쟁점이 부각되었으며, 부여와 백제의 연관성에 대해서도 다각도의 토론이 이루어졌습니다.

쟁점백제사는 학계의 연구현황과 한계를 정확하게 진단하고 허심탄회하게 토론함으로써 앞으로 무엇을 어떻게 조사・연구하고 이해하면 좋을지 전문가와 일반시민이 함께 앞길을 모색하는 시리즈 방식의 학술회의 및 총서입니다. 학계 발전과 시민의 이해 제고라는 두 가지 큰 목표에 더욱 가까이 다가설 수 있도록 한성백제박물관은 지속적으로 노력하겠습니다. 이번 학술회의를 위해 기획부터 토론 진행까지 헌신적으로 함께 해주신 윤용구 선생님께 깊이 감사드립니다. 그리고 주제 발표를 맡아주신 이승호, 유은식 선생님과 토론에 참여하신 권오영, 송호정, 이종수, 강인욱 선생님께 깊이 감사드립니다.

2020년 12월

한성백제박물관 관장

김기섭

목 차

주제발표 1

부여 문헌사 연구의 쟁점과 백제의 부여 계승의식

이 승 호 경희대학교

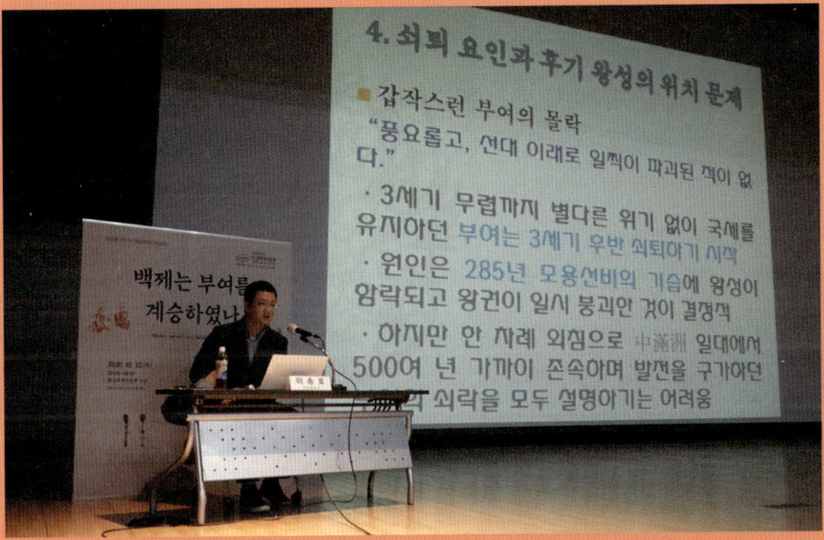

Ⅰ. 머리말 : 베일에 싸인 역사

Ⅱ. 건국 세력의 출자 설화와 탁리국

Ⅲ. 부여와 북부여, 그리고 동부여 문제

Ⅳ. 왕권과 국가구조에 대한 논의

Ⅴ. 쇠퇴 요인과 후기 왕성의 위치 문제

Ⅵ. 백제의 부여 계승의식과 백제계 동명신화

Ⅶ. 맺음말 : 기록과 현상의 괴리

Ⅰ. 머리말 : 베일에 싸인 역사

오늘날 한국 고대사 연구의 공간적 범위는 한반도뿐만 아니라 중국 동북 3성 지역, 즉 흔히 '만주'라고 명명되는 공간을 포함한다. 부여夫餘[1]는 기원전 3~2세기 무렵 바로 이 '만주' 지역을 남북으로 길게 가로질러 흐르는 송화강 중류 유역에서 출현한 국가이다. 이미 기원전 2세기가 되면 사서에 그 모습을 드러내고 있는 부여는 고조선과 더불어 한국 고대사의 첫머리를 장식한 국가로 간주되어 왔다.

3세기 중엽의 상황을 전하는 『위략魏略』에서 "풍요롭고, 선대 이래로 일찍이 파괴된 적이 없다."고 하였던 부여는 대략 기원전 2세기 초부터 기원후 5세기 말까지 700여 년 동안 역사를 이어나갔다. 그 과정에서 부여인의 문화는 한반도와 중국 동북부에서 출현한 여러 정치체의 탄생 과정에 지대한 영향력을 미쳤음은 주지의 사실이다. 하지만 동아시아 역사에서 부여가 점하는 위상에 비해 부여사 연구는 현재도 시작 단계에 머물러 있다 해도 과언이

1 부여는 『三國史記』나 『三國遺事』 등 국내 문헌에서는 '扶餘'라고 썼으며, 『三國志』를 비롯한 중국 여러 문헌에서는 대체로 '夫餘'라고 썼다. 한편 5세기 초 고구려인이 남긴 당대 기록인 「廣開土王碑文」이나 「牟頭婁墓誌」에서는 모두 '夫餘'라고 쓰고 있다. 이로보아 당대의 표현에 가장 가까운 표기방식은 夫餘임을 알 수 있다. 따라서 이 글에서는 논의 전개상 필요한 경우를 제외하고 '夫餘'로 표기를 통일하도록 한다.

아니다.

이처럼 부여사 연구가 지금까지도 답보상태에 머물 수밖에 없었던 일차적 이유는 문헌 기록의 절대적 부족 때문이라 할 수 있겠다. 부여는 그들 스스로의 역사 기록을 남기지 못했으므로 후세인들은 부여인이 아닌 타자의 시선에서 바라보고 기록한 부여 역사의 흔적을 더듬을 수밖에 없다. 물론 타자에 의해 기록된 역사조차도 풍부하다고 말하기는 어려운 실정이다.

현재 부여의 역사를 전하는 문헌 기록은 기원후 3세기의 기록인 『삼국지三國志』 위서魏書 동이전東夷傳에 실려 있는 부여조夫餘條 기록을 비롯한 중국측 사서와 『삼국사기三國史記』 고구려본기高句麗本紀 초기 기사에 전하는 고구려와 부여의 관계 기사가 중심이 된다. 물론 일연의 『삼국유사三國遺事』에도 북부여北扶餘·동부여東扶餘 등과 관련한 기록이 전하지만, 대부분 신화적 내용을 전할 뿐 그 역사의 전말을 파악할 수 있는 여지를 남겨놓고 있지 않다. 부여에 대한 문헌사 연구가 체계적으로 이루어지기에는 해당 분야의 사료적 환경이 절대적으로 척박한 상황이라 할 수 있다.

이처럼 부여 문헌사 연구는 기록의 부재를 극복하지 못한 채 많은 의문과 쟁점을 남기고 있지만, 반면에 1980년대 무렵부터 중국 동북 지역에서 부여인이 남긴 많은 양의 고고학 자료가 확보되면서 부여 고고학 연구 분야는 상당히 활기를 띠고 있다. 따라서 큰 진전을 보이기 시작한 부여 고고학의 성과에 발맞춰 지금까지 문헌 중심의 연구를 통해 제기된 여러 쟁점에 대한 검토가 이루어질 필요가 생겼다고 판단된다. 즉 현재의 고고학 성과에 대응할 새로운 부여사상像 구축을 위한 사전 작업으로서 현재 부여 문헌사 연구에서 제기되고 있는 쟁점을 정리하고 여러 논란에 대한 합리적인 접근 경로를 모색할 때이다.

이에 이 글에서는 부여 문헌사 연구를 중심으로 제기되고 있는 여러 쟁점에 대해 정리하고자 한다. 논의는 부여 건국 세력의 출자지出自地와 부여·북부여·동부여 문제, 부여의 왕권과 국가체제, 그리고 쇠퇴 요인과 후기 왕성 문제까지 이렇게 대략 네 부분으로 나누어 살펴볼 생각이다. 그리고 이와 함께 최근 제기되고 있는 '백제의 부여 계승'에 대한 회의적 시각에 대해서도 검토할 생각이다. 특히 '백제의 부여 계승'에 대한 논의는 한국 고대사에서 부여사가 점하는 위상과도 직결되는 문제이다. 이러한 점을 염두에 두고 최근 제기되고 있는 주장을 정리하는 한편, 백제의 부여 계승의식을 상징적으로 보여주는 백제계系 동명신화에 대한 탐색을 통해 백제 사회 내의 부여계 이주민 집단 문제에 접근해보고자 한다.

Ⅱ. 건국 세력의 출자 설화와 탁리국

먼저 부여의 건국과 관련하여 기원후 1세기 무렵 중원中原의 지식사회에까지 알려져 있던 동명신화를 주목할 필요가 있다.

사료 (가)

북이北夷 탁리국왕橐離國王의 시비侍婢가 임신을 하니, 왕이 그녀를 죽이고자 하였다. 비婢가 대답하여 말하길, "달걀만한 크기의 기운이 하늘로부터 내려오더니 제가 그로인해 임신을 하였습니다."라고 하였다. 후에 아들을 낳으니, 돼지우리 안에 버렸는데, 돼지들이 아이에게 입김을 불어 죽지 않았다. 다시 마구간으로 옮겨 말들로 하여금 아이를 죽이도록 하였으나, 말도 다시 아이에게 입김을 불어 죽지 않았다. 왕은 천자天子로 의심하여 그 어미로 하여금 노비로 거두어 아이를 키우게 하니, 이름을 동명東明이라 하고 소와 말을 치게 하였다. 동명이 활을 잘 쏘니, 왕은 그 나라를 빼앗길까 두려워 그를 죽이고자 하였다. 동명은 달아나 남南으로 엄표수掩淲水에 이르러 활로 물을 치니 물고기와 자라가 떠올라 다리를 만들었다. 동명이 건널 수 있었다. 물고기와 자라가 흩어지니, 추격병은 건널 수 없었다. 이리하여 부여夫餘에 도읍하고 왕이 되었으니, 이런 연유로 북이北夷에 부여국夫餘國이 있게 되었다. 동명의 어미가 처음 임신하였을 때, 기운이 하늘로부터 내려오는 것을 보았

> 다. 그리고 낳자마자 아이를 버렸는데, 돼지와 말이 아이에게 입김을 불어 아이를 살렸다. 장성하자 왕이 그를 죽이려 하였지만, 활로 물을 치니 물고기와 자라가 다리를 만들어주었다. 천명天命이 죽을 것이 아니었으니, 그러므로 돼지와 말이 구해주었던 것이고, 명命은 부여에 도읍하고 왕이 될 것이었으니, 그러므로 물고기와 자라가 다리를 만들어 도와주었던 것이다.[2]
>
> (『논형論衡』 권卷2, 길험편吉驗篇)

위의 신화에 담긴 내용을 요약하자면, 북이北夷의 탁리국橐離國 궁중에서 태어난 동명이 자신을 죽이려 하는 왕의 병사들을 피해 남쪽으로 도망쳐 부여를 건국하였다는 줄거리이다. 문제는 위의 신화적인 기록을 그대로 신뢰하여 부여의 건국 세력을 북방의 선행 국가로부터 남하한 집단으로 볼 수 있는가 하는 점이다. 즉 동명 집단의 출신지로 알려진 '북이北夷 탁리국橐離國'의 존재 여부에 대한 논의이다.

현재 탁리국橐離國의 위치 및 그 문화와 관련하여서는 기원전 시기 송눈松嫩 평원과 3조肇 지역(조원肇源·조주肇州·조동肇東) 일대에서 전개된 백금보白金寶·한서漢書 II 기문화가 주목을 받고 있다. 눈강嫩江 하류 양안에서 확인되는 백금보白金寶 문화와 한서漢書 II 기문화는 상호 밀접한 관련 속에서 전개되었으며, 문화적 친연 관계로 이어져 있다.[3] 대략 기원전 10세기 무렵

2 『論衡』 卷2, 吉驗篇, "北夷橐離國王侍婢有娠, 王欲殺之. 婢對曰, 有氣大如雞子, 從天而下, 我故有娠. 後產子, 捐於豬溷中, 豬以口氣噓之, 不死. 復徙置馬欄中, 欲使馬借殺之, 馬復以口氣噓之, 不死. 王疑以爲天子, 令其母收取奴畜之, 名東明, 令牧牛馬. 東明善射, 王恐奪其國也, 欲殺之. 東明走, 南至掩淲水, 以弓擊水, 魚鱉浮爲橋, 東明得渡. 魚鱉解散, 追兵不得渡. 因都王夫餘, 故北夷有夫餘國焉. 東明之母初妊時, 見氣從天下. 及生棄之, 豬馬以氣吁之而生之. 長大, 王欲殺之, 以弓擊水, 魚鱉爲橋. 天命不當死, 故有豬馬之救. 命當都王夫餘, 故有魚鱉爲橋之助也."

3 白金寶 문화와 관련하여서는 2009년 자세한 발굴 보고서가 발간되어 유적의 현황을 파악

부터 전개된 것으로 보이는 백금보白金寶-한서漢書Ⅱ기(하층下層)문화에 이어 기원전 4~3세기 경에는 초기철기시대로 진입한 한서漢書Ⅱ기(상층上層)문화가 새롭게 출현하고 있는데, 많은 연구자가 이를 탁리국橐離國(색리국索離國)의 물질문화로 지목하고 있다.[4]

또 이와 관련하여 한서漢書Ⅱ기(상층上層)문화의 중·후기 양상을 반영하고 있는 평양平洋 고분군[5]도 주목된다. 이 유적은 1990년(2011년 재판)에 출

하는 데에 참고가 된다(吉林大學考古學系·黑龍江省文物考古研究所 編著·張忠培 主編, 『肇源白金寶 -嫩江河游一處青銅時代遺址的揭示-』, 科學出版社, 2009). 여기서 보고자는 白金寶Ⅱ기문화와 초기 漢書Ⅱ기문화를 동일 층위로 파악하고 있으며, 白金寶Ⅱ기문화의 下限은 西周 시대 초기로 보고 있다. 또한 白金寶Ⅲ기문화의 下限은 西周 시대 말기, Ⅳ기문화는 戰國時代로부터 西漢 초기까지 지속되었던 것으로 보고 있으며, 漢書Ⅱ기문화 또한 이러한 흐름과 밀접한 연관 속에서 戰國時代로부터 西漢 초기까지 지속되었을 것으로 보고 있다(吉林大學考古學系·黑龍江省文物考古研究所 編著·張忠培 主編, 앞의 책, 2009, 207~211쪽) 한편, 趙賓福은 漢書Ⅱ기문화의 분기를 3시기로 구분하여 1기는 戰國時代 전기, 2기는 戰國時代 후기, 3기는 前漢 시기로 파악하고 있다(趙賓福, 「漢書二期文化研究 -遺址材料和墓葬材料的分析與整合-」, 『邊疆考古研究』 8, 2009 ; 『東北考古學研究(一)』, 科學出版社, 2009, 377~378쪽).

4 현재 한·중 학계에서는 백금보白金寶·한서漢書Ⅱ기(上層)문화를 橐離國 문화로 보는 견해가 주류를 이루고 있다. 于志耿, 「橐離文化研究」, 『民族研究』 1984-02, 6~7쪽 ; 孫正甲, 「夫餘原流辯析」, 『學習與探索』 1984-06 ; 李殿福, 「漢代夫餘文化芻議」, 『北方文物』 1985-03 ; 孫進己·張志立, 「濊貊文化的探索」, 『遼海文物學刊』 創刊號, 1986 ; 馬德謙, 「夫餘文化的幾個問題」, 『北方文物』 1991-02 ; 송호정, 「Ⅲ. 부여」, 『한국사』 4, 국사편찬위원회, 1997, 162쪽 ; 「扶餘의 國家形成 過程과 文化 基盤」, 『북방사논총』 6, 2005, 205~206쪽 ; 『처음 읽는 부여사』, 사계절, 2015, 51~53쪽 ; 이종수, 「무덤의 변화양상을 통해 본 부여사 전개과정 고찰」, 『선사와 고대』 30, 2009, 150쪽 ; 「고고자료를 통해 본 부여의 대외교류 관계 검토」, 『선사와 고대』 33, 2010, 225~226쪽.

5 平洋 고분군은 黑龍江省 泰來縣 平洋鎭 일대에 분포하는 동일 문화유형에 속하는 고분군, 즉 磚廠 고분군·戰鬪村 고분군·東勝村 고분군 등 3곳의 고분군을 말한다. 이와 관련하여서는 이미 중국에서 구체적인 보고가 이루어진 바 있다(黑龍江省文物考古研究所, 『平洋墓葬』, 文物出版社, 1990 ; 『平洋墓葬』(2版), 文物出版社, 2011). 여기서 보고자는 이를 東胡 계통, 구체적으로 초기 鮮卑 계통 집단이 남긴 유적으로 보았으며(같은 책 180~183쪽), 유적 연대의 上限은 春秋時代, 下限은 戰國時代에 걸쳐 있는 것으로 파악하였다(같은 책 164~165쪽). 한편 한국 학계에도 선행 연구에 의해 자세한 분석이 이루어진

간된 발굴 보고서를 바탕으로 유적에 대한 제법 풍부한 정보를 확보할 수 있는데, 보고서에는 고분의 조영 집단을 동호東胡 계통의 훗날 탁발선비拓跋鮮卑의 선조가 되는 종족 집단으로 추정하고 있다.[6] 그런데 평양平洋 고분의 고고학적 정황이 부여 초기 유적인 유수 노하심 유적과 유사하다는 의견이 개진되었고,[7] 초기 부여 문화에서 두드러지게 나타나는 북방문화가 부여 성립 이전 요서 지역을 통해 눈강嫩江 하류지역으로 유입된 이후 다시 눈강嫩江을 타고 북류 송화강(제2송화강) 중류지역으로 이동하면서 단계적으로 확산되었다고 보아 한서漢書 II 기(상층上層)문화의 중·후기 양상을 반영하고 있는 평양平洋 고분군을 탁리국橐離國 문화로 지적한 견해가 제기되었다.[8] 즉 부여夫餘가 북방으로부터 남하한 이주민 집단에 의해 건국되었다면, 건국 집단이 출자出自한 탁리국橐離國은 지금의 눈강嫩江 하류지역, 구체적으로 한서漢書 II 기(상층上層)문화를 영유하며 평양平洋 고분군을 조영한 집단과 밀접한 연관이 있을 가능성이 높다고 생각된다.

한편, 이와 달리 탁리국橐離國의 위치와 관련하여 흑룡강성黑龍江省 중부 납림하拉林河와 동류 송화강(제1송화강) 사이에 위치한 빈현賓縣 경화고성慶華古城(빈현賓縣 삼보향三寶鄉 경화촌慶華村) 유적을 지목하는 견해도 제기되고 있다.[9] 간보簡報에 따르면 이 유적 연대의 상한上限은 중국 전국시대戰國時代 초기, 하한下限은 전한前漢 말기로 추정되며 이곳에서 발견된 채도彩陶는 길림성吉林省 농안農安 형가점邢家店 북산北山 묘지墓地 17호묘 하층에서 발

바 있다(이종수, 「송눈평원지역 눈강유역 청동기~초기철기시대 유적의 특징과 변화 양상 고찰」, 『백산학보』 103, 2015).

6 黑龍江省文物考古硏究所, 앞의 책, 1990(2011), 182쪽.

7 이종수, 앞의 논문, 2009, 149쪽 ; 앞의 논문, 2010, 225~226쪽.

8 이종수, 앞의 논문, 2010, 224쪽.

9 王綿厚, 「東北古代夫餘部的興衰及王城變遷」, 『遼海文物學刊』 1990-02 ; 張碧波·莊鴻雁, 「索離王國文明的探討 -從索離溝考古說起-」, 『北方文物』 2012-03.

견된 것과 유사하다는 의견이 개진되었다.[10] 이에 중국 학계 일각에서는 東明이 처음 부여를 건국한 초기 왕성으로 이 경화고성慶華古城을 꼽기도 한다. 길림시吉林市 일대로 중심지를 옮기기 전 부여의 첫 도읍이 이곳이라는 의견이다.[11]

그러나 경화고성慶華古城과 길림시吉林市 일대에서 출토된 고고학적 정황 사이에 뚜렷한 유사성이 발견되지 않으며, 현재로서는 경화고성慶華古城 유적을 탁리국櫜離國이나 부여의 초기 왕성으로 볼만한 명확한 근거도 없다는 비판이 제기되었다.[12] 또 경화고성慶華古城 내에서 발견된 2기의 초기철기 시대 주거지 유적 중 2호 주거지가 성벽에 의해 파괴된 채 그 밑에서 발견되었다. 이는 곧 경화고성慶華古城이 성 내의 2호 주거지 유적보다 늦은 시기에 축조되었음을 말해주는 것으로, 후한後漢 초 혹은 그보다 더 늦은 시기에 축조되었을 것이라 한다.[13] 그렇다면 이 유적은 부여 성립 이후의 것일 가능성이 크다.

더구나 최근 빈현賓縣 만정진滿井鎭 복가구자둔卜家口子屯 부근에서 색리구索離溝 유적이 발굴 · 조사되면서,[14] 색리구索離溝 유적과 경화고성慶華古城 양자가 동일한 문화유형으로 모두 후한後漢 시기에 성립한 유적으로 보는 시각도 제기되고 있다.[15] 이러한 점들을 통해 볼 때, 두 유적 모두 탁리국櫜離國

---

10 黑龍江省文物考古研究所, 「黑龍江省賓縣慶華遺址發掘刊報」, 『考古』 1988-07 ; 赵虹光 · 干志耿 · 潭英杰 · 孫秀仁, 『黑龍江區域考古學』, 中國社會科學出版社, 1991, 44쪽.

11 王禹浪 · 李彦君, 「北夷索離國及其夫餘初期王城新考」, 『黑龍江民族叢刊』, 2003-01 ; 王禹浪, 「'索離'國及其夫餘的初期王城」, 『黑龍江民族叢刊』, 2013-01.

12 이종수, 『松花江유역의 초기철기문화와 夫餘의 문화기원』, 주류성, 2009, 194~195쪽 ; 「부여 초기 및 전기왕성에 대한 고고학적 검토」, 『東洋學』 65, 2016, 106~108쪽.

13 李延鐵 · 于建華, 「從索離溝的考古發現看古索離國的地望」, 『北方文物』 2010-02, 42쪽.

14 黑龍江省文物考古研究所, 「黑龍江省賓縣索離溝遺址發掘簡報」, 『北方文物』 2010-01.

15 李延鐵 · 于建華, 앞의 논문 2010-02.

이나 부여 초기 왕성으로 비정하기는 어려울 것으로 보인다. 근래에는 경화문화慶華文化[16]라고도 명명되고 있는 경화고성慶華古城과 색리국索離溝 유적은 부여 성립 이후 부여 세력권 안에서 최북방에 위치하였던 주민집단에 의해 조영된 유적으로 볼 수 있다.

이상에서 살펴본 결과, 동명신화에서 동명 집단의 출신지로 언급되고 있는 탁리국橐離國의 존재를 긍정한다면, 현재로서는 백금보白金寶-한서漢書Ⅱ기문화가, 특히 초기철기문화로 진입한 한서漢書Ⅱ기 상층문화가 가장 유력한 후보가 될 수 있다. 그러나 건국 신화에 등장하는 설화적 줄거리만을 통해 과연 탁리국橐離國의 존재를 그대로 신뢰할 수 있을지, 그리고 이를 토대로 부여의 건국 집단을 북방 눈강嫩江 하류 유역 출신 세력으로 볼 수 있을지에 대해서는 앞으로 보다 면밀한 검토가 요구된다. 특히 눈강嫩江 유역의 문화와 부여 문화 간의 친연성과 수용·계승 양상에 대한 검증이 정밀하게 이루어질 필요가 있다.

16 喬梁, 「慶華遺存試析」, 『北方文物』 2014-01.

Ⅲ. 부여와 북부여, 그리고 동부여 문제

사료 상에 부여는 단일한 정치체로 전하고 있지 않다. 당장 5세기 전반 고구려인의 인식이 반영된 『광개토왕비문』에서도 부여夫餘에 대한 용례는 부여夫餘, 북부여北夫餘, 동부여東夫餘 이렇게 세 가지 표현으로 나타난다. 그리고 이들 각각의 실체와 상호 관계에 대해서는 그간에 오랫동안 논쟁이 지속되고 있다. 여기서는 학계에서 주장되고 있는 주요 견해를 중심으로 이 문제에 대해 살펴보기로 한다.

먼저 부여와 북부여의 관계에 대해서는 양자를 동일시하는 것이 한韓・일日 학계의 일반적인 의견인 반면, 중국 학계에서는 북부여와 부여를 구분하여 이해하는 연구가 다수 제기되었으며,[17] 이에 따라 한국 학계에서도 그 가능성을 적극 고려하고자 하는 입장이 제시된 바 있다.[18] 즉 기원전 시기 송눈松嫩 평원 일대에서 전개된 백금보白金寶・한서漢書Ⅱ기문화와 관련한 고고학적 성과에 힘입어 부여의 건국 시조 동명이 출자한 탁리국橐離國이 백금보白金寶・한서漢書Ⅱ기문화를 향유한 집단이자 이들이 곧 북부여라는 의견이

---

17 于志耿, 앞의 논문 1984-02, 2~4쪽 ; 孫正甲, 앞의 논문 1984-06 ; 魏國忠, 『東北民族史研究』 2, 中國古籍出版社, 1995.

18 송호정, 앞의 논문, 1997, 183쪽 ; 앞의 책, 2015, 58~59쪽.

다.

앞에서도 살펴보았듯 기원전 10세기 무렵부터 백금보白金寶-한서漢書 II 기 문화가 전개되는 송눈松嫩 평원 일대의 기원전 시기 문화 양상은 부여를 건국한 동명 집단이 출자한 탁리국槖離國과 관계된 것일 가능성이 크다. 특히 평양平洋 고분군의 고고학적 정황이 부여 초기 유적인 유수 노하심 유적과 유사하다는 의견이나,[19] 초기 부여 문화를 채우고 있는 북방문화가 눈강嫩江 하류로부터 북류 송화강(제2송화강) 중류로 이동하면서 단계적으로 확산하였다는 지적[20]을 고려한다면 탁리국槖離國을 송눈松嫩 평원 일대에 비정하고 이를 북부여로 상정하는 견해는 상당한 타당성을 갖추고 있다고 할 수 있다.

그러나 문제는 탁리국槖離國이 존재하였다고 하여 이를 바로 북부여로 연결할 수 있는 근거를 찾기 어렵다는 점이다. 앞서 제시한 『논형論衡』 길험편吉驗篇의 동명신화나 『삼국지三國志』 위서魏書 동이전東夷傳 부여조夫餘條의 동명신화에서는 동명이 출자한 나라를 북이北夷 탁리국槖離國 혹은 북방北方 고리지국高離之國이라고 언급할 뿐, 이를 북부여로 명명한 자료는 찾을 수 없다. 특히 3세기 무렵 부여인의 자언自言을 참고하였던 『삼국지三國志』 동이전東夷傳 부여조夫餘條의 서술에서도 이를 '고리지국高離之國'으로 지칭할 뿐, 북부여로 볼 근거를 제시하고 있지 않아 당시 부여인의 입장에서도 그들 시조의 출자지를 같은 부여계 국가로서 북부여로 인식하고 있지 않음을 알 수 있다.

더구나 이러한 견해는 『모두루묘지牟頭婁墓誌』가 전하는 역사상에 위배된다.

사료 (나) 『모두루묘지牟頭婁墓誌』

… 河泊之孫 日月之子 鄒牟聖王 元出北夫餘 天下四方 知此國郡最聖[3~5행] … 慕

19 이종수, 앞의 논문, 2009, 149쪽 ; 앞의 논문, 2010, 225~226쪽..

20 이종수, 앞의 논문, 2010, 224쪽.

容鮮卑 □□使人□知 河泊之孫 日月之子 所生之地來□ 北夫餘大兄冉牟 □□□ 公義[23~26행] … 祖大兄冉牟壽盡 □□於彼喪亡 □由祖父□□ 大兄慈□ 大兄 □□□ 世遭官恩 恩□祖之 □道城民谷民幷領 前王□育如此 遝至國罡上大開土 地好太聖王 緣祖父□□ 恩敎奴客牟頭婁□□牟 敎遣令北夫餘守事[39~47행] …

위의 사료에 보이는 모두루牟頭婁는 광개토왕의 노객奴客으로서 대사자 관등을 소지한 고구려 관료였으며, 장수왕대까지 활동했던 인물이다. 그는 광개토왕대에 북부여수사라는 직책에 있었으며 북부여 일대의 지방관으로서 활약하였다. 선행 연구를 통해서도 지적된 바 있듯이 고구려의 수사守事는 중앙에서 파견된 태수太守에 비견되거나[21] 또는 광역 단위의 지방관[22]으로 파악된다. 즉 위의 사료를 통해 늦어도 5세기 전반에는 고구려가 북부여北夫餘 일대를 성城·곡谷으로 편제하여 영역화하였음을 알 수 있다. 그런데 앞의 견해대로 북부여가 오늘날 송눈松嫩 평원 일대의 특정 정치체를 가리키는 것이라면, 이곳에 북부여수사를 파견하였던 당시 고구려는 이 지역을 영역화하고 있었다고 보아야 한다. 그러나 5세기 전반 국제 정세상으로 보아 당시의 고구려가 송눈 평원 일대까지 세력을 확장하여 이곳에 지방관을 파견하였다고는 보기 어렵다.

뿐만 아니라 묘지에는 346년 부여 후기 중심지를 공격하여 장악한 전연의 군대가 동쪽으로 진군하여 북부여 방면으로 침범하였으나, 고구려의 대형大兄 염모冉牟가 이끄는 고구려군의 반격을 받아 퇴각하였음을 전한다. 이 대

21 노태돈, 「5~7세기 고구려의 지방제도」, 『韓國古代史論叢』 8, 1996 ; 『고구려사 연구』, 사계절, 1999, 271쪽.

22 김현숙, 「2장 2절. 중앙집권적 통치체제 하의 영역 지배 방식」, 『고구려의 영역지배방식 연구』, 모시는 사람들, 2005, 290~291쪽.

형 염모는 광개토왕 시대에 북부여수사를 지낸 대사자大使者 모두루牟頭婁의 선조로서 역시 북부여 방면에서 활약하였던 고구려 관료였다.[23] 이렇게 보면 4세기 중엽에 이미 북부여 지역은 고구려의 영역이었음을 알 수 있는데, 이러한 북부여의 위치를 송눈松嫩 평원 일대로 상정하기는 어렵다. 이 시기 고구려가 송눈松嫩 평원 일대까지 세력을 확장하였을 가능성은 희박하기 때문이다.

이처럼 묘지에서는 모두루 가문이 그 중시조격인 대형 염모 시대부터 북부여 지역에서 활약하였음을 전하는데, 위의 『모두루묘지』 인용문을 보면 북부여수사 모두루는 조부祖父로부터 그 중책을 이어 맡아왔다고 서술하고 있다. 묘지에 보이는 모두루의 조부가 활약한 시기는 대략 4세기 중·후반 무렵으로 추정할 수 있다. 즉 4세기 중엽 이후로 이 지역에 모두루의 조부가 파견되었으며, 그 직무가 후손 모두루에게까지 이어졌던 것이다. 따라서 4세기 전반 고구려가 진출한 북부여 지역은 곧 옛 부여의 고도古都 길림시 일대이며,[24] 이후로도 이 지역은 모두루 가문에 의해 꾸준히 관리되고 있었다고 볼 수 있다. 요컨대 『모두루묘지』에서 전하는 북부여는 곧 주몽이 출자한 길림시 일대의 부여이며, 따라서 이보다 조금 앞서 성립한 『광개토왕비문』의 북부여 또한 부여로 보는 것이 타당하다.[25]

---

23 武田幸男, 「牟頭婁一族と高句麗王權」, 『朝鮮學報』 99·100, 1971 ; 『高句麗史と東アジア』, 岩波書店, 1989, 332~335쪽.

24 길림 지역 일대는 333~336년 이후로 고구려 세력 하에 들어갔던 것으로 보인다. 이후 고구려는 이 지역을 놓고 전연과 342년, 345~346년 두 차례에 걸쳐 치열한 각축전을 벌였고, 342년에는 수도가 함락되는 치명적인 타격을 입으면서도 부여지역에 대한 지배력은 유지할 수 있었다(여호규, 「4세기 동아시아 국제질서와 고구려 대외정책의 변화」, 『역사와 현실』 36, 2000, 46~52쪽).

25 한편, 『삼국사기』 지리지 고구려조에 보이는 北夫餘城州가 農安·長春 부근에 비정되므로 이에 따라 『광개토왕비문』에 보이는 북부여나 북부여수사 모두루가 파견되어 활약한 지역도 모두 農安 부근으로 옮겨간 부여 지역 일대로 파악하는 견해도 있다(이도학, 「高

다음으로 길림시 일대를 중심으로 발전한 부여와 동부여의 관계에 대해 살펴보도록 하자. 동부여는 『삼국사기三國史記』 고구려본기高句麗本紀 초기 기사와 『삼국유사三國遺事』 속 설화적 기록에 보이는 한편, 414년에 새겨진 『광개토왕비문』에는 고구려군의 원정 대상으로 등장하고 있다. 즉 문헌기록에 보이는 동부여의 경우 대부분 단편적으로 남아 있는 초기 설화적 기사에 집중되고 있는 반면, 당대의 기록이라 할 수 있는 『광개토왕비문』에서는 고구려와 대립하는 하나의 정치체로서 그 존재가 뚜렷이 확인되고 있다. 따라서 동부여의 역사를 검토하고자 할 때, 『광개토왕비문』에 등장하는 동부여를 실마리 삼아 문제에 접근할 필요가 있다.

『광개토왕비문』 속 동부여에 대해서는 크게 세 가지 입장을 지적할 수 있다. 첫째, 이를 3세기 후반(285) 모용선비의 공격에 옥저沃沮로 피신해왔던 부여인들의 잔여 세력이 세운 국가로서 파악하는 견해이다.[26] 둘째, 길림 지역의 부여와 동부여를 동일 계통의 정치체로 파악하는 견해이다.[27] 셋째, 『삼

句麗와 夫餘 關係의 재검토」, 『고구려의 역사와 대외관계』, 서경문화사, 2006 ; 『고구려 광개토왕릉비문 연구』, 서경문화사, 2006, 53쪽). 그러나 앞서의 경우와 마찬가지로 당시 고구려가 長春-農安 지역을 영역화하여 이곳에 지방관인 북부여수사를 파견하였다고 보기는 어렵다. 고구려가 농안 지역을 안정적으로 확보하고 북부여성주로 편재한 시기는 6세기 중반 이후 무렵의 일이다. 역시 북부여수사 모두루가 파견된 지역은 길림시 일대의 부여 지역으로 보는 것이 옳다. 즉 북부여는 곧 부여와 동일체로 길림시 일대를 중심으로 발전하였던 부여를 가리키는 것으로 판단된다.

26 韓日 학계에서 널리 받아들여지고 있는 견해이다. 池內宏, 「夫餘考」, 『滿鮮地理歷史研究報告』 13, 1930 ; 『滿鮮史研究』 上世 第一册, 吉川弘文館, 1951 ; 노태돈, 앞의 논문, 1989 ; 앞의 책, 1999 ; 손영종, 『고구려사의 제문제』, 사회과학원, 2000, 78쪽 ; 박경철, 「扶餘史 展開에 關한 再認識 試論」, 『백산학보』 40, 1992, 67쪽 ; 김현숙, 앞의 책, 2005, 420쪽.

27 중국 학계에서 처음 제기되는 견해라 할 수 있는데, 夫餘가 농안 지역으로 밀려난 이후 夫餘의 옛 古都 길림 일대에 잔존했던 夫餘 세력을 東夫餘로 파악하는 견해(李健才, 「夫餘的疆域和王城」, 『社會科學戰線』 1982-04 ; 「三論北夫餘、東夫餘即夫餘的問題」, 『社會科學戰線』 2000-06 ; 于志耿, 앞의 논문 1984-02, 2~4쪽)와 북부여를 松嫩平原 일대의 櫜離

국사기』, 『삼국유사』 등 국내 문헌사료에 보이는 설화 속 동부여의 연장선상에서 동부여를 파악하는 견해이다.[28]

먼저 동부여에 대해 285년 모용선비慕容鮮卑의 공격을 받고 옥저(북옥저) 지역으로 피신해왔던 부여의 잔여 세력[29]에 의해 3세기 후반 이후 건국된 국가로 보는 견해에 대하여 살펴보도록 하겠는데, 보통 이러한 입장에 있는 연구자들의 경우 동부여의 위치를 두만강 북안 지역에서 찾는 것이 일반적이다. 이는 한韓 · 일日 학계에서 널리 받아들여지고 있는 학설이지만 여기에도 의문점이 없는 것은 아니다.

첫째, 이러한 견해를 따르자면 『광개토왕비문』에 보이는 동부여에 대한 고구려의 입장, 즉 "東夫餘舊是鄒牟王屬民, 中叛不貢"이라는 구절을 이해하기

國(槀離國)세력으로 상정하고 길림 일대의 부여를 동부여로 상정하여 『광개토왕비문』에 등장하는 동부여 관련 기사도 길림 일대에 존재했던 동부여에 대한 정복 기사로 이해하는 견해(송호정, 앞의 논문, 1997, 199쪽 ; 앞의 책, 2015, 59쪽 · 64쪽 · 95~96쪽) 등이 있다. 위의 두 견해는 북부여에 대해서는 이해를 달리하지만 『광개토왕비문』의 동부여를 길림 일대의 부여로 파악하는 데에는 견해의 일치를 보고 있다.

28 이도학, 「高句麗의 夫餘 出源에 관한 認識의 變遷」, 『고구려발해연구』 21, 2005, 136~137쪽 ; 앞의 논문, 2006 ; 앞의 책, 2006, 36~41쪽 ; 이승호, 「夫餘 政治史 研究」 동국대 박사학위논문, 2018, 53~64쪽 ; 장병진, 「고구려본기의 부여 관계 기사와 '동부여'의 실체」, 『사학연구』 136, 2019. 이밖에 「광개토왕비문」에 나타나는 동부여를 한반도 동해안 지역에 넓게 펴져 살고 있던 濊族을 대상으로 하는 명칭이었다고 보는 견해도 제기된 바 있다(공석구, 「廣開土王陵碑의 東夫餘에 대한 考察」, 『한국사연구』 70, 1990 ; 『高句麗 領域擴張史 研究』, 서경문화사, 1998, 267~268쪽). 그러나 이 견해에 대해서는 이미 지적된 바 있듯이 당시 한반도 남부 지역에 대한 고구려의 군사 활동을 고려할 때 받아들이기 어려운 주장이라 생각된다. 광개토왕 시대 고구려는 남으로 한강 유역에서 백제를 정토하는 한편 步騎 5만을 낙동강 유역에 파견하여 왜를 토벌하고 신라와 가야 지역에까지 영향력을 확장하고 있었는데, 한반도 동해안 일대를 확고히 장악하고 있지 않고서는 이와 같은 고구려의 군사활동이 성공하기는 어려웠을 것이다(노태돈, 앞의 논문, 1989 ; 앞의 책, 1999, 514쪽).

29 『晉書』 四夷列傳 夫餘國條 ; 『資治通鑑』 卷81, 晉紀 3, 武帝 太康 6年(285)條 ; 『資治通鑑』 卷81, 晉紀 3, 武帝 太康 7年(286)條.

가 어려워진다. 견해대로 동부여가 3세기 후반 이후에 건국된 나라이며, 이후 대략 100여 년이 지나 고구려에 반기를 들었고, 410년에 이르러『광개토왕비문』에 전하는 대로 고구려에 정복당했다고 가정해보자. 이렇게 볼 때, 동부여가 고구려에게 정복당하고 곧바로 5년 뒤인 비석이 세워지는 414년 시점에 이르면 벌써 고구려인들의 인식 속에는 동부여가 '본래 추모왕鄒牟王 시대부터 고구려의 속민屬民이었다'는 왜곡된 기억이 자리하게 되었다는 말이 된다. 아무리 가식과 수사가 곁들여진『광개토왕비문』의 문구라 할지라도 이렇게 짧은 기간 안에 동부여에 대한 고구려인의 역사 인식이 그것도 추모왕 시대의 역사로까지 거슬러 올라가 와전訛傳되었을 것으로 보기에는 어색한 부분이 많다. 물론 대부분의 연구자가『광개토왕비문』의 이 구절을 역사적 사실로 인정하지 않고 있다.[30] 그러나 그 사실성 여부를 떠나서 분명 5세기 전반 고구려인의 역사적 기억 속에 동부여는 고구려 건국 초기부터 속민이었다는 인식이 자리하고 있었으며, 이것이 410년 동부여 정벌의 명분으로 작용하고 있음을 부인하기 어렵다.

둘째, 285년 모용선비의 공격에 부여 왕족이 나라를 버리고 피신했던 옥저 지역이 당시 고구려의 영역이었다는 점[31]에서도 위의 견해가 성립하기 어렵다는 것을 알 수 있다. 이 당시 부여 왕족이 옥저 지역으로 피난하는 과정에는 고구려 측의 협조와 지원이 있었던 것으로 보이는데,[32] 이러한 정세 속에서 당시 고구려의 세력권 안에 있었던 옥저 지역에 부여의 잔여 세력이 새

---

30 서영수,「廣開土王陵碑文」의 征服記事 再檢討(中)」,『역사학보』119, 1988, 105쪽 ; 노태돈,「5세기 金石文에 보이는 高句麗人의 天下觀」,『韓國史論』19, 1988 ; 앞의 책, 367~368쪽, 1999 ; 이인철,『고구려의 대외정복 연구』, 백산자료원, 2000, 2325 ; 송호정, 앞의 책, 2015, 96쪽.

31 김현숙, 앞의 책, 2005, 418~419쪽 ; 이승호,「3세기 후반「晉高句麗率善」印과 高句麗의 對西晉 관계」,『한국고대사연구』67, 2012, 330~331쪽.

32 김현숙, 앞의 책, 2005, 419~420쪽 ; 이승호, 앞의 논문, 2012, 329~332쪽.

로이 국가를 건설할 여지는 희박하다. 특히 당시 옥저 지역으로 피난 간 부여 세력은 자결한 부여왕 의려依慮의 '자제子弟'로 전하는데,[33] 이처럼 모용선비의 공격을 피해 급히 피난 온 이들이 옥저 지역에 남아 새로이 나라를 건국할만한 역량을 지녔을지 의문이다. 또 부여후왕夫餘後王 의라依羅가 동이교위 하감에게 "따르는 무리를 모아서 이끌고 구국舊國으로 돌아가 (나라를) 회복하기를 거듭 청원하였다."[34]라고 했음을 볼 때, 당시 피난 온 부여인들은 이듬해 나라가 재건되면서 대부분 다시 길림 일대로 돌아갔던 것으로 보인다. 따라서 이 시기 옥저 지역으로 피난해 온 부여의 잔여 세력 일부가 남아 새로이 동부여라는 국가를 세웠다고 보기는 어렵다고 판단된다. 즉 3세기 후반 부여와 고구려를 둘러싼 정세를 놓고 볼 때, 이는 성립하기 어려운 주장임을 알 수 있다.

다음으로 『광개토왕비문』에 등장하는 동부여를 길림시 일대를 중심으로 발전하였던 원原부여 세력으로 보는 견해에 대해 살펴보도록 하자. 먼저 중국 학계에서 제기된 주장으로, 본래 길림시 일대에 있던 부여가 4세기 중반(346) 전연前燕[35]의 공격을 받고 중심지를 농안으로 옮기면서 길림 일대에 남

33 『晉書』 四夷列傳 夫餘國條, "武帝時, 頻來朝貢, 至太康六年, 爲慕容廆所襲破, 其王依慮自殺, 子弟走保沃沮. 帝爲下詔曰, 夫餘王世守忠孝, 爲惡虜所滅, 甚愍念之. 若其遺類足以復國者, 當爲之方計, 使得存立. 有司奏護東夷校尉鮮于嬰不救夫餘, 失於機略. 詔免嬰, 以何龕代之. 明年, 夫餘後王依羅遣詣龕, 求率見人還復舊國, 仍請援. 龕上列, 遣督郵賈沈以兵送之. 廆又要之於路, 沈與戰, 大敗之, 廆衆退, 羅得復國. 爾後每爲廆掠其種人, 賣於中國. 帝愍之, 又發詔以官物贖還, 下司·冀二州, 禁市夫餘之口."

34 『晉書』 四夷列傳 夫餘國條, "明年, 夫餘後王依羅遣詣龕, 求率見人還復舊國, 仍請援."

35 이는 『資治通鑑』 卷97, 晉紀 19, 東晉穆帝 永和2年 正月條, "初, 夫餘居于鹿山, 爲百濟所侵, 部落衰散, 西徙近燕, 而不設備."에서의 百濟를 前燕의 誤記로 본 것이지만, 여기서 백제는 역시 고구려의 오기로 이해하는 것이 타당하다(이승호, 「부여의 쇠퇴·멸망 과정과 王室 일족의 동향」, 『동국사학』 68, 2020, 127~130쪽).

은 부여 세력이 자연스레 동부여로 불리게 되었다는 견해[36]가 제기된 바 있다. 이 견해를 따르자면『광개토왕비문』에 보이는 북부여와 동부여는 실상 연원이 같은 정치체로서 바라보아야 한다. 하지만 이러한 주장에도 몇 가지 의문이 제기될 수 있다.

첫째, 우선 북부여와 동부여가 동일 계통의 정치체라면, 이를『광개토왕비문』안에서 북부여와 부여, 동부여 등으로 구분하여 표기한 이유가 무엇인지 불분명해진다. 나아가 앞서 언급한 대로『광개토왕비문』에서 북부여는 시조 추모왕이 출자한 신성한 곳으로, 동부여는 추모왕 시대부터 이미 고구려에 복속되어 조공을 해왔던 속민으로 구분하여 서술하고 있다. 그런데 만약 위의 견해대로 북부여와 동부여를 바라본다면,『광개토왕비문』에서는 이러한 동일 계통의 정치체에 대해 서로 상반되는 두 가지 인식을 보이고 있다는 말이 된다.

둘째, 위의 견해를 따를 경우 앞서와 마찬가지로『모두루묘지』에 보이는 광개토왕과 북부여수사 모두루의 관계를 이해하기 어렵다. 우선 견해대로 부여와 북부여 및 동부여가 사실 동일 세력을 지칭하는 것이었다면 북부여수사 모두루가 관리하고 있던 길림 일대 지역이 갑작스레 광개토왕 재위 20년(410) 시점에 와서 이반하였다는 말이 된다. 그러나 이는『모두루묘지』에 전하는 당시의 국제 정세를 놓고 볼 때 받아들이기 어려운 의견이다.

또한『광개토왕비문』의 동부여 원정이 길림 일대의 원정이었다고 보고, 모두루가 북부여수사로 파견된 북부여는 농안 지역의 정치체로 보는 경우에도 이해하기 어려운 것은 마찬가지이다. 그럴 경우 늦어도 4세기 중반 무렵 이미 고구려가 길림 일대를 장악하고 농안 일대까지 세력을 확장하였다고 보

36 李健才, 앞의 논문 2000-06.

아야하기 때문이다. 당시 모용선비 세력의 강세를 고려할 때 이러한 가정은 성립하기 어려울 뿐더러 고구려가 4세기 중엽 길림을 넘어 더 북쪽 혹은 서쪽 지역을 장악한 상태에서 410년 갑작스레 길림 일대 부여 세력이 이반하였다고 보기에도 어색한 부분이 있다.

끝으로 북부여를 송눈평원松嫩平原 일대의 탁리국橐離國(고리국高離國) 세력으로 상정하고 길림 일대의 부여를 동부여로 상정하여 『광개토왕비문』에 등장하는 동부여 관련 기사도 길림 일대에 존재했던 동부여에 대한 정복 기사로 이해하는 견해[37]에 대해서 살펴보도록 하자.

먼저 5세기 전반 고구려에서는 줄곧 그 시조가 북부여에서 출자出自하였다고 하나 『위서魏書』 열전列傳 고구려조高句麗條에서는 이를 부여로 지칭하고 있어 『광개토왕비문』의 북부여와 『위서魏書』의 부여 양자가 사실 동일한 세력을 지칭하는 것임을 반증하고 있다. 그리고 만일 견해대로 『광개토왕비문』의 동부여 원정이 길림 일대의 원정이었다고 한다면, 앞서와 마찬가지로 『모두루묘지』에 대한 이해가 어려워진다. 북부여를 송눈평원松嫩平原 일대에 존재했던 탁리국橐離國(고리국高離國)이었다고 한다면, 4세기 무렵 고구려는 지금의 송눈평원松嫩平原에 까지 영역을 확장하고 그곳에 지방관 수사守事를 파견하였다는 말이 된다. 그러나 4세기 당시 국제정세로 볼 때 이러한 추정은 받아들이기 어려우며, 해당 지역의 고고학적 상황으로 보아도 고구려가 이 일대까지 영역화하였다는 정황은 그 역사 전반에 걸쳐 확인되지 않고 있다. 이러한 점들이 해명되지 못한다면 위의 견해는 받아들이기 어렵다.

이로보아 북부여는 곧 길림시 일대를 중심으로 발전하였다가 이후 고구려에 의해 이 일대가 장악되자 다시 서사근연西徙近燕하여 그 중심지를 서쪽으

---

37 송호정, 앞의 논문, 1997, 183~188쪽 및 199쪽 ; 앞의 책, 2015, 95~96쪽.

로 옮긴 것으로, 이는 '고구려 북쪽의 부여 세력'에 대한 범칭으로 보는 것이 타당하다 판단된다. 그렇다면 고구려에서는 부여를 왜 굳이 '북'부여로 칭하게 되었던 것일까. 이와 관련하여 『광개토왕비문』에 보이는 북부여, 동부여에서 북과 동이라는 방위관념은 어디까지나 고구려인의 입장에서 본 방위관념이라는 지적을 경청할 필요가 있다.[38] 즉 북부여란 국호는 북쪽의 부여와 별개로 동쪽의 부여, 즉 동부여의 존재를 염두에 둔 고구려인들의 국제 정세 인식 속에서 생겨난 명칭으로 보는 것이 타당하다고 생각한다.

요컨대, 북부여는 고구려 시조 추모왕이 출자出自한 곳이며, 동부여는 추모왕 시대부터 고구려의 속민이었다는 당대 고구려인의 역사 인식을 그대로 인정할 수 있다면, 『광개토왕비문』에 보이는 북부여와 동부여를 동일시하기는 어렵다고 판단된다. 나아가 4세기 무렵부터 5세기에 전반에 이르기까지 북부여(길림시) 일대가 고구려 관료 모두루 가계에 의해 관리되었다고 전하는 『모두루묘지』에 대한 해석이 타당하다면 이러한 견해는 성립할 수 없게 된다. 결국 『광개토왕비문』의 북부여는 옛 부여의 중심지였던 길림시 지역 일대와 다시 서쪽으로 밀려난 부여 세력을 모두 지칭하는 것으로 이해되며, 동부여는 이들 세력과 구분되는 정치체로 파악하는 것이 타당하다.

38 武田幸男, 앞의 논문, 1971 ; 앞의 책, 1989, 343쪽. ; 노태돈, 앞의 논문, 1989 ; 앞의 책, 1999, 513쪽.

Ⅳ. 왕권과 국가구조에 대한 논의

부여의 국가체제에 대한 논의는 일찍이 부족연맹[39] 혹은 연맹왕국[40] 단계로 정리된 이래 현재까지도 이러한 시각은 큰 변화 없이 유지되고 있다. 즉 부여는 "가야와 마찬가지로 국가발달이 순조롭지 못하여 연맹왕국에서 중앙집권적 귀족국가로 전환하는 단계에서 멸망"[41]하였다는 이해가 자리 잡은 이후로 "중앙의 왕권과 지방의 대가大加 권력을 두 축으로 하는 연맹 상태의 국가"[42] 혹은 "중앙집권적인 고대국가를 형성하지 못하고 가야처럼 연맹체 단계에서 멸망"[43]하였다는 설명이 지금까지 계속되고 있다.

그리고 이러한 시각과 궤를 같이하여 부여의 왕권 또한 상대적으로 취약하였다는 이해가 폭넓게 인정되고 있다. 즉 "부여의 정치체제는 왕을 중심으로 한 귀족제라 할지라도 왕권은 그렇게 강력하지 못하였다."[44]거나 "3세기의 부여왕은 권력적 측면과 원초적 측면을 동시에 가지면서 귀족연합체제에

---

39 김철준, 『韓國古代國家發達史』, 한국일보사, 1975, 63~66쪽 ; 『한국사 2: 民族의 成長』, 국사편찬위원회, 1978, 133~135쪽.

40 이기백, 『한국사신론(개정판)』, 일조각, 1999, 38~39쪽.

41 이기백 · 이기동, 『한국사 강좌(고대편)』, 일조각, 1982, 75쪽.

42 송호정, 앞의 책, 2015, 65쪽.

43 송호정, 앞의 논문, 1997, 150쪽 ; 송호정, 앞의 책, 2015, 66쪽.

44 李丙燾, 「夫餘考」, 『韓國古代史硏究(수정판)』, 박영사, 1985, 216쪽.

의해 공립共立되는 성격이 가장 강하였다."[45]는 시각이 대표적이다. 이러한 이해 방식의 이면에는 '연맹왕국' 혹은 '연맹체 단계의 국가'라는 부여사를 바라보는 그간의 시각이 크게 작용하고 있는 것으로 보인다. 즉 부여의 국가적 특징은 미약한 왕권과 이에 기반한 부족연맹 혹은 연맹왕국 단계의 비교적 느슨한 국가체제로 이해해 왔다.[46]

물론 3세기 무렵까지도 부여의 제가諸加들에 의해 사출도四出道가 별주別主되었던 정황으로 보아, 당시 부여의 국가적 성격이 연맹체적 그것에 가깝다는 점을 부인하기는 어렵다. 그리고 여기에 기초한 왕권 또한 강력한 집권력을 과시하였다고 보기는 힘들다. 즉 지금까지의 유지되어 온 부여사에 대한 이해 방식은 큰 틀에서 보아 분명 타당성을 확보하고 있다고 생각된다. 다만, 근래 부여의 국가체제와 왕권의 위상에 대한 기왕의 이해에 재고가 필요하다는 견해도 제기되고 있는 만큼,[47] 해당 논의에서 주요 논거로 제시되고 있는 사료를 다시 살펴볼 필요가 있다.

사료 (다)

부여夫餘는 본래 현도玄菟에 속하였다. 한말漢末에 공손탁公孫度이 해동海東에서 웅장雄張하여, 외이外夷를 위복威服시키니, 부여왕夫餘王 위구태尉仇台는 다시 요동遼東에 속하였다. ⓐ이때 구려句麗와 선비鮮卑가 강성해지

45 井上秀雄,「朝鮮の初期國家 - 三世紀の夫餘國 -」,『日本文化研究所研究報告』12, 1975, 78~79쪽.

46 金哲埈, 앞의 책, 1975 ; 앞의 책, 1978, p.125 및 pp.133~134 ; 李丙燾, 앞의 논문, 1985, p.216 ; 李基白 · 李基東, 앞의 책, 1982, p.75 ; 박경철,「扶餘國家의 支配構造 考察을 위한 一試論」,『한국고대사연구』9, 1996, pp.147~148 ; 송호정, 앞의 논문, 1997, p.150 ; 송호정, 앞의 책, 2015, p.66.

47 박대재,「夫餘의 왕권과 왕위계승 -2~3세기를 중심으로-」,『한국사학보』33, 2008 ; 이승호,「3세기 부여의 刑罰 운용과 王權」,『동국사학』62, 2017.

자, (공손公孫)탁度은 부여가 두 오랑캐의 틈에 있으니, 종녀宗女를 시집보냈다. 위구태尉仇台가 죽고, 간위거簡位居가 즉위하였는데, 적자適子가 없고, 얼자蘖子 마여麻余가 있었다. ⓑ(간簡)위거位居가 죽자, 제가諸加가 함께 마여麻余를 옹립하였다. 우가牛加 형兄의 아들로 이름이 위거位居인 자가 대사大使가 되었는데, 재물을 아끼지 않고 잘 베푸니, 국인國人들이 그를 따랐다. 해마다 사신을 보내 경도京都에 이르러 공헌貢獻하였다. 정시正始 연간(A.D.240~248)에 유주자사幽州刺史 관구검毌丘儉이 구려句麗를 토벌하면서, 현도태수玄菟太守 왕기王頎를 보내 부여夫餘에 이르렀는데, 위거位居는 대가大加를 보내 교외郊外에서 맞이하고, 군량을 제공하였다. (위거位居의) 계부季父 우가牛加가 딴 마음을 품자, 위거位居는 계부季父 부자父子를 죽이고, 재물을 적몰하였으며, 관리를 파견해 적몰한 재물을 장부로 만들어 관官에 보냈다. ⓒ옛 부여의 풍속에 수한水旱이 고르지 못하여, 오곡五穀이 익지 않으면, 허물을 왕에게 돌려, '(왕을) 바꿔야 한다'고 하거나 혹은 '죽여야 한다'고 하였다. 마여麻余가 죽고, 그의 아들 의려依慮가 6살의 나이로 즉위하여 왕이 되었다.

(『삼국지三國志』 동이전東夷傳 부여조夫餘條)[48]

먼저 당시 부여 왕권의 실상을 전하는 기록부터 살펴보도록 한다. 위의 사료는 2세기 말부터 3세기에 걸쳐 전개된 부여 왕권의 동향과 왕위계승 과

48 『三國志』 東夷傳 夫餘條, "夫餘本屬玄菟. 漢末, 公孫度雄張海東, 威服外夷, 夫餘王尉仇台更屬遼東. 時句麗·鮮卑彊, 度以夫餘在二虜之間, 妻以宗女. 尉仇台死, 簡位居立, 無適子, 有孽子麻余. 位居死, 諸加共立麻余. 牛加兄子名位居, 爲大使, 輕財善施, 國人附之. 歲歲遣使詣京都貢獻. 正始中, 幽州刺史毌丘儉討句麗, 遣玄菟太守王頎詣夫餘, 位居遣大加郊迎, 供軍糧. 季父牛加有二心, 位居殺季父父子, 籍沒財物, 遣使簿斂送官. 舊夫餘俗, 水旱不調, 五穀不熟, 輒歸咎於王, 或言當易, 或言當殺. 麻余死, 其子依慮年六歲, 立以爲王."

정을 전하고 있다. 특히 그간 부여 왕권의 취약성을 논함에 있어서는 사료 (다)-ⓑ "제가諸加가 함께 마여麻余를 옹립하였다."는 부분과 (다)-ⓒ "옛 부여의 풍속에 수한水旱이 고르지 못하여, 오곡五穀이 익지 않으면, 허물을 왕에게 돌려, (왕을) 바꿔야 한다고 하거나 혹은 죽여야 한다고 하였다. 마여麻余가 죽고, 그의 아들 의려依慮가 6살의 나이로 즉위하여 왕이 되었다."는 대목이 주된 근거로 거론되어 왔다.

가뭄으로 큰 흉작이 발생하면 왕을 교체하거나 죽였다는 부여의 풍속은 초기 농경사회에 일반적으로 보이는 현상으로, J. G. Frazer가 『황금黃金의 가지』에 소개할 정도로 유명한 사례이다. 그리고 해당 기사에 이어지는 "마여사麻余死"라는 구절에 대해 마여麻余가 이러한 옛 부여의 풍속에 의해 죽임을 당했다고 보고, 이를 통해 부여의 정치체제가 부자상속에 의한 왕위세습제가 이루어질 정도로 왕권이 신장되었다고는 하지만 아직 절대적 왕권으로까지는 발전하지 못하였음을 보여주는 것이라고 이해해 왔다.[49] 나아가 마여麻余가 옛 유풍遺風에 의해 죽임을 당하는 데에서 원시적인 왕으로서의 일면을 가지고 있다고 보고, 3세기의 부여왕은 권력적이면서도 원초적이라는 상반된 양면성을 가지면서 귀족연합제에 의해 공립共立되는 성격이 강하였다고 본다.[50]

하지만 이 부분은 조금 더 면밀하게 살펴볼 필요가 있다. 가뭄이 계속되어 오곡이 제대로 여물지 않으면 허물을 왕에게 돌려 왕을 바꾸거나 죽였다는 이 기사에 대해 『삼국지三國志』 찬자는 분명 '옛 부여의 풍속[구부여속舊夫餘俗]'으로 적고 있기 때문이다. 따라서 그 뒤에 이어지는 "마여麻余가 죽고, 그

49 李丙燾, 앞의 논문, 1985, 216쪽 ; 김영하, 『한국고대사의 인식과 논리』, 성균관대학교 출판부, 2012, 58쪽.

50 井上秀雄, 앞의 논문, 1975, 78~79쪽.

의 여섯 살 난 아들인 의려依慮를 세워 왕王으로 삼았다."는 기사를 꼭 가뭄에 따라 왕을 교체했다는 부여의 옛 풍속에 연결할 필요는 없을 수도 있다. 특히 마여麻余의 죽음과 관련하여 해당 기사의 앞뒤 문맥을 자세히 살피면 당시 부여의 최고 권력자로 묘사되고 있는 위거位居가 자신의 계부季父와 권력 투쟁을 벌였던 일을 적고 있는데, 이로 보아 당시 부여에서는 지배층 간에 모종의 내분이 발생했음을 알 수 있다. 이에 해당 기사에서 마여麻余의 죽음 앞에 옛 부여의 풍속을 거론하였던 것은 곧 마여麻余가 비정상적인 상황 속에서 죽임을 당했음을 암시하는 것일 가능성이 크다는 견해도 제기된 바 있다. 즉 마여麻余의 죽음은 이때의 변란 속에서 화를 당한 것일 가능성이 큰데, 그러한 부여의 내부 사정을 자세히 알 수 없었던 중국 측에서는 국인國人들의 손에 왕이 살해당하는 과정을 바라보며, 부여의 옛 풍속을 떠올렸을 것이라는 추정이다.[51]

다음으로 간위거簡位居의 서자였던 마여麻余가 제가諸加의 공립共立에 의해 왕이 된 사실과 관련하여서는 부여의 왕위계승이 원칙적으로는 적자상속법으로 행하여졌지만, 제가諸加의 평의評議에 의한 선거제選擧制도 겸행兼行되고 있었다고 보거나,[52] 마여麻余의 다음 왕王인 의려依慮도 공립共立되고 있음에 비추어 왕王의 공립제共立制가 주도적으로 행해지고 적자상속제는 분식적粉飾的인 것에 불과하였다고 본 견해[53] 등이 제기된 바 있다. 그러나 마여麻余의 즉위와 관련하여 주목해야 할 부분은 선왕인 간위거簡位居에게 적자嫡子가 없었다는 사실과 얼자孽子임에도 불구하고 마여麻余가 즉위하여 간위거簡位居의 혈통을 계승하고 있다는 점이다. 즉 마여麻余가 비록 제가諸加

51 이승호, 앞의 논문, 2017, 34쪽.

52 李丙燾, 앞의 논문, 1985, 216쪽.

53 井上秀雄, 앞의 논문, 1975, 78쪽.

에 의해 추대되었다고는 하지만, 이는 적자嫡子가 없는 가운데 나타난 부득이한 현상일 뿐, 왕위계승에 대한 부여 왕실의 적자 상속 원칙은 흔들리지 않고 유지되고 있다. 이에 오히려 위구태尉仇台 이후로 간위거簡位居 · 마여麻余 · 의려依慮에 이르기까지 부여 왕실의 왕위 계승이 2~3세기에 걸쳐 적자상속嫡子相續의 원칙에 기반해 단절 없이 계승되어 왔다는 사실을 주목하며 당시 부여 왕권의 안정된 위상을 보여주는 기사로 이해하는 견해도 제기되었다.[54]

한편, 마여麻余에 이어 즉위한 의려依慮는 이후로 줄곧 왕위에 있다가 태강太康 6년(285)에 이르러 모용외慕容廆의 습격을 받아 자결했다고 한다.[55] 그러나 이러한 위기 상황 속에서도 부여의 왕위는 왕실의 자제를 이끌고 옥저 지역으로 피신하였던 부여후왕夫餘後王 의라依羅에 의해 단절 없이 계승되었다. 또한 의라依羅는 서진西晋과의 교섭을 주도하며, 나라가 붕괴한 이듬해인 286년 동이교위東夷校尉의 지원 속에서 나라를 재건할 수 있었다. 이러한 점으로 보아 3세기 당시까지도 부여의 왕권이 미약했고, 때문에 가뭄 등의 변수에 의해 국인國人의 손에 교체당하거나 죽임을 당했다는 식의 이해는 재고할 필요가 있다고 판단된다.

오히려 위의 사료에서는 2세기 말 부여왕 위구태位仇台에게 요동遼東의 공손씨公孫氏가 외교적 조처로 그의 종녀宗女를 출가시켰던 사실을 주목할 필요가 있다. 공손탁公孫度이 요동태수遼東太守에 부임한 시점이 189년 무렵임을 고려할 때, 두 가문의 결합이 이루어진 시점은 대략 190년대에 들어서가 아닐까 한다. 그런데 이것이 공손탁公孫度의 주선에 의해 이루어진 혼사였다는 점에서 당시 부여 왕실이 대외적으로도 인정될 만한 대표성과 정통성을 부여 사회 내에서 확보하고 있었음을 알 수 있다. 즉 2세기 말 위구태尉仇

54 박대재, 앞의 논문, 2008, 17~20쪽 및 38쪽.

55 앞의 각주 33)번 사료 참조.

台 시대에 부여 왕실은 대내외적으로 그 대표성과 정통성을 확보하고 있었으며, 위구태尉仇台 이후로 3세기 전반에 걸쳐 왕위계승 과정에서 부자상속의 원칙이 비교적 안정적으로 유지되고 있음을 알 수 있다. 또한 부여 왕실과 공손씨公孫氏 간의 결합은 대외 교섭에 대한 부여 왕권의 배타적 위상을 확인시켜주고 있다.

사실 부여에서 대외 교섭의 창구가 왕권을 중심으로 일원화된 것은 이미 기원 전후 무렵부터 포착된다. 기원전 2세기인 전한前漢 무제武帝 시기의 유물로 추정되고 있는 "예왕지인濊王之印"의 존재나[56] 후한後漢 건무建武 25년(49년) 무렵부터 부여왕이 광무제光武帝에게 직접 조공하였던 사실,[57] 그리고 한대漢代에 부여왕의 장례에 현도군玄菟郡에서 옥갑玉匣을 가져다가 사용하였던 점[58] 등에서 확인할 수 있다. 또 2세기 초반인 120년에 부여가 후한後漢에 조공하였을 당시 낙양洛陽에 조공 사절로 파견된 사자嗣子 위구태尉仇台의 존재도 주목된다.[59] 사자嗣子는 곧 부父의 지위를 직접 계승한 적자嫡子를 뜻하는 말로서, 후한後漢 측에서 위구태尉仇台를 사자嗣子로 기록한 것은 곧 위구태尉仇台가 스스로 자신을 사자嗣子로 소개하였기 때문일 것이다. 때문에 후한後漢에서도 그에게 인수印綬와 금채金綵를 하사하는 등 사절의 수준에 걸맞는 예우를 보여주고 있다. 곧 이를 통해 이미 2세기 전반 부여의 왕위계승 방식이 적자嫡子 상속 원칙으로 자리잡아가고 있음을 짐작케 한다. 또 이로부터 10여 년이 지난 136년에는 부여왕이 직접 경사京師에 이르러 조공을

---

56 이승호, 「'濊王之印'과 기원 전후 시기 夫餘의 對중원왕조 관계」, 『동아시아고대학』 59, 2020, 475쪽.

57 『後漢書』 東夷列傳 夫餘條, "建武中, 東夷諸國皆來獻見. 二十五年, 夫餘王遣使奉貢, 光武厚荅報之, 於是使命歲通."

58 『三國志』 東夷傳 夫餘條, "漢時, 夫餘王葬用玉匣, 常豫以付玄菟郡, 王死則迎取以葬."

59 『後漢書』 東夷列傳 夫餘條, "永寧元年, 乃遣嗣子尉仇台詣闕貢獻, 天子賜尉仇台印綬金綵."

하였고, 이에 후한後漢의 순제順帝는 황문고취黃門鼓吹와 각저희角抵戱를 베풀었다고 한다.[60] 당시 요동군遼東郡과 현도군玄菟郡 및 낙랑군樂浪郡과 교섭하는 것이 일반적이었던 동이東夷 사회에서 부여가 왕권의 주도 아래 낙양洛陽의 후한後漢 조정과 직접 교섭하고 있다는 것은 2세기 무렵 이미 확립된 부여 왕권의 위상을 볼 수 있는 대목이다.

다음으로 부여의 정치체제와 국가구조에 대한 학계의 논의를 검토해보자. 3세기 무렵 부여의 정치체제와 국가구조와 관련하여서는 아래의 사료를 주목할 수 있다.

> 사료 (라)
>
> ⓐ나라에는 군왕君王이 있고, 모두 육축六畜으로 관官의 이름을 지었는데, 마가馬加・우가牛加・저가豬加・구가狗加・대사大使・대사자大使者・사자使者가 있다. 읍락邑落에는 호민豪民이 있고, 하호下戶라 불리는 이들은 모두 노복奴僕이 된다. ⓑ제가諸加는 사출도四出道를 별주別主하는데, 큰 것은 수천 가이며 작은 것은 수백 가였다. …(중략)… 전쟁[군사軍事]이 있으면 또한 하늘에 제사를 지내고, 소를 죽여서 발굽을 보아 길흉을 점치는데, 발굽이 갈라진 것은 흉하게 여기고, 붙은 것은 길하게 여긴다. ⓒ적이 있으면, 제가諸加가 스스로 싸우는데, 하호下戶가 모두 양식을 짊어지고 (제가諸加는) 그것을 먹고 마신다.[61] (『삼국지三國志』 동이전東夷傳 부여조夫餘條)

60 『後漢書』 東夷列傳 夫餘條, "順帝永和元年, 其王來朝京師, 帝作黃門鼓吹・角抵戲以遣之."

61 『三國志』 東夷傳 夫餘條, "國有君王, 皆以六畜名官, 有馬加・牛加・豬加・狗加・大使・大使者・使者. 邑落有豪民, 名下戶皆爲奴僕. 諸加別主四出道, 大者主數千家, 小者數百家. … 有軍事亦祭天, 殺牛觀蹄以占吉凶, 蹄解者爲凶, 合者爲吉. 有敵, 諸加自戰, 下戶俱擔糧飮食之."

우선 사료 (라)-ⓐ에서처럼 당시 부여의 중앙 권력에는 군왕君王이라 표현된 왕을 정점으로 하여 마가馬加·우가牛加·저가豬加·구가狗加·대사大使·대사자大使者·사자使者 등 관계층官階層이 포진하고 있었음을 알 수 있다. 또 같은 사료 ⓑ에서 보듯 제가諸加로 표현된 복수의 지배층이 사출도四出道를 '별주別主'하고 있었는데, 그 규모에 따라 큰 것은 수천 가家이고 작은 것은 수백 가家였다고 전한다. 여기에 앞서 사료 (다)에서처럼 3세기 중엽의 상황을 전하는 기록에는 대사大使 위거位居의 명에 따라 실무 행정을 수행하는 대가大加도 보인다. 즉 이를 통해 당시 부여의 관계官階로는 마가馬加·우가牛加·저가豬加·구가狗加 등의 육축관六畜官과 대사大使·대사자大使者·사자使者 등의 사자관使者官이 있었으며, 그밖에 제가諸加, 대가大加 등 복수의 지배계급이 존재했음을 알 수 있다.

먼저 사료 (라)에서 거론된 여러 지배계급 중에 '제가諸加'라고 표현된 집단을 주목해 볼 필요가 있다. 기록을 통해 볼 때 당시 부여의 제가諸加는 사출도四出道를 '별주別主'하였으며 전쟁이 있으면 스스로 군대를 이끌고 나가 적과 맞아 싸웠고[(라)-ⓒ], 또 왕위계승에도 영향력을 행사하였다고 한다[사료 (다)]. 즉 이들은 당시 부여에서 실질적인 최고위 지배층이자 권력의 핵심 계층으로 군림하고 있었다. 이와 관련하여 선행 연구에서는 부여의 "제가諸加 집단은 국왕을 정점으로 구축된 중앙통치조직과 지방지배체제의 운영권을 장악하고 왕위계승 문제에까지 관여함과 아울러 국가방위체제 운용의 핵심적 기능을 수행하고 있었다."고 지적하면서, "이들 제가 집단이 부여국가 경영의 실질적인 하담자荷擔者로서 그 위치를 공고히 할 수 있었던 것은 그들이 부여국가 형성 당시 이미 독자적 세력기반을 가진 '군장사회君長社會(chiefdom)'의 수장인 '군장君長(chief·chieftain)'으로서 국가형성 과정에 참

여하였던 사실에서 비롯된 것이다."라고 지적한 바 있다.[62]

그런데 이 제가諸加와 관련하여 주목되는 것이 바로 그에 앞서 확인되는 부여 관계官階의 '가加' 계층으로, 곧 마가馬加·우가牛加·저가豬加·구가狗加 등 육축관六畜官이라 할 수 있다. 일찍이 선행연구에서는 이 기록을 통해 당시 부여의 사출도四出道를 '별주別主'하였던 제가諸加가 곧 마가馬加·우가牛加·저가豬加·구가狗加의 사가四加를 말하는 것으로 이해하였는데, 특히 윷놀이에서의 도·개·걸·윷·모의 연원이 바로 부여의 저가豬加·구가狗加·마가馬加·우가牛加·국도國都에서 비롯하였다는 가설을 함께 제기한 바 있다.[63] 물론 이와 달리 여기서의 제가諸加는 부족장 전체를 뜻하는 것으로 보는 의견도 있다.[64] 그렇다면 당시 부여의 정치구조를 이해하는 데에 있어 이 '제가諸加'의 성격을 분명히 해두는 것이 중요하게 된다.

사료 (마)

10월에 하늘에 제사를 지내는데, 국중대회國中大會로서 이름하여 동맹東盟이라 한다. 그 공회公會에서 의복은 모두 비단에 수를 놓고 금은金銀으로 스스로를 꾸민다. 대가大加와 주부主簿는 머리에 책幘을 쓰는데, 책幘과 같지만 여타의 (장식은) 없다. 그 (나라) 소가小加는 절풍折風을 쓰는데, 모양이 변弁과 같다. 그 나라 동쪽에 큰 동굴이 있는데, 이름하여 수혈隧穴이라 한다. 10월 국중대회國中大會에서 수신隧神을 맞이하여 나라 동쪽 위로 돌아와 이를 제사한다. 나무로 된 수隧를 신좌神坐에 둔다. 감옥이 없으니, 죄罪가 있으면 제가諸加가 모여 평의評議하여 바로 죽이고 처자妻子는 몰입沒入하여 노비奴

62 박경철, 앞의 논문, 1996, p.137.
63 李丙燾, 1985 앞의 책, p.215.
64 송호정, 2015 앞의 책, pp.106~107.

婢로 삼는다.[65]

(『삼국지三國志』 동이전東夷傳 고구려高句麗)

부여의 제가諸加와 관련하여서는 위의 사료 (마)의 고구려 사례가 참고된다. 당시 고구려 국중대회國中大會 동맹東盟에서는 대가大加와 소가小加를 비롯한 고구려 최상위 지배층이 결집하였다. 또 그 뒤로는 제가회의諸加會議로도 불리는 "제가평의諸加評議" 기사가 이어지는데, 이는 계루부 출신의 고구려왕과 각 부部 최상위 지배계층인 제가諸加가 함께 참여하여 국정을 운영하였던 핵심 정치기구로 이해된다.[66] 여기서 '가加'는 본래 독자적인 세력기반을 지닌 수장층을 뜻하였지만, 기사에 등장하는 3세기 무렵 고구려 제가층諸加層에는 각 나부의 지배세력을 비롯해 왕권 아래의 중앙귀족인 방위부方位部 세력, 나부 세력에서 중앙귀족으로 전환하고 있던 세력 등이 다양하게 포진하고 있었다고 한다.[67] 즉 사료 상에 등장하는 대가大加와 소가小加라는 표현에서 보듯 당시 고구려의 가加 계층은 세력 규모의 우열과 계루부 왕권과의 관계에 따라 이미 다양한 양상으로 분화가 이루어지고 있었다.

그렇다면 3세기 무렵 부여의 제가諸加 또한 이와 유사한 양상으로 존재하지 않았을까 한다. 특히 사료 (라)-ⓑ에서처럼 부여의 사출도四出道를 '별주別主'하는 제가諸加가 '큰 것은 수천 가家이며 작은 것은 수백 가家'였다는 기술은 고구려의 대가大加와 소가小加를 떠올리게 한다.[68] 즉 부여의 사출도四出

---

65 『三國志』 東夷傳 高句麗, "以十月祭天, 國中大會, 名曰東盟. 其公會, 衣服皆錦繡金銀以自飾. 大加主簿頭著幘, 如幘而無餘. 其小加著折風, 形如弁. 其國東有大穴, 名隧穴, 十月國中大會, 迎隧神還于國東上祭之, 置木隧于神坐. 無牢獄, 有罪諸加評議, 便殺之, 沒入妻子爲奴婢."

66 노태돈, 앞의 책, 1999, pp.157~158.

67 여호규, 『고구려 초기 정치사 연구』, 신서원, 2014, p.279.

68 김광수, 「高句麗 前半期의 「加」階層」 『건대사학』 6, 1982, p.8.

道를 '별주別主'하였던 제가諸加 중에 대가大加는 수천 가家를 소가小加는 수백 가家를 '별주別主'하였던 것으로 이해된다. 그렇다면 결국 기록 상에 등장하는 부여의 제가諸加는 마가馬加·우가牛加·저가豬加·구가狗加 등 육축관六畜官을 비롯하여 각 지방에 자치적 세력기반과 부족원을 거느린 수장층 전반을 지칭하는 말이 된다.

한편, 사료 (다)에서처럼 부여의 제가諸加는 왕위계승 과정에도 영향력을 행사하였는데, 이와 관련하여서도 아래와 같이 고구려의 사례가 참고가 될 수 있다.

> 사료 (바)
>
> 백고伯固가 죽자 두 아들이 있었는데, 장자長子 발기拔奇와 소자小子 이이모伊夷模였다. 발기拔奇가 불초不肖하니, 국인國人이 곧 이이모伊夷模를 함께 세워 왕王으로 삼았다.[69]
>
> (『삼국지三國志』 동이전東夷傳 고구려高句麗)

위의 사료 (바)에서는 고구려 왕위계승에 개입하는 '국인國人'이라는 존재가 확인된다. 그리고 『삼국사기三國史記』 고구려본기高句麗本紀에서도 왕위계승이 정상적으로 이루어지지 않을 경우 국인國人이 새 왕을 추대하였던 사례가 여러 차례 확인된다.[70] 여기서 '국인國人'이라는 표현에 주목해 볼 때, 고구려 왕위계승 결정 과정에 참여한 지배층은 각 부部의 대표자 몇몇으로 이루

---

69 『三國志』 東夷傳 高句麗, "伯固死, 有二子, 長子拔奇, 小子伊夷模. 拔奇不肖, 國人便共立伊夷模爲王."

70 『三國史記』 卷14, 高句麗本紀 2 閔中王 卽位年條 ; 『三國史記』 卷15, 高句麗本紀 3 大祖大王 卽位年條 ; 『三國史記』 卷15, 高句麗本紀 3 大祖大王 卽位年條.

어진 소수의 최상위 지배 집단이라고만 보기는 어렵다. 그보다 더 많은 숫자의 지배세층이 왕위계승 과정에 영향력을 행사하였던 것으로 이해하는 것이 합리적인데, 그럴 경우 대가大加·소가小加를 비롯한 고구려 가加 계층 전반, 즉 제가諸加 집단의 참여를 상정할 수 있다.

이러한 고구려의 왕위계승 결정 과정은 앞서 사료 (다)-ⓑ에서 "위거位居가 죽자, 제가諸加가 함께 마여麻余를 옹립하였다."는 기사를 이해하는 데에 참고가 된다. 즉 여기서의 제가諸加 또한 마가馬加·우가牛加·저가豬加·구가狗加를 비롯한 최상위 '가加' 계층 몇몇을 지칭하는 것이 아니라 이들을 위시로 한 다수의 가加 집단인 '제가諸加' 집단을 말하는 것으로 볼 수 있다. 이를 통해 볼 때도 사출도四出道를 기축으로 부여의 지방을 '별주別主'하였던 제가諸加는 마가馬加·우가牛加·저가豬加·구가狗加 등 육축관六畜官에만 한정되는 것이 아니라 부여 사회에 폭넓게 존재하였던 '제가諸加' 집단을 말하는 것으로 이해하는 것이 타당하다. 이와 함께 제가층諸加層 가운데서도 중앙관계中央官階로 등장하는 마가馬加·우가牛加·저가豬加·구가狗加 등 육축관六畜官의 경우는 부여 왕실과 함께 초창기 부여국 성립을 주도하였던 집단의 후신들이라는 주장이 제기된 바 있다.[71]

이처럼 왕권의 지배력이 직접 미치는 중앙 지역[왕성과 그 인근]을 제외한 부여의 지방은 마가馬加·우가牛加·저가豬加·구가狗加 등 육축관六畜官을 비롯한 제가諸加에 의해 지배되었으며, 왕권과 육축관六畜官 및 그 밖의 제가諸加 세력은 각자의 군사적 역량과 정치적 위상에 따라 누층적으로 결집하여 부여의 중앙과 지방을 구성하였다. 특히 왕성과 사출도四出道를 기축으로 형성되어 있는 부여의 국가구조는 계루부와 4나부로 구성된 초기 고구려의 국

71 이승호, 「부여의 국가구조와 四出道」, 『한국고대사연구』 96, 2019, 241~215쪽.

가구조와 유사한 점이 있다. 이에 고구려 · 백제 · 신라의 초기정치구조에 적용되어 왔던 이른바 '부체제'와 부여의 정치구조를 비교하여 양자의 유사성과 차이점을 검토한 연구도 진행된 바 있다.[72] 그러나 고구려의 경우는 5부가 강하게 결속하여 국가의 상위 구조를 형성하였던 반면, 부여의 경우 고구려처럼 왕실과 함께 뚜렷하게 부각되는 세력은 보이지 않는다.

다만 부여의 육축관六畜官이 그러한 위치에 있었을 것으로 추정되는데, 이들은 3세기 당시 이미 부여의 중앙관계中央官階에 포진해 있던 만큼 지방 세력이라기보다는 왕권과 함께 중앙 권력을 형성하던 지배집단으로 이해된다.[73] 또 고구려의 경우 5부를 중심으로 권력이 결집되어 있었던 반면, 부여의 제가諸加는 사출도四出道를 '나누어 다스리며[별주別主]' 외침이 있을시 '제가諸加가 자전自戰한다'고 하여 지방에 대한 중앙의 지배력이 강고하게 미쳤다고 볼 수 없는 대목이 많다. 결국 부여 왕권의 영도력 하에 '제가諸加'로 상징되는 지방의 자치 권력이 느슨하게 결집된 것이 부여의 국가적 특성이라고 정리할 수 있겠다. 부여의 지방사회에서 나타나는 고고학적 양상이 넓은 시야에서는 부여 문화권으로 포괄되지만, 경화고성慶華古城-색리구索離溝 유적에서 보듯이 각 지역마다 뚜렷한 지역적 특성 또한 강하게 내재하고 있는 것은 바로 이러한 부여의 국가적 특성에 기인하는 것이 아닌가 한다.

---

72 송호정, 앞의 논문, 2000.

73 이승호, 앞의 논문, 2019, 214~215쪽.

V. 쇠퇴 요인과 후기 왕성의 위치 문제

3세기 중엽의 상황을 전하는 『위략魏略』에서 "풍요롭고, 선대 이래로 일찍이 파괴된 적이 없다."고 하였을 만큼 부여는 이때까지 별다른 위기 없이 국세를 유지해나갔다. 하지만 3세기 후반부터 상황이 급변하였다. 부여의 국세가 갑작스레 추락하기 시작한 것이다. 당시 부여의 쇠퇴 요인으로는 285년 모용선비의 기습적인 침공에 적절히 대응하지 못한 채 수도가 함락당하고 왕권이 일시 붕괴한 것이 결정적이었다고 이해되고 있다.[74] 그러나 '단 한 차례의 외침'으로 중만주 일대에서 당시까지 500여 년 가까이 존속하며 발전을 구가하였던 부여의 쇠락을 모두 설명하기는 어렵다.

이에 부여의 쇠퇴 배경을 그 구조적 요인에서 찾는 견해도 제기된 바 있다. 즉 사출도를 기축으로 지방을 다스렸던 제가諸加 세력은 부여 왕권 혹은 육축관六畜官 등 중앙 권력과 긴밀한 관계를 맺으며 중앙의 영도력 하에 지방사회를 다스렸지만, 이러한 양자의 관계는 영속적인 것이 아니었으며 중앙의 집

74 이종수, 앞의 논문, 2009, 151~152쪽 ; 앞의 논문, 2010, 229~230쪽 ; 송호정, 앞의 책, 2015, 93쪽. 특히 이종수는 부여의 역사를 성립기(기원전 3세기 말~기원전 1세기), 발전기(기원전 1세기~285년), 쇠퇴기(285년~494년) 이렇게 세 시기로 구분한 바 있는데, 여기서 285년 모용선비의 침공 이전까지를 부여의 발전기로 이해하고 있다(이종수, 앞의 논문, 2010, 208쪽).

권력 변동에 따라 언제나 가변적일 수밖에 없었다는 것이다. 그리고 이러한 지배체제의 특성으로 인해 중앙에서 권력 투쟁이 발발하거나 권력 누수 현상이 발생할 경우 혹은 중앙 권력이 붕괴하는 비상사태를 맞이할 경우 부여의 지방 지배 체제는 순식간에 약화·해체될 소지가 컸다고 볼 수 있다.[75]

또 이와 관련하여 선행 연구에서는 다음과 같이 지적하고 있다. "부여국가의 계서적·누층적 지배질서와 이에 조응하여 구축된 지배체제는 국가형성기 이래 국가권력집중을 위한 노력의 실효도를 저하시키고, 나아가 국가지배구조운영 중심세력의 원심성과 다원성을 심화시켰던 것이다. 따라서 부여국가는 기원후 1세기 이후 수차례에 걸쳐서 그 위기관리 역량상 현저한 취약성을 노정하였고, 국가적 위기상황의 발발을 전후하여 주요핵심 지배집단의 부여지배권 외로의 방출·이탈·이반 사태를 연출하곤 하였다. 그러나 이러한 부여국가권력 및 지배구조의 취약성이 역설적으로 부여로 하여금 수차에 걸친 외부세력에 의하여 강요된 치명적인 군사적 타격에도 불구하고 국가의 지속성을 담보해주는 기제로 작용하고 있었음은 부여사의 전개과정 자체가 입증해주고 있는 셈이다."[76] 즉 왕권을 중심으로 한 중앙 권력의 영향력 아래에 느슨하게 결집된 사회였던 만큼, 어느 시기를 기점으로 중앙의 지배력이 약화되는 상황에 이르면 그만큼 쉽게 무너질 수도 있었던 것이 부여의 국가적 특징이었다.

한편, 일반적으로 『삼국지三國志』 동이전東夷傳이 전하는 3세기 중엽 상황까지만 하여도 부여의 국세가 강성하였다고 보는데, 이는 아래의 기사에 근거하고 있다.

75 이승호, 앞의 논문, 2019, 242쪽.
76 박경철, 앞의 논문. 1996, 160쪽.

사료 (사)

부여夫餘는 장성長城 북쪽에 있으며 현도玄菟에서 천 리 떨어져 있다. 남으로는 고구려高句驪와 동으로는 읍루挹婁와 서로는 선비鮮卑와 접해 있으며 북으로는 약수弱水가 있다. 사방이 2천 리 정도이며, 호戶는 8만이다. 그 백성은 토착土着 생활을 하며, 궁실宮室과 창고倉庫 및 뇌옥牢獄이 있다. 산릉山陵과 광택廣澤이 많고 동이東夷 지역에서 가장 평탄(평창平敞)하다. 토지는 오곡五穀에 적당하며 오과五果는 나지 않는다. 그 사람들은 체구가 크고(추대麤大) 성질은 강용彊勇하고 근엄 후덕(근후謹厚)하여 노략질(구초寇鈔)하지 않는다.[77]

(『삼국지三國志』 동이전東夷傳 부여조夫餘條)

사료 (사)에 따르면 당시 부여의 경역은 사방 2천리에 달했으며, 호戶는 8만으로 그 인구수는 대략 50만에 육박했다. 당시 부여와 함께 동이東夷 사회에서 가장 선진 세력으로 평가되던 고구려의 인구가 3만호였음을 고려할 때, 3세기 무렵 부여의 인구와 국가 규모는 주변 지역에서도 단연 압도적이라 평가할 만하다. 하지만 아래의 사료에 따르면 부여의 쇠퇴 조짐이 이미 3세기 초반부터 감지된다고 볼 수도 있다.

사료 (아)

읍루挹婁는 부여夫餘 동북 천 여리에 있는데, 큰 바다에 닿아 있으며, 남쪽으로는 북옥저北沃沮와 접하며, 그 북쪽은 끝을 알 수 없다. …(중략)… 한漢 이

77 『三國志』 東夷傳 夫餘條, "夫餘在長城之北, 去玄菟千里, 南與高句麗, 東與挹婁, 西與鮮卑接, 北有弱水. 方可二千里, 戶八萬. 其民土著, 有宮室·倉庫·牢獄. 多山陵·廣澤, 於東夷之域最平敞. 土地宜五穀, 不生五果. 其人麤大, 性彊勇謹厚, 不寇鈔."

래로 부여夫餘에 신속臣屬하였는데, 부여가 그 조부租賦를 무겁게 물리자, 황초黃初 연간(220~226)에 이반하였다. 부여에서 여러 번 토벌하였으나, 그 사람들은 무리가 비록 적으나 산세가 험한 곳에 있으며, 이웃 나라 사람들이 그들의 활과 화살을 두려워하여, 끝내 복속시키지 못하였다.[78]

(『삼국지三國志』 동이전東夷傳 읍루조挹婁條)

위의 사료 (아)에서 전하는 것처럼 한대漢代 이래로 부여는 읍루挹婁의 일부 세력을 신속臣屬시키고 그들로부터 조부租賦를 수취하였던 것으로 보인다. 이때 부여에 신속臣屬한 읍루는 아마도 목단강 유역과 연해주 지역에 거주하던 읍루계挹婁系 집단들로 볼 수 있겠는데,[79] 위의 기록에 따르면 이 일대의 읍루 세력은 황초黃初 연간(220~226)에 부여의 통제에서 이탈하였던 것으로 보인다. 즉 목단강牧丹江 유역과 북옥저 일대를 아울렀던 부여의 영향력이 3세기 초에 붕괴했음을 말해준다.

이처럼 3세기 초에 읍루가 부여의 영향력 하에서 벗어날 수 있었던 요인으로는 고구려의 북옥저 지방 진출과 읍루 사회의 자체적 역량 증대가 주 요인이었을 것이라는 견해가 있다. 즉 이미 2세기 무렵부터 고구려가 북옥저 일대를 잠식해가면서 부여는 이 일대에서의 영향력을 점차 상실하게 되었고, 결국 이는 읍루에 대한 부여의 영향력에도 부정적인 영향을 미치게 되었다는 것이다. 또 3세기에 들어서면 읍루 사회 내부에서도 정치적 결집이 이루어지고 자체적 역량이 확대되어 가면서 부여의 통제로부터 벗어났고, 결국 3

78 『三國志』 東夷傳 挹婁條, "挹婁在夫餘東北千餘里, 濱大海, 南與北沃沮接, 未知其北所極. …(中略)… 自漢已來 臣屬夫餘, 夫餘責其租賦重, 以黃初中叛之. 夫餘數伐之, 其人衆雖少, 所在山險, 鄰國人畏其弓矢, 卒不能服也."

79 이승호, 「1~3세기 挹婁의 考古 문화와 『三國志』 東夷傳의 挹婁」, 『인문학연구』 44, 2020, 109쪽.

세기 전반 무렵 부여는 장광재령張廣才嶺 이동 지역과 북옥저 일대에서 누리던 영향력을 완전히 상실하게 되었다는 주장이다.[80]

더불어 3세기 무렵 부여 내부에서 발발한 정치투쟁도 부여 쇠락의 요인 중 하나였을 것으로 지적되었다. 부여의 동쪽 방면이 허물어져 가던 3세기 전반 무렵은 간위거簡位居와 마여麻余가 왕위에 있던 시대이다. 특히 마여麻余는 선왕 간위거簡位居의 얼자蘖子로 제가諸加들의 지지에 기대 왕위에 오를 수 있었다. 따라서 마여麻余의 왕권은 상당히 취약할 수밖에 없었던 것으로 보이며, 당시 부여의 정치적 실권이 대사大使 위거位居에 의해 장악되어 있던 정황도 확인할 수 있었다. 이후 대사大使 위거位居와 우가牛加 사이에 권력투쟁이 벌어지는 등 정국의 혼란이 이어지는 한편, 왕 마여麻余 마저도 석연치 않은 죽음을 맞이하게 된다[이상은 앞의 사료 (다)를 참조]. 그 결과 부여의 중앙에서는 지배층의 분열과 이탈 현상이 심화되었을 것으로 추정된다. 또 마여麻余 사후 의려依慮가 6살의 어린 나이로 즉위하면서 부여 내부의 정치 상황은 좀처럼 혼란에서 벗어나지 못하였을 것이다. 결국 이는 '제가諸加가 자전自戰하는' 부여의 전통적인 방어체계가 제 기능을 수행하지 못하였던 원인으로 작용하였던 것으로 판단된다. 즉 부여가 쇠락하게 된 결정적 배경은 3세기 후반 모용선비의 침공이라 할 수 있겠지만, 그 이면에는 3세기 전반부터 안팎으로부터 붕괴되어 가던 부여의 대내외적 정치 상황이 자리하고 있었다고 볼 수 있다.[81]

사료 (자)

[영화永和 2년, 346] 봄 정월, …(중략)… 처음 부여夫餘는 녹산鹿山에 거居하

80 이승호, 「3세기 挹婁의 이탈과 夫餘의 쇠퇴」, 『동국사학』 64, 2018, 307~310쪽.

81 이승호, 앞의 논문, 2018, 320~325쪽.

였는데, 백제百濟의 침략侵略을 받아 부락部落이 쇠衰하고 흩어져 서쪽으로 연燕 가까이에 [나라가] 옮겨가니, 이로써 방비[설비設備]하지 못했다. 연왕燕王 황皝이 세자世子 준儁에게 모용군慕容軍, 모용각慕容恪, 모여근慕輿根 3장군과 1만 7천의 기병을 거느리고 부여를 습격하게 하였다. 준儁은 가운데 거居하면서 지시를 내렸고, 군사의 일은 모두 각恪에게 맡겼다. 마침내 부여夫餘를 함락하고 그 왕 현玄 및 부락部落 5만여 구를 포로로 잡아 돌아왔다. 황皝은 현玄을 진군장군鎭軍將軍으로 삼고, 딸을 처로 삼게 하였다.[82]

(『자치통감資治通鑑』 권卷97, 진기晉紀 19, 영화永和 2년2年 정월조正月條)

285년 모용선비慕容鮮卑의 기습적인 공격으로 큰 타격을 받은 부여는 이듬해 서진西晉의 지원 속에 다시 나라를 재건하였지만, 이때의 충격을 회복하지 못한 채 점차 쇠락의 길을 걷기 시작하였다. 이후 부여는 위의 사료 (자)에서 전하듯 '백제'의 공세로 인해 왕성이 자리하던 길림성吉林市 일대를 포기하고 "서사근연西徙近燕"하였다고 전한다. 346년 이전 어느 시기에 부여를 침략했을 '백제百濟'에 대해서는 고구려高句麗 설[83]이 주류를 점하는 가운데

82 『資治通鑑』卷97, 晉紀 19, 永和 2年 正月條, "(永和二年) 春正月 …(中略)… 初 夫餘居于鹿山, 爲百濟所侵, 部落衰散, 西徙近燕, 以不設備. 燕王皝遣世子儁帥慕容軍慕容恪慕輿根三將軍, 萬七千騎襲夫餘. 儁居中指授. 軍事皆以任恪. 遂拔夫餘, 虜其王玄及部落五萬餘口而還. 皝以玄爲鎭軍將軍, 妻以女."

83 金毓黻, 『東北通史』上編, 社會科學戰線雜誌社, 1980 ; 김육불 저 · 동북아역사재단 역, 『김육불의 東北通史』上, 동북아역사재단, 2007, 378쪽 ; 李健才, 앞의 논문 1982-04, 171쪽 ; 김병룡, 「후부여의 형성과 그 력사적 변천」, 『조선고대 및 중세초기사 연구』, 백산자료원, 1992, 294쪽 ; 노태돈, 「扶餘國의 境域과 그 變遷」, 『國史館論叢』4, 1989 ; 앞의 책, 1999, 522쪽 ; 李德山 · 欒凡, 『中國東北古民族發展史』, 中國社會科學出版社, 2003, 143쪽.

백제百濟 설,[84] 전연前燕 설,[85] 물길勿吉·말갈靺鞨 백돌부伯咄部 설[86] 등 다양한 세력이 거론되고 있지만, 현재로서는 고구려高句麗로 보는 것이 타당하다고 생각한다.

일단 백제가 그 북방의 고구려를 넘어 부여를 공격하는 상황은 상정하기 어려우므로 이를 문면 그대로 볼 수는 없다. 또 만약 부여가 전연前燕의 공격을 받았던 것이라면, 그러한 공세에 밀려 이동한 지역이 전연과 가까운 곳일 리 없으므로 당시 부여를 공격한 세력이 전연은 아니었을 것이라 판단된다. 한편 물길로 보는 입장에서는 기록상의 '백제百濟'를 말갈靺鞨 백돌부伯咄部로 상정하는 의견이 많은데, 당시가 물길이나 말갈 백돌부가 등장하기에는 너무 이른 시점이라는 점에서 받아들이기 어렵다. 물길은 5세기 후반에 비로소 역사상에 등장하며,[87] 말갈은 563년에 『북제서北齊書』에 그 명칭이 처음 나타난다. 더구나 말갈 백돌부의 경우에는 『수서隋書』 단계에 가서야 말갈 7부 중 하나로 사서 상에 등장하므로, 여기서의 '백제百濟'를 물길이나 말갈 백돌부로 상정하기는 어렵다. 그렇다면 결국 346년 부여를 공격한 '백제百濟'는 고구려의 오기로 보는 것이 합리적일 것이다.

그리고 무엇보다 앞서 제시한 사료 (나)의 『모두루묘지』는 그러한 상황을 더욱 분명하게 알 수 있게 해준다. 묘지의 23행부터 26행까지 내용은 중간중

---

84 鄭寅普, 『朝鮮史研究』 上, 서울신문사, 1947, 202~204쪽.

85 李健才, 앞의 논문 2000-06, 179쪽. 李健才는 여기서의 '百濟'에 대해 처음 '高句麗'의 잘못으로 보았으나(李健才, 앞의 논문, 1982-04, 171쪽), 이후 자신의 학설을 수정하여 '前燕'의 오기로 보았다(李健才, 앞의 논문 2000-06, 179쪽).

86 孫進己·馮永謙 主編, 『東北歷史地理』 2, 黑龍江人民出版社, 1989, 89쪽 ; 王綿厚, 앞의 논문 1990-02 ; 이인철, 앞의 책, 2000, 232쪽 ; 梁玉多, 「簡析勿吉的對外擴張」, 『北方文物』, 2012-01, 48쪽.

87 勿吉이 역사상에 처음 모습을 드러낸 시점은 北魏 延興 5년인 475년으로 이때 勿吉은 使臣 乙力支를 보내 北魏에 처음 조공하였다(김락기, 『고구려의 東北方 境域과 勿吉 靺鞨』, 경인문화사, 2013, 37쪽).

간 판독이 어려운 글자가 있어 문맥을 완벽히 파악하기는 어렵지만, 대략 모용선비가 '하백의 손자이자 일월의 아드님께서 태어나신 땅(河泊之孫 日月之子 所生之地)'으로 들어오니 북부여北夫餘 대형大兄 염모冉牟가 이를 격퇴하였음을 전하는 것으로 풀이된다. 또 묘지의 3~5행을 보면, 여기서 말하는 "河泊之孫 日月之子 所生之地"는 곧 추모성왕鄒牟聖王이 태어난 곳으로 북부여 일대를 말한다. 다시 말하면 이는 모용선비의 군대가 오늘날 길림시吉林市 일대로 침공해 왔는데, 이를 고구려 대형大兄 염모冉牟의 활약으로 막아내었음을 전하고 있는 것이다. 묘지에서 전하는 이 사건은 346년 부여를 공격한 전연군이 동진하여 옛 부여 지역, 즉 길림시吉林市 일대로 진공하였고 고구려가 이를 막아냈던 상황을 전하는 것이다.[88] 즉 346년 시점에는 부여의 본래 중심지였던 길림시吉林市 일대가 이미 고구려의 영역으로 편입되어 있었음을 알 수 있다. 이와 관련하여 고구려가 길림시吉林市 일대로 진출한 시기를 대략 330년대 중반 무렵으로 보는 견해도 제기된 바 있다.[89]

한편, 고구려의 공세에 밀려 부여가 "서사근연西徙近燕"한 곳은 어디였을까. 부여가 "서사근연西徙近燕"한 이후 거점에 대해서는 연구자마다 의견이 분분한 상태이다. 대체로 오늘날 길림시 서쪽 방면으로 장춘시長春市 북쪽 이통하伊通河 좌안에 위치한 길림성吉林省 농안현農安縣 부근에 비정하는 의견[90]이 주류를 점하는 가운데, 요령성遼寧省 창도현昌圖縣 서면성四面城,[91] 길

---

88 武田幸男, 앞의 논문, 1971 ; 앞의 책, 1989, 332~335쪽.

89 여호규, 「3세기 후반~4세기 전반 고구려의 교통로와 지방통치조직」, 『한국사연구』 91, 1995, 20쪽 ; 앞의 논문, 2000, 46~52쪽.

90 李健才, 앞의 논문, 1982-04, 172쪽 ; 武國勛, 「夫餘王城新考 -前期夫餘王城的發現-」, 『黑龍江文物叢刊』 1983-04, 38쪽 ; 孫正甲, 앞의 논문, 1984-06, 136~143쪽 ; 노태돈, 앞의 논문, 1989 ; 앞의 책, 1999, 496~500쪽.

91 金毓黻, 앞의 책, 1980, 171쪽 ; 김육불 저 · 동북아역사재단 역, 앞의 책, 2007, 379쪽.

림성吉林省 사평시四平市 일면성一面城,[92] 서풍현西豊縣 성자산산성城子山山城,[93] 길림성吉林省 유하현柳河縣 나통산성羅通山城,[94] 길림성吉林省 요원시遼源市 용수산산성龍首山山城[95] 등이 후보지로 거론되고 있다.

이처럼 부여의 후기 왕성과 관련하여서는 현재 가지각색의 학설이 난립하고 있는데, 이는 바꾸어 말해 부여 후기 왕성으로 비정할 만한 분명한 고고학적 근거가 현재까지 확보되지 못하고 있음을 보여준다. 그런데 이처럼 신뢰할만한 고고학적 정황을 찾기 어렵다면, 오히려 문헌 고증 성과에 집중할 필요가 있다고 생각한다. 이미 여러 문헌에 대한 고증을 통해 부여 후기 왕성의 위치가 오늘날 길림성吉林省 농안현農安縣 일대일 것이라는 주장이 일찍부터 수차례 제기된 바 있기 때문이다.

적어도 문헌 고증 상으로는 지금의 농안현農安縣 일대, 구체적으로 농안현農安縣 서남쪽 부근에 부여의 후기 중심지가 자리하였음은 재론의 여지가 없다고 생각한다. 선행 연구를 통해 명확하게 논증되었듯이 후기 부여의 중심지는 고구려 시대에는 부여성扶餘城, 발해 시대에는 부여부扶餘府가 두어진 곳이자 『요사遼史』 지리지에서 용주龍州 황룡부黃龍府(975년 일시 폐해지기 이전의 용주龍州 황룡부黃龍府)로 기재되어 있는 지역이다. 그리고 이곳은 금대金代의 융안부 隆安府(융주隆州), 즉 오늘날 길림성吉林省 농안현農安縣 서남쪽 부근에 해당한다. 바로 이 '융안隆安'의 음이 전와된 것이 지금의 '농안農安'

---

92 潭其驤 主編, 『中國歷史地圖集』(釋文彙編 東北卷), 中央民族學院出版社, 1988, 32쪽.

93 王綿厚, 앞의 논문, 1990-02 ; 周向永, 「西豊城子山山城始建年代再考」, 『東北史地』 2009-02.

94 王綿厚, 『高句麗古城研究』, 文物出版社, 2002, 214~215쪽.

95 李鍾洙, 「夫餘文化研究」, 吉林大學文學院 博士學位論文, 2004, 143쪽 ; 張福有 · 孫仁傑 · 遲勇, 「夫餘後期王城考兼說黃龍府」, 『東北史地』 2011-02, 11~23쪽 ; 張福有, 「夫餘後期王城在遼源」, 『東北史地』 2015-06.

이기 때문이다.[96]

한편, 고구려 후기의 부여성扶餘城은 631년에 고구려가 축조한 천리장성千里長城의 시작점이기도 했다.[97] 이와 관련하여 일찍이 중국 학계에서는 이건재李健才·왕건군王建群 등의 연구자를 중심으로 농안현農安縣 남쪽 경계로부터 서남쪽으로 지금의 공주령시公主嶺市-이수현梨樹縣 일대까지 이어져 있는 변강邊崗 유적에 주목하고, 이것을 기록에 보이는 고구려 장성 유적의 일부로 파악한 바 있다. 그리고 이를 근거로 고구려의 부여성扶餘城 또한 농안현農安縣 일대에 위치하였던 것이 확실하다고 주장하였다.[98] 이후 농안현農安縣의 용왕향龍王鄕·삼강향三崗鄕·전강향前崗鄕 등지에서도 변강邊崗 유적으로 추정되는 유구가 확인되면서 이러한 견해에 힘이 실렸다. 다나카 도시아키田中俊明도 지금의 농안현農安縣으로부터 영구시營口市에 이르는 고구려 장성의 존재를 긍정하고 농안農安 일대에 고구려 부여성扶餘城이 있었다고 보았다. 다만, 다나카 도시아키田中俊明는 부여와 고구려 시대 유물이 확인되지 않는 농안고성農安古城을 고구려 말기의 북부여성주北扶餘城州(조리비서助利非西)의 중심 거점, 즉 북부여성北扶餘城이라고 보는 데에는 의문을 제기하였는데, '북부여'라는 전통적인 호칭을 옮겼다고 보기는 어렵다는 이유로 고구려의 '북부여성北扶餘城'은 본래의 북부여, 즉 길림시吉林市 일대일 것으로 추정하고 있다.[99]

---

96 노태돈, 앞의 논문, 1989 ; 앞의 책, 1999, 496~500쪽 ; 방학봉, 『발해경제 및 주요 교통로 연구』, 신성출판사, 2005, 322~334쪽.

97 『舊唐書』卷199下, 東夷 高麗傳, "(貞觀)五年, 詔遣廣州都督府司馬長孫師, 往收瘞隋時戰上骸骨, 毁高麗所立京觀. 建武懼伐其國, 乃築長城, 東北自扶餘城, 西南至海, 千有餘里."

98 李健才, 「東北地區中部的邊崗和延邊長城」, 『遼海文物學刊』 1987-01, 102~105쪽 ; 王建群, 「高句麗千里長城」, 『博物館硏究』 1987-03, 103쪽.

99 東潮·田中俊明, 『高句麗の歷史と遺跡』, 中央公論社, 1995, 378~380쪽.

물론 근래에는 요동遼東 일대에 산재한 변강邊崗 유적들을 연결하여 고구려 천리장성으로 파악하는 데에 회의적인 견해도 많다.[100] 그러나 최근 연구서에서도 지적하고 있듯이 문헌 기록에 분명하게 '장성'으로 기록하고 있는 점을 가볍게 지나칠 수는 없다고 생각되며, 따라서 고구려의 천리장성은 기왕의 여러 연구에서처럼 농안현農安縣 부근으로부터 영구시營口市까지, 즉 부여성扶餘城으로부터 발해만까지 이어지는 실질적으로 구축된 하나의 방어선으로 이해할 필요가 있다.[101] 그렇다면 역시 부여 후기 왕성의 위치도 농안현農安縣 부근에서 찾아야 함이 옳다. 무엇보다도 앞서 지적한 대로 오늘날의 길림성吉林省 농안현農安縣 일대가 금대金代의 융안부隆安府(융주隆州)였고, 다시 이곳은 요대遼代의 (원原)용주龍州 황룡부黃龍府였으며 발해 시대의 부여부扶餘府이자 고구려 후기의 부여성扶餘城이었다는 문헌 연구에 기초한 고증을 흔들 수 없다면, 현재로서는 부여 후기 왕성은 농안현農安縣 서남쪽 부근에 위치하였다고 볼 수밖에 없다.

이와 함께 부여 후기 왕성이 오늘날 농안현農安縣 일대라는 입장에서 몇 가지 더 고려해볼 부분을 지적해보면, 먼저 5세기 무렵 길림시吉林市 일대가

---

100 이와 관련하여서는 이성제, 「高句麗 千里長城에 대한 기초적 검토 -장성의 형태와 성격 논의를 중심으로-」, 『영남학』 25, 2014를 참조.

101 정원철, 『고구려 산성 연구』, 동북아역사재단, 2017, 462~470쪽 참조. 한편, 여기서 정원철은 천리장성의 동북 기점을 德惠市 松花江鎭 老邊崗屯 일대로 파악하고 이로부터 여러 邊崗 유적이 宋遼 평원을 가로질러 營口까지 하나의 선으로 연결된다고 보았다. 그리고 이렇게 연결된 방어선 바깥에 위치한 農安 지역을 扶餘城으로 볼 수는 없다고 보아 천리장성 축조 당시 부여 지역 고구려의 통치 중심이었던 '扶餘城'은 吉林市의 龍潭山城으로 비정하고 있다. 즉 부여 후기 왕성으로서 農安을 지목하면서도 부여가 고구려에 항복할 당시는 물론 고구려 멸망 때까지도 부여 지역의 통치 중심은 吉林市 일대였을 것으로 보고, 천리장성의 시작점을 扶餘城으로 기술하고 있는 『舊唐書』 高麗傳 기사에 대해서는 정확하게 부여성을 가리키는 것이 아니라 당시 고구려가 점유하고 있던 原부여 지역의 중심지라는 넓은 의미로 이해하였다(정원철, 앞의 책, 2017, 466~469쪽).

당시 고구려의 북방 최전선이었음을 고려할 필요가 있다. 『위서魏書』에서는 당시 고구려의 영역이 북쪽으로 구부여舊夫餘에 이른다고 하였는데, 이는 오늘날의 길림시吉林市 일대를 말한다. 한편, 494년에 부여는 물길勿吉의 공세를 버티지 못하고 왕실이 나라를 들어 고구려로 귀부하게 되는데, 만약 이때 부여의 중심지가 지금의 장춘長春-농안農安 일대보다도 훨씬 더 남쪽의 어느 지역이었다고 본다면 이러한 부여의 투항은 이해하기 어려운 사건이 되어버린다. 이렇게 되면 물길勿吉은 길림시吉林市와 가까운 장춘長春-농안農安 일대를 우회하여 그보다도 훨씬 더 남쪽에 위치해 있는 창도昌圖, 사평四平 혹은 서풍西豊, 요원遼源, 유하柳河 일대의 부여를 압박했다고 보아야 하기 때문이다. 당시 물길이 동북방으로부터 송화강 유역을 점진적으로 잠식해나가면서 부여를 압박하였음을 고려할 때, 당시 물길의 활동 범위가 고구려의 최북방 경계였던 길림吉林·장춘長春 일대를 넘어 그 이남 지역까지 확대되었다고 보기는 어렵다.

또 하나 유의되는 부분은 부여가 494년 멸망을 맞이하기 전까지 고구려에 황금을 공물로 바치면서 그 영향력 아래에서 나라의 명맥을 유지하였다는 점이다.[102] 오늘날 길림성吉林省 일대의 주요 금광 분포지는 장춘시長春市를 중심으로 그 북쪽의 구태구九台區, 남쪽의 이통현伊通縣과 길림시吉林市 남쪽의 영길현永吉縣, 화전시樺甸市, 반석시磐石市 일대에 집중되어 있다고 한다.[103] 즉 이들 지역은 모두 오늘날 吉林市와 長春市 주변 지역으로 당시 이곳에서 산출된 황금이 고구려로 들어갔던 것으로 추측된다. 그렇다면 당시 고

---

102 『魏書』卷100, 列傳 88, 高句麗條, "正始中, 世宗於東堂引見其使芮悉弗, 悉弗進曰, 高麗係誠天極, 累葉純誠, 地產土毛, 無愆王貢. 但黃金出自夫餘, 珂則涉羅所產. 今夫餘爲勿吉所逐, 涉羅爲百濟所并, 國王臣雲惟繼絶之義, 悉遷于境內. 二品所以不登王府, 實兩賊是爲."

103 梁玉多, 앞의 논문, 2012-01, 48쪽.

구려에 황금을 제공한 후기 부여의 중심지도 자연 길림시吉林市와 장춘시長春市 일대에서 찾아야 하는데, 이때 길림시吉林市가 고구려 영역이었음을 감안한다면, 부여의 중심지는 장춘시長春市 부근, 즉 그 북쪽 농안현農安縣 일대로 보는 것이 타당하다. 요컨대, 이상의 여러 정황으로 보아도 부여의 후기 중심지는 농안현農安縣 부근으로 비정하는 것이 타당하다 판단된다.

물론 현재 농안현農安縣 일대에는 부여의 왕성으로 볼만한 유적이 없다는 비판이 많다.[104] 하지만 앞서 사료 (가)에서 보았듯 당시 고구려의 침략을 받은 부여는 '부락部落이 쇠衰하고 흩어져' 서쪽으로 연燕 가까이에 옮겨갔으나 왕도에 걸맞은 시설들을 제대로 '갖추지[설비設備] 못한' 상황이었다. 때문에 이곳에서 부여의 대규모 성터나 거점 유적지를 발견하기 어려운 것은 어쩌면 당연한 일일지 모른다.

---

104 현재 農安縣 일대에서 부여 왕성에 비정할 만한 곳은 農安古城 뿐이며, 따라서 많은 연구자가 부여 후기 왕성으로 이곳을 지목하고 있다. 하지만 이곳에서는 발해 이전 시기의 유물이 발견되지 않아 문제가 되고 있다(王綿厚, 앞의 논문, 1990-02).

Ⅵ. 백제의 부여 계승의식과 백제계 동명신화

『삼국사기』를 비롯하여 『위서魏書』 백제전百濟傳 등 여러 문헌에서는 백제의 원류를 부여 혹은 고구려로부터 구하고 있다. 따라서 적어도 문헌 연구에 기반한 논의에서는 백제 건국에 있어서 부여계 유이민들의 역할이 주요했던 것으로 보아 왔다.[105] 특히 잘 알려져 있듯이 백제의 건국설화에서는 백제 건국 세력이 북쪽의 부여·고구려로부터 출자하였음을 보다 직접적으로 언급하고 있다. 이는 각각의 전승에 담긴 주요 줄거리에 따라 온조溫祚 설화(『삼국사기』 백제본기 온조왕 즉위년 조), 비류沸流 설화(『삼국사기』 백제본기 온조왕 즉위년 조 세주), 구태仇台 설화(『주서周書』·『수서隋書』·『북사北史』 백제전) 등으로 구분되는데, 이들 설화의 세부적인 내용은 다를지언정 모두 백제 건국 세력의 출자를 고구려 혹은 부여로부터 구하고 있다는 점에서 일치한다.

이에 역사학계에서는 백제 고대국가의 형성 시기나 초기 왕계 및 왕실 교

105 김철준, 「百濟建國考」, 『한국고대사회사연구』, 서울대학교출판부, 1990, 92~94쪽 ; 李基東,「百濟王室交代論에 대하여」,『百濟研究』12,1981 ; 노중국, 『백제 정치사 연구』, 일조각, 1988, 71~74쪽 ; 김기섭, 「부여족의 분산과 이동」, 『부여사와 그 주변』, 동북아역사재단, 2008, 84~85쪽 ; 김두진, 「백제의 기원과 건국」, 『한성백제사 2 -건국과 성장-』, 2008.

대에 대한 견해, 시조관의 변천에 대한 문제 등의 논의에서는 의견이 분분할지라도, 적어도 북방으로부터 남하한 이주민 집단이 백제 건국에 핵심적 역할을 하면서 지배층을 형성하였을 것으로 보는 데에는 대체로 이견이 없다. 또 북방으로부터 남하한 부여계 이주민 집단이 언제 어떤 배경 속에 백제에 정착하였는지에 대한 논의는 복잡하게 전개되었지만, 대체로 3세기를 획기로 보아 이 시기 이주민 집단이 백제로 들어와 지배층의 핵심 세력을 이루었다고 보는 견해가 다양한 방식으로 제기되고 있다.[106] 그리고 이러한 입론의 주요 근거에 대해 선행 연구에서는 다음과 같이 정리한 바 있다.[107]

① 건국설화에서 시조 온조왕은 졸본부여 주몽의 아들이라고 하였다.

② 부여 출신 구태가 대방고지에서 나라를 세웠다는 중국 기록도 있다.

③ 472년에 백제 개로왕이 북위로 보낸 표문表文에서 백제는 "고구려와 함께 부여에서 나왔다."고 하였다.

④『삼국유사』에는 백제의 세계世系가 부여에서 나왔으며 왕실 성씨가 해씨解氏였다는 기록이 있다.

⑤ 백제 왕실의 성은 부여의 국명과 같은 부여씨扶餘氏이다.

⑥ 538년에 백제가 사비로 도읍을 옮기면서 국호를 남부여南扶餘로 바꾸었다.

⑦ 위덕왕이 아직 왕자일 때 고구려군과 교전하기 전 자신을 소개하면서 고구려와 성이 같다고 말하였다.

⑧ 중국기록에는 백제의 언어와 복장이 고구려와 같다고 되어 있다.

⑨ 서울시 송파구 석촌동·가락동 일대에는 고구려 무덤을 닮은 돌무지무덤

---

106 이와 관련하여서는 김기섭, 「백제 국가형성사 연구 동향과 과제」, 『동북아역사논총』 61, 2018을 참조.

107 김기섭, 앞의 논문, 2018, 193쪽.

이 분포한다.

그런데 근래 관련 연구를 살펴보면 이주민 집단의 남하 배경에 대해서 보다 구체적인 견해도 제시되고 있다. 즉 2세기 말~3세기 초 고구려의 왕위계승 분쟁 과정에서 고구려로부터 이탈한 일군의 집단이 공손씨 정권과의 연계 속에 남하하였다거나[108] 부여 정체성을 유지하고 있던 고구려의 비류부 세력(비류 집단)이 2세기 후반 산상왕의 즉위에 반대하여 남쪽으로 내려와 마한 백제국의 옛 왕족인 온조·초고계와 연합해 고이계 왕실을 축출하고 왕권을 차지하였다는 등의 주장이 그것이다.[109] 그리고 이러한 시각과 함께 백제 건국 세력이 북방 지역으로부터 내려왔음을 보여주는 고고학적 근거로서 임진강과 한강 중류 지역에 분포하는 적석총의 존재를 고구려와 관련짓거나[110] 석촌동 고분군의 대형 토광묘에서 부여계 고분과의 장제적 유사성을 찾는 한편,[111] 김포 운양동 유적에서 발견된 금제이식金製耳飾과 철제무기 그리고 오송 유적에서 출토한 동병철검 등의 북방계 유물을 주목하고 있다.[112]

---

108 이장웅, 「백제 시조 구태·비류 전승의 성립과 고구려·공손씨 관계」, 『백제문화』 55, 2016.

109 조영광, 「고구려·부여계 유이민의 남하와 백제 부여씨의 등장」, 『선사와 고대』 53, 2017.

110 임영진, 「백제 한성시대 고분 연구」, 서울대학교 박사학위논문, 1995, 130쪽 ; 조영광, 앞의 논문, 2017, 172~173쪽.

111 강인구, 「漢江流域 百濟古墳의 再檢討」, 『한국고고학보』 22, 1989 ; 이종수, 「석촌동 토광묘의 기원과 부여고분」, 『백제 초기 고분의 기원과 계통』, 2017.

112 강인욱·윤정하, 「청주 오송 유적 출토 부여계 동병철검 출토의 의의」, 『유적과 유물로 본 부여의 고대 네트워크(학술회의 자료집)』, 2020, 61~62쪽. 특히 여기서는 출토한 동병철검에 대한 분석을 바탕으로 부여계 철검을 소유하였던 피장자에 대해 '부여계 유이민의 하나'였거나 혹은 직접적으로 부여 계통이 아니었더라도 '부여 계통임을 표방하는 인물'이었을 것으로 보고, 이를 통해 백제의 부여계통의 건국신화가 완전한 허구에서 만들어진 것은 아니며, 일정정도 북방에서 내려온 개별집단의 기억은 꽤 구체적이었으며 장기간 존속되었고 이후 백제가 표방하던 '부여 정통성'의 시초가 되었을 가능성을 지적하였

물론 백제의 부여 계승성에 대해서는 회의적인 시각 또한 분명 존재한다. 예컨대, 마크 바잉턴의 경우는 부여로부터 기원을 찾는 고구려와 백제의 건국 신화 속 주장은 현실성이 없으며, 역사적 근거나 고고학적 증거가 매우 부족하다고 주장하고 있다. 특히 백제의 건국신화[구태仇台 신화]가 표방하는 부여로부터 이주민 집단의 남하는 역사적으로 성립하기 어렵다고 보는 반면, 석촌동 고분군의 경우는 백제 지배층이 고구려와 관련이 있음을 암시하고 있다고 보아 고구려와 백제 지배층의 관련성에 대해서는 가능성을 열어두고 있다. 그러나 고구려·백제의 지배층이 부여로부터 출자하였다는 설화의 실제적인 근거는 없다고 보고, 고구려·백제 지배층에 의해 구성된 허구일 가능성이 크다고 보았다.[113] 그리고 최근 심재훈 또한 이러한 마크 바잉턴의 견해를 지지하며, 건국신화를 인위적으로 구축된 "문화적 기억"으로서 재구성된 시대의 산물로 볼 필요성을 제기한 바 있다.[114]

여기에 더해 백제의 부여 계승성에 대한 회의적인 입장이 고고학 논의를 바탕으로 치밀하게 제기되고 있다. 대표적으로 권오영의 문제 제기를 경청해볼 필요가 있는데, 그 주요 논점을 정리하면 다음과 같다.[115]

① 백제의 국가 형성 시점은 아무리 올려도 서력기원 3세기 중반을 상회하지 못한다.

② 몽촌토성과 석촌동고분군 등 백제 중앙의 유적이 조사되었음에도 백제

다(같은 발표문, 61~63쪽).

113 Mark E. Byington, The Ancient State of Puyŏ in Northeast Asia: Archaeology and Historical Memory, Cambridge, MA: Harvard University Asia Center, 2016. pp. 274-278.

114 심재훈, 「동북아 고대사 연구의 신기원」, 『백산학보』 116, 2020, 220~224쪽.

115 권오영, 「백제와 부여의 계승성 여부에 대한 검토」, 『동북아역사논총』 61, 2018, 234~239쪽.

왕실이 부여계임을 입증할 만한 증거는 찾을 수 없다. 석촌동고분군의 토광묘를 부여 토광묘 문화와 연결 짓기는 어려우며, 백제 토기와 부여 토기는 기종 · 기형 · 제작기술 면에서 상이하다.

③ 오송 출토 동병철검의 경우는 이것이 부여계인지, 광의의 한계漢系인지 추후 정밀한 검토가 요구된다. 또 선비 · 부여계 이식으로 알려진 금제이식은 유라시아 동부의 특징적 장신구로서 부여계 주민의 이주보다는 원거리 교역의 증거일 가능성이 크다.

④ 경기와 강원 영서 및 영동 지역을 예족의 단일 분포권으로 간주하기는 어렵다. 육각형 주거지의 유무라는 측면에서 영동과 영서에서 주거공간의 형태 차이가 선명함을 고려하면 중부지역 주거구조의 공통성이란 전제가 부정된다. 또 중도유형문화를 예계濊系 문화로 간주하여 부여와 백제 문화를 연결할 경우 백제 건국 이전 한반도 중부 문화를 예계濊系 문화로 바라보게 됨으로써 여기에 마한 문화가 들어설 자리를 잃게 만든다.

이처럼 백제의 부여 계승, 보다 구체적으로 말하면 부여계 이주민 집단이 건국기 혹은 2~3세기 무렵 백제 지배층의 핵심을 이루었을 것이라는 인식은 문헌 기록을 통해서는 그 구체적인 논의야 분분할지언정 고대사 연구자들에게 일반적으로 받아들여져 왔다. 반면, 고고학의 입장에서는 이러한 논의를 입증할만한 물질자료를 찾을 수 없다는 점에서 문제를 제기할 수밖에 없는 상황으로 보인다.

필자는 이러한 고고학의 시선에서 제기하는 문제에 명쾌하게 답할 능력이 없다. 다만, 후대 백제 왕실의 '부여 계승의식'만큼은 분명 실재하였고, 그러한 의식의 바탕에는 실상 온조 · 비류 설화 혹은 구태 설화 등의 건국 설화보다도 원原부여의 건국신화라 할 수 있는 동명신화에 대한 기억과 '동명'에 대한 숭앙 의식이 자리하고 있었음을 주목할 필요는 있다고 생각한다. 대표적으로 일본 측 기록에 보이는 도모都慕 신화는 그동안 부여·고구려의 지파支派가 남하하여 백제를 건국하는 과정에서 백제의 지배층을 구성하였던 유이민들을 통해 전해진 동명신화로 여겨져 왔다.

사료 (차)

① 화조신和朝臣. 백제국百濟國 도모왕都慕王의 18세손인 무령왕武寧王으로부터 나왔다.[116]

② 관야조신菅野朝臣. 백제국百濟國 도모왕都慕王 10세손인 귀수왕貴首王으로부터 나왔다.[117]

③ 장배련長背連. 고려국주高麗國主 추모鄒牟[일명 주몽朱蒙]으로부터 나왔다.[118]

④ 고정조高井造. 고려국주高麗國主 추모왕鄒牟王 20세손 여안기왕汝安祁王에서 나왔다.[119]

⑤ 그 백제百濟 원조遠祖 도모대왕都慕大王은 하백지녀河伯之女가 일정日精에 감응하여 태어났다. 황태후皇太后는 곧 그 후예이다.[120]

⑥ 무릇 백제百濟 태조太祖 도모대왕都慕大王은 일신日神이 강령한 것이다. 부여扶餘에 이르러 나라를 열었다. 천제天帝가 녹籙을 주어 제한諸韓을 거느리고 왕을 칭하였다.[121]

---

116 『新撰姓氏錄』 左京諸蕃下, "和朝臣 自百濟國都慕王十八世孫 武寧王也"

117 『新撰姓氏錄』 右京諸蕃下, "菅野朝臣 出自百濟國都慕王十世孫 貴首王之後也"

118 『新撰姓氏錄』 右京諸蕃下, "長背連 出自高麗國主鄒牟[一名 朱蒙]也"

119 『新撰姓氏錄』 山城國諸蕃, "高井造 出自高麗國主鄒牟王廿世孫 汝安祁王也"

120 『續日本記』 延曆 8년 12월, "壬午, 其百濟遠祖都慕大王者 河伯之女感日精而所生 皇太后卽其後也"

121 『續日本記』 延曆 9년 7월, "辛巳, 夫百濟太祖都慕大王者 日神降靈 奄扶餘而開國 天帝授籙 惣諸韓而稱王"

사료 (차)의 ①·②·③·④의 『신찬성씨록新撰姓氏錄』 기록으로 미루어 볼 때, 당시 일본에서는 고려(고구려)국왕高麗國王 추모鄒牟와 백제국百濟國 도모왕都慕王 양자에 대한 뚜렷한 구분의식이 있었음을 알 수 있다. 즉 도모는 고구려의 추모와는 구별되는 백제의 시조로서 기록되고 있다. 이는 9세기까지도 일본 내 고구려·백제의 유민들 사이에 서로 다른 독자적인 시조 의식이 유지되고 있었음을 말해주는 것으로서, 여기서 백제에서도 고구려의 주몽 전승에 연결된 형태가 아니라 독자적인 동명신화를 지니고 있었음을 확인할 수 있다.[122] 그리고 사료 (차)의 ⑤·⑥『속일본기續日本記』의 기록으로 보아 백제 도모와 관련한 전승에 '일정日精'이나 '하백녀河伯女' 등의 설화적 모티프도 나타나고 있음을 본다.

그리고 이와 관련하여 온조왕溫祚王 원년元年 4월에 처음 동명왕묘東明王廟를 세운 이래 동명묘東明廟에 대한 배알拜謁이 다루왕多婁王 2년 정월正月, 구수왕仇首王 14년 3월, 책계왕責稽王 2년 정월正月, 분서왕汾西王 2년 정월正月, 비류왕比流王 8년 4월, 아신왕阿莘王 2년 정월正月, 전지왕腆支王 2년 정월正月 등 유독 한성 시기에 집중되고 있음을 주목할 필요가 있다. 이는 한성기 백제 왕실의 시조신화가 온조·비류 설화 혹은 구태 설화보다도 원原부여의 건국신화라 할 수 있는 동명신화와 보다 직접적으로 연결되어 있었음을 시사하며, 이러한 점에서 볼 때, 백제 왕실은 상당히 이른 시기부터 부여에 대한 계승의식을 표방한 것으로 추정할 수 있다고 본다. 그리고 이와 더불어 백제본기 초기 기사에서부터 등장하는 '해씨解氏' 집단의 존재를 고려하면 백제 왕실 및 지배층의 핵심을 이루었던 세력이 부여로부터 출자하였다는 문헌 기록을 마냥 허

---

122 노명호, 「百濟의 東明神話와 東明廟」, 『역사학연구』 10, 1981, 43~49쪽 ; 임기환, 「백제 시조전승의 형성과 변천에 관한 고찰」, 『백제연구』 28, 1998, 19쪽 ; 임기환, 「동명신화의 전개와 변용」, 『부여사와 그 주변』, 동북아역사재단, 2008, 168쪽

구로 치부할 수는 없지 않을까 한다. 특히 이른 시기부터 나타나는 백제 지배층의 동명 숭앙 의식은 고구려에서 동명신화를 차용하여 주몽신화를 구성하기 이전, 그리고 백제에서 온조·비류·구태 전승이 성립하기 이전에 백제로 남하한 이주민 집단이 공유하고 있던 원原부여로부터 확산·전파된 동명신화의 잔영을 보여주는 것으로 이해할 수 있지 않을까 한다.

Ⅶ. 맺음말 : 기록과 현상의 괴리

지금까지 문헌에 기초한 부여사 연구에서 제기되고 있는 여러 논의와 쟁점에 대해 간략하게나마 살펴보았다. 필자의 부족한 능력으로 여러 쟁점을 말끔히 정리하여 담아내지 못하였다. 글이 처음 목적한 바를 충분히 완수해 내지 못하였음을 담담히 인정하면서, 끝으로 그동안 필자가 문헌 기록에 의지하여 부여사에 접근하면서 느꼈던 한계와 고민을 고백하는 것으로 글을 맺고자 한다.

먼저 부여사를 탐구하는 과정에서 필자가 가장 곤혹스럽게 느끼는 부분은 '부여 전성기 고고 자료의 부재'이다. 『삼국지』 동이전 부여 조만을 놓고 보면, 사실 3세기 중반 무렵까지 부여는 전성기를 구가하고 있었다고 볼 수 있다. 비록 황초黃初 연간(220~226)에 부여의 영향력 아래 있던 일부 읍루계挹婁系 집단이 이탈하는 상황도 발생하였지만, 그럼에도 불구하고 당시 부여는 인구가 8만 호戶에 육박할 정도로 국가의 규모가 확대되어 있었다. 특히 같은 기록에 당시 고구려 인구가 3만 호戶였다고 전하는 점을 고려할 때, 당시 부여는 동이東夷 사회에서 가장 큰 세력을 형성하고 있었음은 인정할 수 있다. 그러나 이처럼 국세가 융성하였던 2~3세기 무렵, 길림성吉林市 일대, 즉 부여 왕성王城 주변을 제외한 지방사회에서는 부여 문화를 반영하는 유적이 잘 보이지 않는다는 점이다. 더구나 유수 노하심 유적 등 부여 지방사회의 주요 유적이라 할 수 있는 유적 연대의 하한선은 2세기를 넘지 않고 있다.

그리고 이러한 현상과 연관되는 문제라 할 수 있겠는데, 부여의 영역을 구체적으로 어떤 기준을 통해 어떻게 설정해야 할지에 대해서도 막막하기는 마찬가지이다. 일반적으로 『삼국지』 동이전 부여 조의 "夫餘在長城之北, 去玄菟千里, 南與高句麗, 東與挹婁, 西與鮮卑接, 北有弱水."라는 구절을 바탕으로 3세기 무렵 부여의 영역에 대해서 대체로 다음과 같이 추정하고 있다. 먼저 부여의 북쪽에 있다는 약수弱水는 일반적으로 동류 송화강으로 비정되고 있으며, 따라서 그 영역은 북쪽으로 동류 송화강 유역까지 포괄하였을 것으로 보인다. 다음으로 서쪽으로는 선비鮮卑와 접해 있다고 하였는데, 이를 통해 당시 부여가 서쪽으로 이통하伊通河 서안西岸의 장춘시長春市-농안현農安縣 일대를 안정적으로 영유하였을 뿐만 아니라, 그 서쪽의 통유현通榆縣-장령현長岭縣-쌍요시雙遼市를 잇는 지역으로부터 서남쪽으로 사평시四平市 일대까지 세력이 미쳤을 것으로 보고 있다. 다음으로 동쪽으로는 읍루挹婁와 접한다고 하였는데, 일반적으로 목단강牡丹江 유역의 읍루와 장광재령張廣才嶺을 경계로 대치하였을 것으로 본다. 남쪽으로는 고구려와 접한다고 하므로, 길림吉林 합달령合達嶺 이북 지역으로부터 휘발하輝發河 유역 하류 일대까지 세력이 미쳤을 것으로 판단된다.[123]

그러나 이처럼 넓은 범주에서 부여 문화를 관찰하고자 하면 실상 그에 대응하는 물질문화를 전반적으로 확인하기가 어렵다는 점이 문제다. 그리고 부여 영역으로 간주되는 범위 안에서 확인되는 유적 간에도 서로 이질적인 모습이 나타나기도 한다. 예를 들어 왕성이 자리했던 길림시 일대의 문화 양상과 유수 노하심 유적 및 영역 북단에 위치한 경화고성慶華古城 및 색리구索

123 이승호, 앞의 논문, 2019, 222~223쪽.

離溝 유적 간에는 상당한 차이가 나타난다. 또 여기에 흔히 탁리국槖離國 물질문화로 간주되는 눈강嫩江 하류 유역의 백금보白金寶·한서漢書 II 기문화와 그 세력을 부여 문화 안에서 이해해야 할지에 대한 문제도 떠오른다. 이러한 문제들을 파고들다 보면, 문헌을 통한 부여사 연구 과정이 마치 허공을 걷는 것과 같다는 느낌을 받기도 한다.

끝으로 285년 혹은 346년 이후 후기 부여사에 대한 복원이 어려운 점도 지적해두고 싶다. 사실 346년 전연前燕의 침공을 받을 당시 부여의 후기 중심지가 어디에 위치하였는가에 대해서도 연구자마다 의견이 분분한 상황이다. 이런 상황에서 494년 부여 왕실이 고구려에 귀부하기 전까지 약 150여 년의 부여 후기 역사는 완전히 공백으로 남아 있다. 부여사를 연구하는 데에 있어서 이러한 난점을 앞으로 어떻게 타개해 나가야 할지, 이번 기회를 통해 선학·제현으로부터 가르침을 받을 수 있기만을 바랄 뿐이다.

참고문헌

국문

강인구, 「漢江流域 百濟古墳의 再檢討」, 『한국고고학보』 22, 1989.

강인욱 · 윤정하, 「청주 오송 유적 출토 부여계 동병철검 출토의 의의」, 『유적과 유물로 본 부여의 고대 네트워크(학술회의 자료집)』, 2020.

공석구, 「廣開土王陵碑의 東夫餘에 대한 考察」, 『한국사연구』 70, 1990.

공석구, 『高句麗 領域擴張史 硏究』, 서경문화사, 1998.

권오영, 「백제와 부여의 계승성 여부에 대한 검토」, 『동북아역사논총』 61, 2018.

김광수, 「高句麗 前半期의 「加」階層」, 『건대사학』 6, 1982.

김기섭, 「부여족의 분산과 이동」, 『부여사와 그 주변』, 동북아역사재단, 2008.

김기섭, 「백제 국가형성사 연구 동향과 과제」, 『동북아역사논총』 61, 2018.

김두진, 「백제의 기원과 건국」, 『한성백제사 2 -건국과 성장-』, 2008.

김락기, 『고구려의 東北方 境域과 勿吉 靺鞨』, 경인문화사, 2013.

김병룡, 「후부여의 형성과 그 력사적 변천」, 『조선고대 및 중세초기사 연구』, 백산자료원, 1992.

김영하, 『한국고대사의 인식과 논리』, 성균관대학교 출판부, 2012.

김육불 저 · 동북아역사재단 역, 『김육불의 東北通史』 上, 동북아역사재단, 2007.

김철준, 『韓國古代國家發達史』, 한국일보사, 1975.

김철준, 『한국사 2: 民族의 成長』, 국사편찬위원회, 1978.

김철준, 「百濟建國考」, 『한국고대사회사연구』, 서울대학교출판부, 1990.

김현숙, 『고구려의 영역지배방식 연구』, 모시는 사람들, 2005.

노명호, 「百濟의 東明神話와 東明廟」, 『역사학연구』 10, 1981.

노중국, 『백제 정치사 연구』, 일조각, 1988.
노태돈, 「5세기 金石文에 보이는 高句麗人의 天下觀」, 『韓國史論』 19, 1988.
노태돈, 「扶餘國의 境域과 그 變遷」, 『國史館論叢』 4, 1989.
노태돈, 「5~7세기 고구려의 지방제도」, 『韓國古代史論叢』 8, 1996.
노태돈, 『고구려사 연구』, 사계절, 1999.
박경철, 「扶餘史 展開에 關한 再認識 試論」, 『백산학보』 40, 1992.
박경철, 「扶餘國家의 支配構造 考察을 위한 一試論」, 『한국고대사연구』 9, 1996.
박대재, 「夫餘의 왕권과 왕위계승 -2~3세기를 중심으로-」, 『한국사학보』 33, 2008.
방학봉, 『발해경제 및 주요 교통로 연구』, 신성출판사, 2005.
서영수, 「廣開土王陵碑文」의 征服記事 再檢討(中)」, 『역사학보』 119, 1988.
손영종, 『고구려사의 제문제』, 사회과학원, 2000.
송호정, 「Ⅲ. 부여」, 『한국사』 4, 국사편찬위원회, 1997.
송호정, 「고조선 · 부여의 국가구조와 정치운영」, 『한국고대사연구』 17, 2000.
송호정, 「扶餘의 國家形成 過程과 文化 基盤」, 『북방사논총』 6, 2005.
송호정, 『처음 읽는 부여사』, 사계절, 2015.
심재훈, 「동북아 고대사 연구의 신기원」, 『백산학보』 116, 2020.
여호규, 「3세기 후반~4세기 전반 고구려의 교통로와 지방통치조직」, 『한국사연구』 91, 1995.
여호규, 「4세기 동아시아 국제질서와 고구려 대외정책의 변화」, 『역사와 현실』 36, 2000.
여호규, 『고구려 초기 정치사 연구』, 신서원, 2014.
이기동, 「百濟王室交代論에 대하여」, 『百濟硏究』 12, 1981.
이기백 · 이기동, 『한국사 강좌(고대편)』, 일조각, 1982

이기백, 『한국사신론(개정판)』, 일조각, 1999.
이도학, 「高句麗의 夫餘 出源에 관한 認識의 變遷」, 『고구려발해연구』 21, 2005.
이도학, 「高句麗와 夫餘 關係의 재검토」, 『고구려의 역사와 대외관계』, 서경문화사, 2006.
이도학, 『고구려 광개토왕릉비문 연구』, 서경문화사, 2006.
이병도, 「夫餘考」, 『韓國古代史研究(수정판)』, 박영사, 1985.
이성제, 「高句麗 千里長城에 대한 기초적 검토 -장성의 형태와 성격 논의를 중심으로-」, 『영남학』 25, 2014
이승호, 「3세기 후반 「晉高句麗率善」印과 高句麗의 對西晉 관계」, 『한국고대사연구』 67, 2012.
이승호, 「3세기 부여의 刑罰 운용과 王權」, 『동국사학』 62, 2017.
이승호, 「夫餘 政治史 研究」 동국대 박사학위논문, 2018.
이승호, 「3세기 挹婁의 이탈과 夫餘의 쇠퇴」, 『동국사학』 64, 2018.
이승호, 「부여의 국가구조와 四出道」, 『한국고대사연구』 96, 2019.
이승호, 「부여의 쇠퇴 · 멸망 과정과 王室 일족의 동향」, 『동국사학』 68, 2020.
이승호, 「'濊王之印'과 기원 전후 시기 夫餘의 對중원왕조 관계」, 『동아시아고대학』 59, 2020.
이승호, 「1~3세기 挹婁의 考古 문화와 『三國志』 東夷傳의 挹婁」, 『인문학연구』 44, 2020.
이인철, 『고구려의 대외정복 연구』, 백산자료원, 2000.
이장웅, 「백제 시조 구태 · 비류 전승의 성립과 고구려 · 공손씨 관계」, 『백제문화』 55, 2016.
이종수, 「무덤의 변화양상을 통해 본 부여사 전개과정 고찰」, 『선사와 고대』 30, 2009.

이종수, 『松花江유역의 초기철기문화와 夫餘의 문화기원』, 주류성, 2009.
이종수, 「고고자료를 통해 본 부여의 대외교류 관계 검토」, 『선사와 고대』 33, 2010.
이종수, 「송눈평원지역 눈강유역 청동기~초기철기시대 유적의 특징과 변화양상 고찰」, 『백산학보』 103, 2015.
이종수, 「부여 초기 및 전기왕성에 대한 고고학적 검토」, 『東洋學』 65, 2016.
이종수, 「석촌동 토광묘의 기원과 부여고분」, 『백제 초기 고분의 기원과 계통』, 2017.
임기환, 「백제 시조전승의 형성과 변천에 관한 고찰」, 『백제연구』 28, 1998.
임기환, 「동명신화의 전개와 변용」, 『부여사와 그 주변』, 동북아역사재단, 2008.
임영진, 「백제 한성시대 고분 연구」, 서울대학교 박사학위논문, 1995.
장병진, 「고구려본기의 부여 관계 기사와 '동부여'의 실체」, 『사학연구』 136, 2019.
정원철, 『고구려 산성 연구』, 동북아역사재단, 2017.
정인보, 『朝鮮史研究』 上, 서울신문사, 1947.
조영광, 「고구려 · 부여계 유이민의 남하와 백제 부여씨의 등장」, 『선사와 고대』 53, 2017.

중문

喬梁, 「慶華遺存試析」, 『北方文物』 2014-01.
吉林大學考古學系 · 黑龍江省文物考古研究所 編著 · 張忠培 主編, 『肇源白金寶 -嫩江河游一處青銅時代遺址的揭示-』, 科學出版社, 2009.
金毓黻, 『東北通史』 上編, 社會科學戰線雜誌社, 1980.
潭其驤 主編, 『中國歷史地圖集』(釋文彙編 東北卷), 中央民族學院出版社,

1988.
馬德謙,「夫餘文化的幾個問題」,『北方文物』1991-02.
武國勛,「夫餘王城新考 -前期夫餘王城的發現-」,『黑龍江文物叢刊』1983-04.
孫正甲,「夫餘原流辯析」,『學習與探索』1984-06.
孫進己·張志立,「濊貊文化的探索」,『遼海文物學刊』創刊號, 1986.
孫進己·馮永謙 主編,『東北歷史地理』2, 黑龍江人民出版社, 1989.
梁玉多,「簡析勿吉的對外擴張」,『北方文物』, 2012-01.
王建群,「高句麗千里長城」,『博物館硏究』1987-03.
王綿厚,「東北古代夫餘部的興衰及王城變遷」,『遼海文物學刊』1990-02.
王綿厚,『高句麗古城硏究』, 文物出版社, 2002.
王禹浪·李彦君,「北夷索離國及其夫餘初期王城新考」,『黑龍江民族叢刊』, 2003-01.
王禹浪,「'索離'國及其夫餘的初期王城」,『黑龍江民族叢刊』, 2013-01.
于志耿,「槖離文化硏究」,『民族硏究』1984-02.
魏國忠,『東北民族史硏究』2, 中國古籍出版社, 1995.
李健才,「夫餘的疆域和王城」,『社會科學戰線』1982-04.
李健才,「東北地區中部的邊崗和延邊長城」,『遼海文物學刊』1987-01.
李健才,「三論北夫餘、東夫餘即夫餘的問題」,『社會科學戰線』2000-06.
李德山·欒凡,『中國東北古民族發展史』, 中國社會科學出版社, 2003.
李延鐵·于建華,「從索離溝的考古發現看古索離國的地望」,『北方文物』2010-02.
李殿福,「漢代夫餘文化芻議」,『北方文物』1985-03.
李鍾洙,「夫餘文化硏究」, 吉林大學文學院 博士學位論文, 2004.
張碧波·莊鴻鴈,「索離王國文明的探討 -從索離溝考古說起-」,『北方文物』 2012-03.
張福有·孫仁傑·遲勇,「夫餘後期王城考兼說黃龍府」,『東北史地』2011-02.

張福有,「夫餘後期王城在遼源」,『東北史地』2015-06.

周向永,「西豊城子山山城始建年代再考」,『東北史地』2009-02.

趙賓福,「漢書二期文化研究 -遺址材料和墓葬材料的分析與整合-」,『邊疆考古研究』8, 2009.

趙虹光・干志耿・潭英杰・孫秀仁,『黑龍江區域考古學』, 中國社會科學出版社, 1991.

黑龍江省文物考古研究所,「黑龍江省賓縣慶華遺址發掘刊報」,『考古』1988-07.

黑龍江省文物考古研究所,「黑龍江省賓縣索離溝遺址發掘簡報」,『北方文物』2010-01.

黑龍江省文物考古研究所,『平洋墓葬』, 文物出版社, 1990(『平洋墓葬』(2版), 文物出版社, 2011).

일문

東潮・田中俊明,『高句麗の歷史と遺跡』, 中央公論社, 1995.

武田幸男,「牟頭婁一族と高句麗王權」,『朝鮮學報』99・100, 1971.

武田幸男,『高句麗史と東アジア』, 岩波書店, 1989.

井上秀雄,「朝鮮の初期國家 - 三世紀の夫餘國 -」,『日本文化研究所研究報告』12, 1975.

池內宏,「夫餘考」,『滿鮮地理歷史研究報告』13, 1930.

池內宏,『滿鮮史研究』上世 第一册, 吉川弘文館, 1951.

영문

Mark E. Byington, The Ancient State of Puyŏ in Northeast Asia: Archaeology and Historical Memory, Cambridge, MA: Harvard University Asia Center, 2016.

주제발표 2

부여 고고학의 쟁점

유 은 식 국립부여문화재연구소

Ⅰ. 머리말

부여는 제2송화강 중류지역을 무대로 하여 고조선에 이어 두 번째 고대국가로 성장하였고, 고구려와 백제 왕실의 출자와도 밀접한 관련이 있어 한국 고대사의 주요한 부분을 차지한다. 부여는 문헌기록에 의하면, 기원전 2세기 무렵부터 기원후 494년까지 장기간에 걸쳐 존속한 역사적 실체이지만 그 실상을 명확하게 그려내지 못하고 있다. 이것은 무엇보다도 문헌기록의 영세성과 함께 관련 고고자료의 부족일 것이다.

지금까지 중국 여러 지역에서 부여 관련 유적발굴이 진행되었고, 관련 연구가 이루어지고 있지만 만족할 만한 수준으로 축적되어 있다고 할 수 없다.[1] 발굴자료의 부족과 함께 발굴자료가 갖고 있는 근본적인 한계가 있기 때문에 고고자료를 통해 부여의 성격을 고찰하기 위해서는 몇 가지 사항을 유념할 필요가 있다. 첫째, 부여의 존속시기에 비해 지금까지 확보된 고고자료는 대부분 부여 형성기에서 기원후 1~2세기 전반으로 편년 되는 것들뿐이

1 본고에서는 지면 관계상 연구사 검토는 생략하고자 한다. 부여에 대한 연구 성과는 아래의 논문에 잘 정리되어 참고 된다.
李鍾洙, 2007,「中國의 夫餘史 認識과 研究現況 檢討」『高句麗研究』 28輯.
윤정하, 2019,『부여의 형성과 교류 네트워크 전개과정-토기와 위신재 분석을 중심으로-』, 경희대학교 석사학위논문.

다. 따라서 부여의 최전성기라 할 수 있는 기원후 2세기~3세기와 후기의[2] 양상을 고고학적으로 복원하는 것은 어렵다. 또한 발굴조사 유적도 대부분 간보 형식으로 공개된 것이고, 유일하게 발굴조사 보고서가 공간된 노하심 유적의 경우도 일부 유물만 선별적으로 보고된 것이어서 전체적인 유물의 조합상을 파악할 수 없기 때문에 그 해상도가 높다고 볼 수 없다. 따라서 고고자료의 부족과 편중사항에 대한 사전 이해가 필요하다.

둘째, 부여의 왕성과 중심고분이라 할 수 있는 길림 동단산유적東團山遺蹟, 모아산유적帽兒山遺蹟에 대한 발굴자료의 부족이다. 이 유적들은 1990년대 후반부터 2000년대까지 연차적으로 발굴조사가 진행되었지만, 이에 대한 보고서가 공간되어 있지 않아 부여의 핵심 물질양상을 자세히 파악할 수 없다. 부여 유물의 범주와 기준 설정에 혼선을 초래한 원인이 되었다. 이로 인해 부여에 대한 고고학적 연구는 길림시 일원에서 북으로 약 100km 떨어져 있는 노하심 유적을 대상으로 이루어지고 있으며, 그 외 길림시 일원에서 실시된 소규모 발굴조사 자료와 중국 현지 박물관에 전시된 유물 등을 보조적으로 검토할 수밖에 없는 점이다.

셋째, 고고학자료의 근본적인 한계도 인식해야 한다. 즉 고고자료 속에는 집단뿐 아니라 개인 활동들의 상호작용이 중층적으로 포함되어 있어 하나의 고고문화를 특정 정치체 또는 종족에 일대일로 대응시킬 수 없다. 나아가 개별 유물의 분포 경계를 정치체의 고정된 강역으로 곧바로 대입할 수 없다(이성주 2016). 따라서 고고학자료가 갖는 다양한 변수와 불안전성 등을 고려한 제한적인 접근태도가 필요하다.

본고에서는 이러한 사항들을 염두해 두면서 일차적으로 부여의 물질자료

---

2 부여의 시기구분은 대체로 기원 346년 "西徙近燕"으로 도읍을 옮기게 되는 사건을 기준으로 전기와 후기 부여로 구분한다(노태돈 1989; 송호정 2015; 武國勛 1983).

와 그에 따른 쟁점사항들을 정리하고자 한다. 또한 최근 한반도 중남부지역에서 출토되고 있는 부여 또는 북방계유물들을 부여와 주변지역의 출토유물들과 면밀히 검토하면서 그 출토 의미를 살펴보고자 한다.

Ⅱ. 부여의 고고학자료 검토

1. 제2송화강 중류지역 청동기~초기철기문화

부여가 성립하고 발전한 지역으로 추정되는 제2송화강(서류 송화강) 중류 지역의 청동기~초기철기문화는 서단산문화西團山文化와 포자연문화泡子沿文化이다. 양자의 전환기 양상이 명확히 밝혀지지 않았지만 다수의 연구자들은 대체로 시간적 공백 없이 연속적으로 계승된다고 이해한다. 다만 서단산문화와 포자연문화 사이에 길림 토성자土城子 하층과 대해맹 1기문화층을 표지로 하여 대해맹유형大海猛類型을 설정한 견해(오강원 2008)가 있다. 이는 서단산문화 후기에 취락 입지, 주거지 형태, 토광묘제, 파수배把手杯 등 새로운 문화요소의 출현을 중시한 것이다. 그러나 이러한 물질문화의 변화는 서단산문화 중기부터 확인되며, 눈강嫩江 하류 한서문화漢書文化의 교류 및 상호작용으로 일어난 것이므로 별도의 문화유형을 설정하기는 무리가 있다(이종수 2013; 유은식 2016).

포자연문화는 포자연전산泡子沿前山 상층과 학고동산유적學古東山遺蹟에 한정된 문화명으로 설정(吉林市博物館 1985)된 바 있으나, 이후 전기 부여문화를 포괄하는 개념으로 확대되었다(張立明 1986). 반면에 부여의 정체성을 잘 보여주는 노하심 유적老河深遺蹟 중층과 동단산평지성東團山平地城을 따로 떼어 노하심2기문화 또는 동단산문화로 설정하는 견해도 있다(林沄 1993).

국내학계에서는 대체로 전자의 개념으로 이해하는 경향이 강하다[3](오강원 2000; 박양진 2005; 유은식 2016).

1) 서단산문화

서단산문화 유적은 1920년대부터 그 존재가 알려진 이래로 고고학조사를 통해 약 115곳에 달하는 유적이 확인되었다(오강원 2008). 길림과 영길시 일대를 서단산문화의 중심지역으로 보는 데는 연구자간 큰 이견이 없으나 그 외곽범위에 대해서는 서단산문화 유물의 판단기준에 따라 차이가 있다. 대체로 북쪽으로 제1송화강 남단, 동쪽으로 장광재령長廣才嶺 남단과 위호령威虎嶺, 남쪽으로 동요하東遼河 상류와 반석-화전을 잇는 선, 서쪽으로 이통하유역伊通河流域이 경계가 된다(董學增 1983; 이종수 2009). 그러나 이 지역에서는 물질문화의 지역색이 확인되어 그 경계를 명확하기 그을 수 없다. 다만 서단산토기, 석관묘, 비파형동모 등이 조합되는 양상을 통해서 보면 전형적인 서단산문화의 범위는 유수楡樹, 서란西蘭, 교하蛟河, 화전樺甸, 반석磐石, 이통伊通, 구태仇台지역을 크게 벗어나지 않을 것이다(오강원 2008).

취락유적은 주로 구릉의 사면과 평탄대지에 입지하고 후기에는 하천변에 인접한 평지로 이동하는 경향이 있다. 주거지 형태는 방형 내지는 장방형 수혈주거지로, 후석산猴石山 80-5호주거지와 같이 네 벽을 석담으로 두른 것도 확인된다. 주거지 중앙에 장방형의 위석식노지가 축조되며, 후기의 주거지에서는 복수의 원형노지가 시설된다.

---

3 포자연문화는 포자연전산유적의 상층에서 출토된 유물을 표지로 하기 때문에 주거지 등 유구의 공반이 불분명하고, 부여의 왕궁유적인 동단산유적의 유물상과 차이가 있어 부여문화를 포괄하는 고고문화명으로 적절치 않다는 지적(이종수 2013)은 타당하다고 생각된다. 다만 본고에서는 동단산유적의 보고서가 발간되어 부여 물질문화의 정형이 밝혀질 때까지 잠정적으로 포자연문화명을 사용하고자 한다.

분묘는 석관묘가 다수 조사되었다. 비교적 높은 산 정상부에 조성되었고, 좁은 공간에 밀집 분포하는 경우가 많다. 석관묘는 사용된 돌의 형태에 따라 크게 4개의 유형으로 구분된다. 즉 석판으로 축조한 석판석관묘石板石棺墓(A형), 석판과 괴석을 혼용한 석괴석판혼축석관묘石塊石板混築石棺墓(B형), 괴석으로 축조한 석괴누축석관묘石塊壘築石棺墓(C형), 소량의 괴석으로 축조한 간화석관묘簡化石棺墓(D형)로 분류되며 대체로 A→B · C→D로 변천한다(朱永剛 1991).

서단산문화 토기는 적갈색계 무문토기이고, 기면에 마연한 것이 많으며, 드물게 간략한 문양이 있는 것도 있다. 관과 호에는 횡방향의 파수(횡이橫耳), 종방향의 파수(수이竪耳)가 달려 있는데 전자의 출토빈도가 높다. 특히 서단산문화 토기의 특색을 잘 보여주는 기종은 장경호와 정鼎이다. 장경호는 서단산형호西團山形壺로 불리기도 하는데 파수의 유무와 형태, 구경의 형태와 길이, 동체 형태에 따라 다양하게 분류되고 있다(오강원 2008). 정鼎은 동체에 비해 다리가 왜소한 것이 특징인데, 동체는 발형, 완형, 관형罐形 등이 있고, 다리가 가늘고 긴 것과 비교적 두껍고 짧은 것이 있다. 무덤에는 관, 쌍이호, 완, 발 등이 주로 부장되지만 생활유적에는 솥[鬲]과 정 같은 삼족기의 공반 사례가 많다. 후기 유적에서 단각두형토기, 다공시루 등 새로운 기종이 조합된다.

청동기는 대부분 분묘유적에서 출토되는데 지금까지 약 200점이 확인되었다고 한다(張博泉 · 魏存成 1998). 선형동부, 청동소도, 청동끌, 청동추 등 소형공구류와 청동단추, 연주장식 등 장식류의 수량이 많다. 무기류는 비파형동검, 비파형동모, 청동촉 등이 출토되며 그 수량이 많지 않다. 이 가운데 곡인曲刃의 비파형동모, 기신에 능선문이 있는 선형동부, 손잡이에 구멍이 있는 청동소도 등은 이 지역 청동기의 특징을 잘 보여준다. 마반산유적摩盤山遺蹟과 대해맹유적에서는 거푸집이 출토되었다.

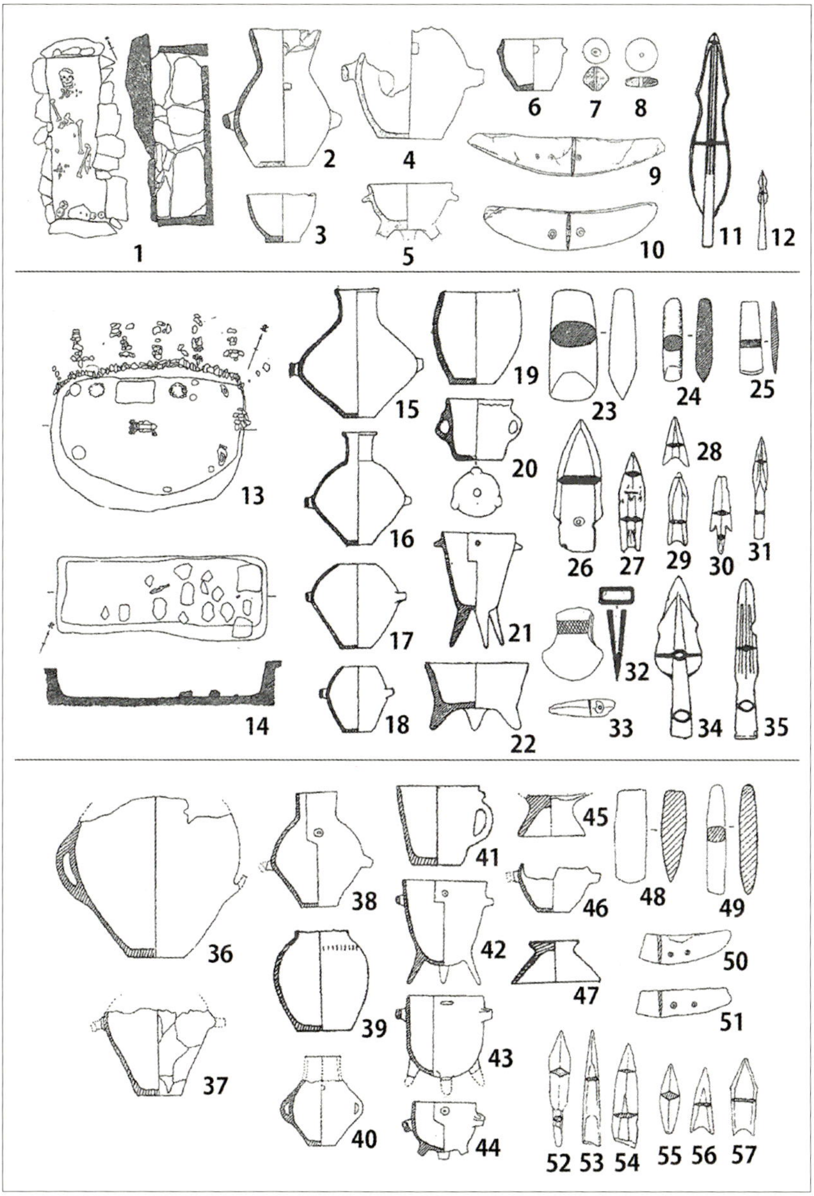

그림 1. 서단산문화의 주요 유구와 출토유물(유은식 2018b 그림 2-9)
1:서단산유적 4호묘, 2~3·6·9:서단산유적 1호묘 출토유물, 4~5·7~8·10:서단산유적 7호묘 출토유물, 11:성성초A지구 M19묘 출토 비파형동검, 12:성성초A지구 M11호 출토 비파형동모, 13:장사산유적 F3호주거지, 14:장사산유적 M1호묘, 15~35:장사산유적 유물, 36~57:대해맹(79년) 1기문화층 유물

서단산문화의 생업경제는 반월형석도와 같은 농경 관련 유물과 탄화된 기장, 수수, 보리, 콩 등 식물자료로 보아 농업활동이 활발하였음을 알 수 있다. 또한 돼지 뼈가 다수 출토되는 점, 석관묘 개석 상부에 돼지 머리뼈가 부장된 점, 분묘 내부에서 돼지하악골 혹은 돼지 이빨이 부장된 점 등으로 보면 돼지의 가축화가 이루어졌음을 알 수 있다.

서단산문화의 편년에 대해서는 약간의 이견이 있다. 포자연전산 상층을 서단산문화의 마지막 단계로 편년하여 서단산문화를 4기로 편년하는 견해(劉振華 1982)도 있으나 다수의 연구자들은 3기로 구분하여(董學增 1983; 趙賓福 외 2011), 조기는 서단산유적과 성성초유적星星哨遺蹟으로, 중기는 후석산유적과 장사산유적長蛇山遺蹟으로, 만기는 토성자 하층과 대해맹 1기문화층으로 각각 편년한다. 서단산문화는 방사성탄소연대를 통해 기원전 13세기부터 기원전 3세기에 걸쳐 장기간 존속한 것으로 보고 있다. 삼족기 등은 요하지역과의 관련성이, 횡방향의 파수토기와 비파형동검 등은 미송리유형과의 관련성이 언급되었다(大貫靜夫 1998).

한편 길림성 중부지역에는 기원전 5~3세기를 전후로 해서 소지역별로 다양한 유적군이 확인된다. 제2송화강 하류의 형가점식유적군邢家店式遺蹟群과 전가타자유적군田家坨子遺蹟群, 음마하飮馬河 중상류의 관마산식유적군關馬山式遺蹟群, 휘발하輝發河 중류의 서황산둔유형西荒山屯類型, 서란 황어권주산 M1유형黃魚圈珠山M1類型 등이 그것이다(오강원 2008). 이 유형들을 초기철기시대로 보는 견해가 많지만, 철기의 공반된 사례는 전가타자유적군과 서황산둔유형에 불과하기 때문에 일괄하여 초기철기시대로 구분하기 어렵다. 또한 부여의 형성기와 관련하여 검토하는 연구자도 있지만 전가타자유형에서만 초기 부여 토기가 확인된다. 따라서 이 유형들에 대해서는 향후 자료의 축적과 함께 세밀한 검토가 필요하다.

2) 포자연문화

포자연문화의 취락유적은 포자연전산유적 상층, 학고동산유적, 동단산유적, 대해맹 2기문화층, 토성자유적, 오상五常 백기유적白旗遺蹟 등이 있다. 먼저 동단산유적은 산성과 그 남쪽의 평지성(남성자南城子) 그리고 주변유적을 포함한다. 산성에는 3중의 환형環形 성벽이 둘러졌으며, 성벽 길이는 약 1,050m이며, 남북으로 문지 2개소가 남아 있다. 성 외곽에 해자도 확인된다. 평지성은 평면형태가 (타)원형이며 판축으로 축조하였다. 동단산유적에 대한 발굴조사는 2001~2002년, 2007년에 걸쳐 이루어졌으며 그 내용이 중국고고학연감에 간략하게 소개되어 있다. 특히 2002년 산성조사에서 한위시기漢魏時期의 유구 21기를 조사하였다고 한다. 산성에서 조사된 주거지의 사진이 『전야고고집수田野考古集粹』 책자(科學院出版社 2008)에 실려 있는데, 한 변이 4.2m인 장방형이고, 남벽 중앙에 1.2m의 출입시설이 있으며, 동쪽 측벽에 3연도식의 쪽구들이 설치되어 있다. 이 쪽구들 주거지를 중도유형문화의 측벽부 쪽구들 주거지의 조형으로 보는 견해(박중국 2016)도 있다.

그림 2. 길림시 일대 유적분포도(유은식 2016 도면 1 일부 수정)
1:서단산, 2:모아산, 3:동단산, 4:용담산성, 5:토성자, 6:포자연전산, 7:학고동산, 8:대해맹, 9:대정전엄

이 동단산유적과 관련하여 부여의 중심지 또는 왕성에 대한 논의

가 있었다. 먼저 부여의 중심지에 대해서는 크게 송눈평원설과 길림시 일대설이 제기되어 있다. 송눈평원설은 구체적으로 지금의 아십하阿什河 일대의 아성阿城-백성白城지역으로 비정하는 견해와 농안農安지역(이병도 1976; 金毓紱 · 張泰湘 1981)으로 비정하는 견해로 양분되어 있다. 그러나 송눈평원은 산지가 없는 광활한 평원지역으로 부여가 녹산鹿山에 기거했다는 문헌기록과 부합되지 않고, 고고학적 조사에서도 원책고성圓柵高城과 부여 유물의 확인 사례가 극히 적기 때문에 현재는 이를 지지하는 연구자는 거의 없다. 길림시 일대설은 1980년 이후 길림 포자연전산 상층유적, 동단산 평지성과 산성, 모아산고분, 용담산성龍潭山城 등이 잇따라 확인됨에 따라 점차 지지를 받고 있다(李文信 1946; 馬德謙 1987). 특히 동단산 평지성은 평면형태가 (타)원형으로 밝혀지면서 녹산으로 비정(武國勛 1983)되었고, 녹산에 대한 음운학적 고증, 요동군과 현도군(제3현도군)과의 역사지리학적 비교연구 결과를 통해서도 길림시 일대가 부여의 중심지였음이 뒷받침되었다.

한편 최근 새로운 부여의 취락유적이 보고되었다. 중국 제1송화강(동류東流 송화강)의 북안에 위치한 오상시 백기유적(黑龍江省文物考古硏究所 2015)인데 지금까지 보고된 부여 유적 가운데 가장 북단에 자리잡고 있어 부여의 북쪽 경계 즉 약수弱水 비정과 관련하여 검토가 요한다. 이 유적에서는 동서 9m, 남북 8m의 말각장방형 주거지가 발굴되었는데 주상형柱狀形 두형토기豆形土器의 출토빈도가 높다. 형식적으로 부여 동단산유적과 모아산유적의 두형토기와 유사하다. 또한 공반 출토된 분형盆形 다공시루와 주상파수토기는 단결문화團結文化의 그것과 유사하다(강인욱 2015).

분묘유적은 모아산고분, 학고동산고분, 노하심고분이 있다. 학고동산고분에서는 토광묘 1기가 수습되었다. 길이 2.2m, 폭 1.3m의 남녀 부부합장묘로, 특별한 장구는 확인되지 않았다. 모아산고분은 제2송화강 동안東岸의 구릉 경사면에 위치한다. 1,000여 기 이상의 무덤이 분포하는 것으로 알려져 있으며, 왕족 혹은 주요 지배계층의 무덤군으로 추정된다. 1980년 조사에서는 관이 없는 목곽묘 3기가 조사되었다. 이 유적에서는 승문기와, 철모편, 칠기, 오수전, 화천, 마노구슬이 출토되었다. 보고자는 부여족 제가諸家의 무덤으로 추정하였다(吉林市博物館 1988). 이후 2000년대 연차조사를 통해 약 160여 기가 발굴(吉林省文物考古研究所 編, 2008)되었지만, 지금까지 보고서가 간행되지 않아 유적 전모를 파악하기 어렵다. 다만 간략한 보고(劉景文 1992)에 의하면 모아산고분에는 크게 4개의 무덤유형이 존재한다. 1류는 매장시설이 없는 얕은 토광묘로, 이 유형의 분묘는 많지 않다. 단인 1차장이고 부장품 역시 적다. 2류는 백화된 목질흔이 남아 있어 목곽묘로 추정된다. 단인 일차장이 많고, 부장품이 비교적 풍부하다. 제3류는 깊은 목곽묘로, 목곽은 여러 개의 두꺼운 방형목을 끼워 맞추었고, 그 내부에서 부장품이 다수 출토되었다. 마지막으로 4류는 다소 이질적인 석광목곽묘石壙木槨墓이다. 목곽 결구는 제3유형과 비슷하고 부장품도 풍부하다. 이 유형의 묘에서 견부 문양대가 있는 단경호가 출토된 점으로 보아 다른 유형보다 시기가 늦을 가능성이 높다.

노하심고분은 길림시 일원에서 북으로 약 100km 떨어진 유수현楡樹縣 대파향大坡鄕 남쪽에 위치해 있어 부여의 지역고분으로 추정된다(송호정 2005). 또한 부여의 사출도四出道와 관련지어 제가 세력의 집단 무덤으로도 언급된 바 있다(오영찬 1999; 송기호 2005; 이승호 2018). 이 고분에서는 크게 3개의 문화층이 확인되었는데 부여 시기에 해당되는 것은 중층문화층이다. 이 층에서 모두 129기의 장방형 토광묘가 조사되었다. 노하심고분은 일차장으로 단인장이 많으며, 남녀 동혈합장묘는 3기가 조사되었고 이혈합장묘는 55기가 확인되었다. 주요 출토유물은 토기, 각종 철기, 금동신수패식金銅神獸牌飾, 금은장식품金銀裝飾品, 차마구車馬具, 동복銅鍑, 한경漢鏡, 오수전五銖錢 등이 있다. 특히 청동용기인 동복, 금동신수패식, 차마구는 대표적인 북방계유물로 내몽고지역에서 출토되는 것과 유사하다. 한식유물漢式遺物로는 한경, 차마구, 오수전 등이 있다. 이러한 유물은 부여와 중국 중원지방, 북방지역과의 활발한 교류를 보여준다(박양진 2005). 잘 알려졌듯이 노하심고분과 관련해서는 족속비정에 대한 논의가 있었다. 발굴보고자는 북방계 유물을 통해서 선비로 규정하였으나 당시 선비의 실체를 보여주는 고고자료가 부족한 상황에서 논의된 것이다. 이후 부여로 재인식하는 견해들이 제출된 이래로 한국, 중국, 일본 연구자 대부분은 부여문화로 파악하고 있다. 다만 부여 중심지역보다 북방문화 요소가 많은 점에서 지역색이 반영되어 있다.

2. 부여 출토유물 검토

1) 토기 기종 및 변천

부여 토기는 고대국가 단계의 부여에서 제작되고 사용된 일련의 토기군으로 범주화할 수 있을 것이다. 당연히 부여 토기의 출현시점은 부여라는 고대 정치체의 형성 무렵이고, 왕성지역을 포함한 부여의 영역에서는 특정 토기 양식을 공유했을 것으로 판단된다. 따라서 부여 토기양식을 추출하기 위해서는 일차적으로 부여 중심지역에서 출토된 토기를 주목해야 한다.

부여 토기의 분류와 변천연구는 의외로 부진한 편인데, 토기기종을 분류하여 집성한 연구(이종수 2004), 노하심 유적에서 출토된 쌍이호雙耳壺에 대한 간단한 분류와 타기종과의 조합관계에 대한 연구(정상석 2012), 부여 토기와 주변지역 토기와의 계승관계 연구(孫顥 · 許哲 2011) 등이 있다. 필자(2016)는 이전에 산발적으로 보고된 중심지 토기자료를 대상으로 기종 및 형식분류, 편년을 검토한 적이 있는데 이를 간단히 언급하여 부여 토기 문화를 이해하고자 한다.

먼저 부여 토기 기종은 쌍이호雙耳壺, 단경호, 두형토기, 시루, 완, 반 등이 있다. 이중에서 쌍이호와 두형토기는 부여 전기 토기의 특징적인 기종이다.

쌍이호는 부푼 동체에 횡방향의 교상橋狀 또는 환상環狀의 파수가 부착된 토기를 말한다. 이 토기는 서단산문화의 중·후기유적에서도 출토되는 점으로 보아 재지계임을 알 수 있다. 두형토기는 실생활용, 의례용, 부장용 등 그 용도가 다양한 토기이다. 특히『삼국지三國志』위서魏書 부여전夫餘傳 "食飮皆用俎豆" 기록과 관련된 기종으로 주목된다. 두형토기 가운데 기벽이 매우 얇고, 정선된 태토에 내외면과 속심까지 흑색으로 발현되며, 광택이 날 정도로 외면을 마연처리한 토기는 제작공정이 복잡한 것인데 의례용등 특수 목적으로

사진 1. 길림성박물원 전시 부여 토기(동단산 및 모아산 출토)

사용되었을 것이다(于麗群 외 2011). 두형토기의 계보에 대해서는 요령성과 길림성 접경지역의 보산문화寶山文化에서 찾는 견해(이종수 2013)가 있는데, 당대의 문화유입 경로를 고려하면 나름 타당성이 있어 보이기도 한다. 그러나 보산문화의 두형토기는 장각長脚이거나 신부 외면에 각목돌대가 돌아가는 형식도 있어 부여식 두형토기와는 다소 차이가 있다. 또한 서단산문화 후기로 편년되는 학고동산 취락유적 하층에서 초기 형태의 두형토기(그림 3의 17)가 출토된 사례(吉林省文物志編委會 1983: 193-199)를 고려하면 길림시 일원에서 자체 발전되었을 것으로 판단된다.

다음으로 토기 기종의 변천양상을 살펴보면, 쌍이호는 동체 형태가 편구형이고 구경부가 긴 형식에서 동체부 형태가 장동형이면서 구경부 길이가 짧고 내경한 형식으로 변화한다. 단경호는 사질계토기에서 니질태토에 타날문이 시문된 형식으로, 그리고 마지막 단계에는 동체 견부의 침선 문양대 내부에 종방향 커튼무늬(수장문垂帳紋), 물결무늬(수파문水波紋)[4]가 있는 형식으로 변화하고 경질화 경향도 관찰된다. 두형토기는 대각부 형태에 따라 주상형과 나팔형으로 대별된다. 특히 주상형두형토기는 대각부 내부 속이 꽉 찬 형식에서 비어 있는 형식으로 변화하면서 태토는 사질계에서 니질계로 변화한다. 시루는 단 2점이 알려져 있다. 동단산유적 지표수습의 다공시루편과 토성자유적 상층의 완형 니질계시루이다. 특히 토성자유적 출토품은 저부 중앙의 원형 증기공을 중심으로 주변에 4개의 원형 증기공을 배치하였다. 비교적 증기공이 크고 정형화된 시루로 늦은 시기에 출현하는 형식으로 판단된다.

4 견부 문양대에 물결무늬가 있는 단경호는 동단산성과 용담산성에서 출토된 바 있는데, 5세기 무렵의 고구려토기일 가능성(劉玉成 2012:18)도 높기 때문에 향후 신중한 검토가 필요하다.

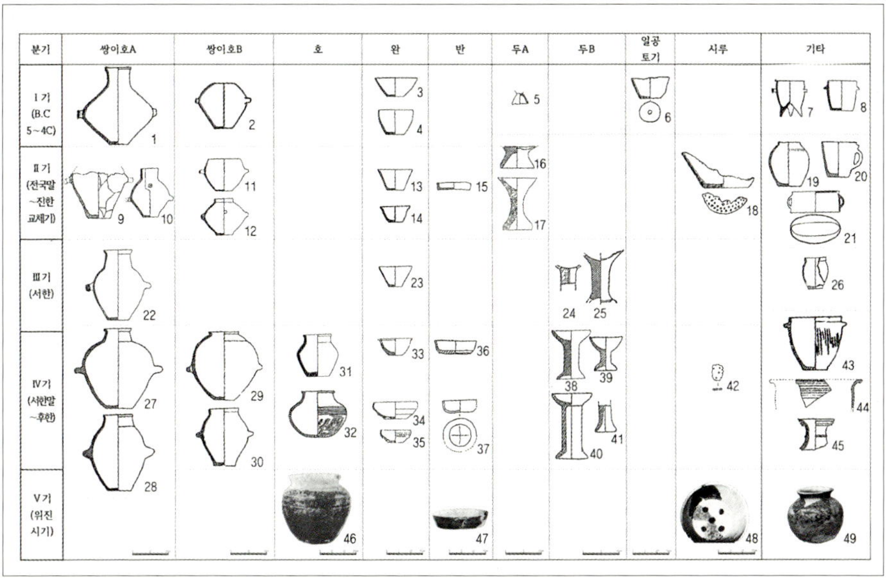

그림 3. 길림시 일원 출토 토기편년(유은식 2016 도면 5)
1~4·7~8:장사산, 5:후석산, 6:황어권 주산, 9~14·16·18~21:대해맹 1기문화층, 15·17:학고동산 취락 하층, 22~26:포자연전산 상층, 27~31·33·38·43:노하심, 32·36·39·44:학고동산 취락 상층, 34~35·45:대해맹 2기문화층, 37·40~42:동단산 지표, 46~48:토성자, 49:모아산

이러한 부여 토기의 변화상을 통해서 부여 문화는 크게 3단계(그림 3의 Ⅲ~Ⅴ기)로 분기된다. 선행시기에 해당되는 Ⅰ~Ⅱ기(서단산문화 중 · 후기)에서 부여 토기의 주요 기종인 쌍이호, 완, 두형토기 등이 출토되며, 약간의 형식변화를 거쳐 부여 토기로 연결된다.

Ⅲ기는 포자연전산 상층을 표지로 한다. 가장 큰 토기변화는 타날기법과 녹로제도 기술로 제작된 니질계회도의 출현이라 할 수 있다. 이와 함께 재지계 토기의 형식과 기종구성에서도 변화가 감지된다. Ⅲ기는 길림시 일원의 토기문화의 발전과정에서 큰 획기가 되는데 그러한 사회정치적 요인을 부여의 성립과 관련짓는 것이 국내외 학계의 일반적인 견해이다. 이 단계부터 니질계회도와 장방형 철부 등 한漢과 관련된 유물이 증가하는 양상도 이를 뒷받침해주고 있다. 한편 한식토기를 포함한 한대유물의 출현배경에 대해 한

인들의 이주를 상정(武國勛 1983)한 바 있으나 재지계토기가 다수 출토되는 점에서 주민 이주의 규모는 크지 않았을 것으로 생각된다. 한대유물은 당대 요동군과 현도군의 치소로 추정되는 요양과 심양일대에서 요길지구를 거쳐 길림시 일원으로 유입되었을 것으로 추정된다. 이 시기의 상한연대를 한漢 무제武帝의 한사군 설치와 관련하여 기원전 2세기 말로 보는 견해(박양진 2005)도 있으나 『사기史記』 화식열전貨殖列傳의 기록과 같이 부여가 사서에 처음 등장하는 기원전 2세기 무렵으로 보는 연구자가 많다.

Ⅳ기는 부여가 가장 번성한 시기에 해당된다. 관련 유적으로는 부여의 왕성유적으로 추정되는 동단산 평지성과 산성, 모아산고분이 있으며, 대해맹 2기 문화층, 노하심 유적 등 부여 중심지에서 다소 벗어난 지역에서도 다수의 유적이 확인되고 있다. 쌍이호는 동체형태가 구형에서 장동형으로 변화하고, 주상형 두형토기는 공심형이 출현한다. 부여 중심지와 떨어진 노하심 유적에서는 토기 257점 중에 한식 제도기술로 소성된 것은 격자타날문 1점이 유일하다. 추후 자세한 검토가 필요하겠지만 중앙과 지방간에 지역적 격차가 있었음을 시사한다고 생각된다. 이 단계는 2개의 소시기로 구분될 여지가 있으나 자료의 부족, 특히 동단산 및 모아산고분의 발굴자료가 공개되어 있지 않아 자세히 알 수 없다. 상한 연대는 노하심 유적의 조성연대를 참고하면 기원전 1세기 중반에서 기원후 1세기 중후반(정상석 2012)이며, 하한연대는 동단산유적 일대에서 수습된 부뚜막명기, 도합陶盒, 도용陶俑, 도이배陶耳杯 등 전형적인 동한대東漢代의 유물(馬德謙 1987)을 통해서 기원 1세기 후반에서 3세기 초로 잠정 편년된다.

마지막으로 5단계 유적으로는 토성자유적 상층(2구역)이 대표적이다. 회색경질의 동체 견부 문양대 단경호와 시루가 특징적이다. 이러한 견부 문양대가 있는 단경호는 1991년 모아산고분 발굴조사에서 확인된 석광목곽묘에서도 출토된 바 있다(劉景文 1992). 토성자유적에서 출토된 시루는 저부 중앙에 증기공을 두고 그 주변에 4개의 증기공을 배치한 형식이어서 대해맹 1기 문화층과 동단산 평지성에서 수습된 다공시루보다 발전된 것임을 알 수 있다. 특히 견부 문양대 단경호는 선비분묘에서 출토되는 점을 고려하면 그 출현연대는 기원 3세기 후반 무렵으로 추정된다. 이것은 부여가 선비, 전연 등 북방세력과 교류 및 군사적 충돌이 잦았다는 문헌기록으로도 뒷받침된다.

2) 금속유물 검토

부여의 금속유물은 학고동산고분에서 일부 출토되었지만, 전반적인 양상을 알 수 있는 유적은 노하심 유적 중층뿐이다. 그래서 노하심 유적을 중심으로 해서 부여의 금속기유물을 파악하고, 부여 유적은 아니지만 주변지역 고분군의 병행기 유물도 함께 다루어 비교하고자 한다.

(1) 동병철검銅柄鐵劍

동병철검은 중국 길림성과 요령성 일대에서 주로 출토되며, 철제검신과 청동검병을 따로 주조하고 연접하여 제작한다. 세형동검의 제작전통을 계승하고 있어 철검으로 이행하는 과도기적인 검으로 추정하고 있다. 형식분류는 검파두식의 형태에 따라 쌍조형雙鳥形(촉각식触角式)과 원주형圓柱形(임운林沄의 장간천환식長杆穿環式)으로 대별되고, 검파형태에 따라서는 나팔형과 죽절형竹節形으로 세분된다. 동병철검의 출현연대에 대해서는 3세기 후엽(박선미·마크 바잉턴 2012), 기원전 2세기 중엽(박수진 2015), 기원전 2세기 말(이청규 2013) 등으로 보고 있는데 후술할 서차구西岔溝와 채남고분彩嵐古墳의 조성연대로 보면 기원전 2세기 후반에 출현한 것으로 볼 수 있다.

노하심 유적에서는 검劍, 도刀, 모矛, 촉鏃 등 철제무기류와 함께 18점의 철검이 출토되었다. 크게 동병철검과 목병철검木柄鐵劍으로 대별된다. 동병철검은 모두 7점이 확인되었는데 검신이 직선적이고 나팔형의 검격劍格에는 사선문이 시문되어 있다. 검파두식은 모두 원주형圓柱形이며, 검파형태는 대부분 나팔형이다. 원주형 검파두식에는 주판알 모양의 장식구 3~6개가 달려 있다. 115호묘 출토품(그림4의 4)은 검파형태가 죽절형이고, 돌점문突點紋이 빽빽하게 장식되어 있는 점에서 다른 동병철검과 차이가 있다. 철검의 길이는 66~80㎝로 중형에 속한다.

목병철검은 모두 11점이 출토되었다. 도면으로 제시된 4점의 목병철검은 동병철검에 비해 정형화되어 있지 않다. 길이 40~50㎝ 내외의 단검에 속하는 것도 있으나 56호묘 출토품(그림 4의 5)은 길이 95.8㎝에 달하고, 검신은 직선으로 처리했으며 단면은 능형이다. 오각형 형태의 은회색 검격이 있고 검파는 원통형이며 그 하단에는 주판알 모양의 장식구가 달려있다. 검신 상부에 칠목질 흔적도 남아 있다. 112호묘 출토품(그림 4의 8)은 관부가 사선으로 처리되어 있고 슴베가 길다.

표 1. 중국 동북지방 출토 동병철검의 형식(이청규 2013의 표 5 일부수정)

유적명	검파두식		검파형태		돌점문	주판알 유무	수량
	쌍조형	원주형	나팔형	죽절형			
楡樹 老河深		●	●			●	6
		●		●	●	●	1
西豊 西岔溝	●		●				4
		●	●			●	3
		●		●		●	2
東遼 彩嵐	●		●				1
東遼 長興	●		결실			1	
撫順 兒童公園		●	●				
新賓 龍頭山	●		죽절형?			1	
柳河 大泉眼	●		●				1
撫順 瓦房新村	●		●				1
瀋陽 柏官屯	●		●				1

동병철검은 요길지구遼吉地區의 서풍 서차구고분, 동요 채람고분과 장흥고분에서도 출토되었다. 서차구 동병철검은 보고서에서 도판으로만 소개되어 있어 정확히 알 수 없지만 요령성박물관 등의 전시품을 통해서 최소 12점

이 출토된 것으로 보인다(이청규 2013). 쌍조형은 4점으로 검파형태는 모두 나팔형이다. 원주형은 5점이며 이중 나팔형이 3점, 죽절형이 2점이다. 채람고분과 장흥고분에서는 쌍조형 동병철검만 보고되었다. 이외에도 요령성 동

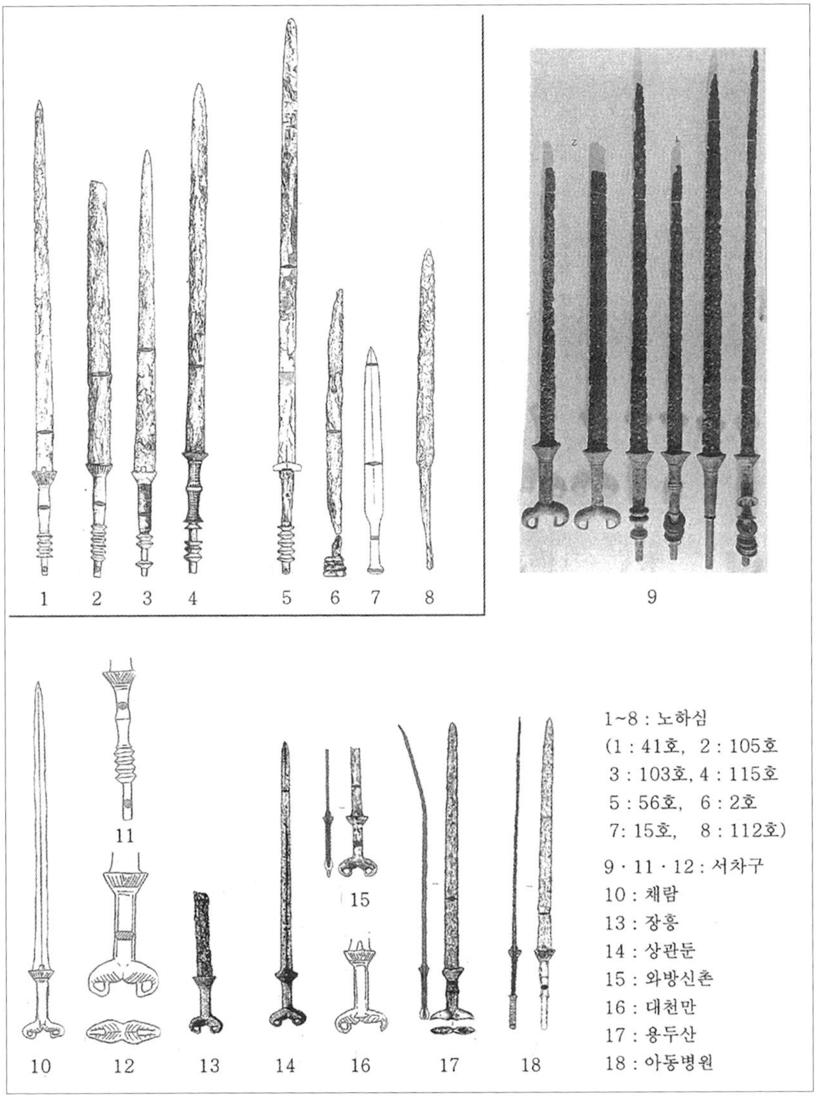

그림 4. 중국 동북지방 출토 동병철검

부지역의 동병철검은 신빈新濱 용두산龍頭山, 유하柳河 대천안大泉眼, 무순撫順 와방신촌유적瓦房新村遺蹟, 무순撫順 아동공원兒童公園, 심양瀋陽 백관둔유적柏官屯遺蹟에서 각각 1점씩 출토되었다.

이와 같이 노하심 유적에서는 원주형 검파두식에 나팔형 검파형태가 결합된 것이 전형적인데, 이러한 형식은 서차구고분과 신빈 용두산유적에서만 확인된다.

한편, 서차구와 채람고분에서 출토된 쌍조형 동병철검을 부여의 특징적인 무기로 파악하고, 그 분포범위가 부여의 영역과 관련됨을 언급한 연구가 있다(宮本一夫 2009). 이에 더하여 기원전 5세기 무렵에 길림지역에서 쌍조형 동검銅劍이 발생하고, 부여의 지역 엘리트에게 분배하였다는 연구도 있다(박선미 · 마크 바잉턴 2012). 또한 쌍조형 동검과 동병철검을 부여의 상징 유물로 보고, 부여의 지역지배 방식이나 교류 네트워크(윤정하 2020)를 검토하기도 한다. 그러나 〈표 1〉에 볼 수 있듯이 대다수 씽조형 동병철검은 부여 중심지보다는 주변지역에서만 출토되고 있으며, 쌍조형 동검 역시 부여 중심지 출토품은 영길 오납가공사烏拉街公社 왕둔대대유적汪屯大隊遺蹟이 유일한 사례이다. 쌍조형 동검과 동병철검은 요령성 북부와 길림성 중남부 일대에 선 단위로 확인되는 점을 고려하면, 부여 고유의 무기로 보는 견해들은 재검토가 필요하다.

(2) 마구류

노하심 유적에서는 재갈[鑣轡], 철제 · 청동제 마면馬面, 금동제 영금구鈴金具, 동제 이음구(절약節約) 등이 출토되었으며 2호와 56호묘에서는 마차의 존재를 추정할 수 있는 차축두車軸頭 3점도 확인되었다. 특히 노하심 유적 출토 마구류의 특징을 잘 보여주는 것은 재갈이다. 재갈은 크게 금속제와 녹각제로 구분되며 철제 12점, 동제 2점, 녹각제 2점이 출토되었다. 금속제 표鑣는 봉형(그림 5의 3, 4), 'S'자형(그림 5의 6), 프로펠라형(그림 5의 1), 장식 프로펠라형(그림 5의 5)으로 다양하지만, 공통적으로 표 중간에 고삐를 연결하기 위한 2개의 구멍이 있다. 녹각제 표는 3호묘 출토품이 대표적인데 폭 1.1㎝의 가는 막대기 형태이고 한쪽 끝부분이 안으로 휘어 있다(그림 5의 7).

함銜(재갈쇠)은 22개묘에서 총 30점이 출토되었으며, 모두 철제이다. 꼬지 않은 철봉 2개로 만든 2연식連式 구조이다. 철봉 양 끝을 구부려서 원형 고리를 만들었는데 연결부의 원형 고리(내환內環)가 반대쪽의 원형 고리(외환外環) 보다 작다. 외환이 큰 것으로 보아 표로 추정되며, 가장 이른 시기의 표에 해당된다, 원형 고리 내측은 평면 물방울 모양을 이루며 함신銜身 안으로 들어가 있는 것이 특징적이다(諫早直人 2007). 97호 출토품의 경우 철봉 단면은 장방형이다.

인수引手는 1줄의 철봉을 구부려 만든 소위 삽자루형(간조직인諫早直人의 2조선식條線式 b1류)이 많다. 예외적으로 2호묘에서 출토된 표비의 인수는 방원형이다. 그림 5의 1과 2에서 볼 수 있듯이 함과 인수의 접합방식은 함 외환과 인수 내환이 직접 연결한 구조이다.

서차구고분에서 재갈은 약 60여 점이 출토되었다. 2연식과 3연식 함이 다수 출토되었다는 보고가 있으나 실제 관찰할 수 있는 것은 요령성박물관에 전시되어 있는 2연식 재갈과 장식프로펠라형 재갈 1쌍이다. 재갈은 철봉을 꼬아서 만든 2연식 함이며 내환이 작고 외환이 큰 구조이다. 노하심 유적에서 꼬아서 만든 재갈이 확인되지 않은 점에서 양 유적의 재갈은 계통차가 있다고 생각된다. 왜냐하면 꼬아서 만든 재갈은 중국 전국시대戰國時代 연하도燕下都에서 출토되어 중원계로, 꼬지 않은 기법의 재갈은 흉노와 선비의 등 북방계로 이해하기 때문이다.

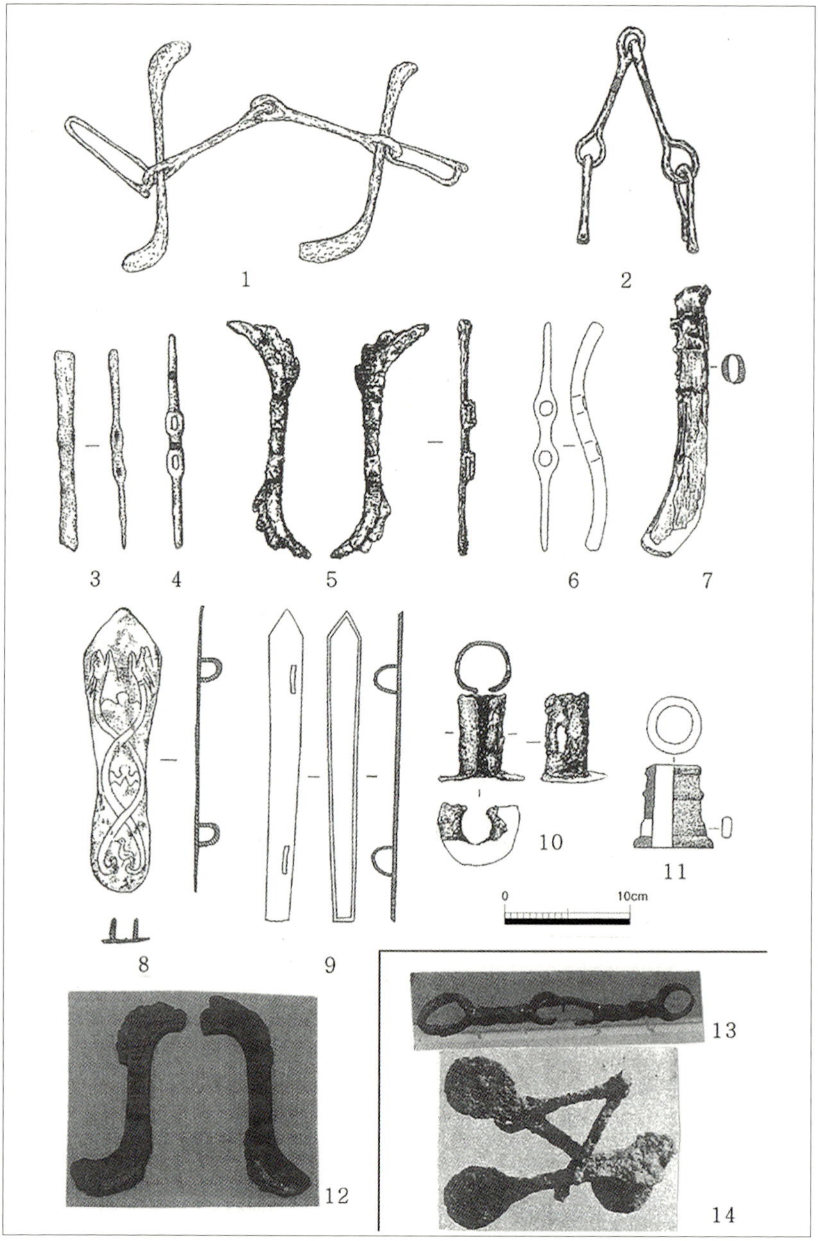

그림 5. 부여 유적 및 주변지역 출토 마구류(사진 축적 부동)
1~11:노하심(1·11:56호묘, 2·4·8:97호묘, 3·10:1호묘, 5:11호묘, 6:103호묘, 7:3호묘, 9:44호묘), 12:모아산, 13~14:사차구

⑶ 철부류

철부류는 동북아시아에서 가장 이른 시기부터 등장하는 철기 기종으로서 형태와 제작방법이 다양한 점에서 도끼뿐만 아니라 괭이, 자귀 등 굴지구로도 사용되었을 것으로 추정된다.

노하심 유적에서는 괭이, 낫, 삽, 끌, 지석 등 생산도구는 65점이 출토되었으며 이 가운데 철부는 모두 27점 확인되어 다른 기종에 비해 출토빈도가 높다. 철부는 크게 상부의 이조철대二條凸帶 유무에 따라 구분된다. 이조철대

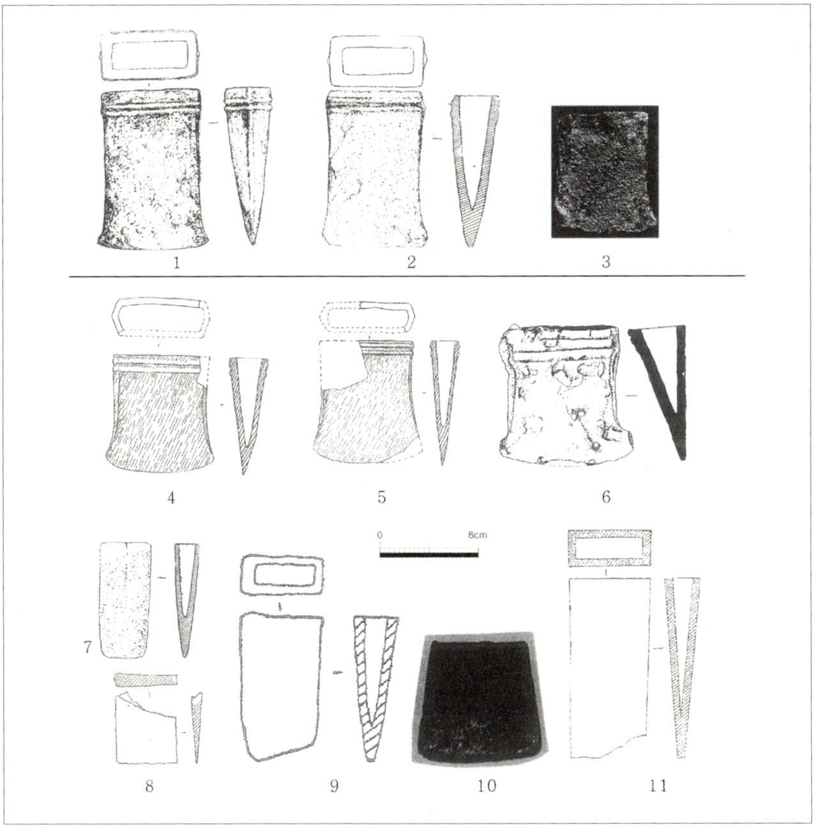

그림 6. 철부류
1:노하심 41호묘, 2: 노하심 32호묘, 4~5: 폴체 I 7호주거지, 6: 라마동, 7: 노하심 74호묘, 8: 포자연 전산 상층, 9: 학고동산 취락, 10: 서차구, 11: 대가산

가 없는 철부는 평면형태 (세)장방형이며 4점이 출토되었다. 인부 폭이 공부 폭보다 약간 좁다. 이조철대가 있는 철부는 모두 23점이며, 평면형태와 공부 단면형태 모두 장방형이다. 신부 측선이 완만하게 벌어져 있으면서 인부는 사용 등으로 호선을 이룬다. 예외적으로 32호묘 출토품(그림 6의 2)은 인부가 직선으로 처리되어 있다. 모아산고분에서도 이조철대철부의 출토 보고가 있어 부여에서 유행한 철부 형식으로 판단된다.

이조철대철부는 서차구고분, 채람고분, 눈강유역의 평양고분平洋古墳 등 주변지역 유적에서는 지금까지 출토된 바 없다. 그러나 읍루挹婁와 관련하여 논의되고 있는 흑룡강 중류지역의 폴체 Ⅰ유적에서 5점이 출토된 바 있고, 동부선비東部鮮卑 또는 삼연문화三燕文化로 추정되는 라마동喇嘛洞 고분군(遼寧省文物考古研究所 외 2004)[5]에서도 같은 형식의 철부가 출토되었다. 이 유물들은 노하심 유적 출토품에 비해 평면형태가 방형에 가까운 것인데, 신부 길이가 시간성을 반영한다는 견해(박경신 2016)를 고려하면 노하심 유적 출토품보다 늦은 시기로 판단된다. 또한 라마동 고분군 출토품은 인부 가장자리에 방형의 턱이 형성되어 있어 가장 후행한 형식이다. 특히 폴체 Ⅰ유적 출토품은 노하심 유적에서 유입된 것으로 본 견해가 있고(臼楮勳 2004), 나아가 부여와 읍루의 신복관계臣僕關係를 보여주는 고고학자료로도 거론되기도 한다(유은식a 2018).

5 라마동 고분군은 요령성 北票市에 위치한 대단위 고분군이다. 대체로 조영주체를 선비계로 추정되고 있다. 최근 부여 노하심고분의 구조와 형식에서 유사성이 확인되어 부여 유민의 묘로 보는 견해가 제출(田立坤 2003)되었으며, 국내학계에도 이 견해가 소개된 바 있다(이종수 2017). 그러나 묘제의 형식은 유사하더라도 대다수의 부장유물은 전형적인 선비계인 점에서 부여 유민의 고분으로 보는 데는 신중한 검토가 필요하다.

(4) 이식류耳飾類

이식耳飾은 고대 정치체나 종족의 강역을 파악하거나 주변지역과의 교류양상을 파악하는 데 유용한 유물로 알려져 있다. 노하심 유적에서 모두 64점이 출토되었는데 32기의 분묘에서 발굴된 63점과 채집품 1점이다. 이식은 금제, 은제, 도금(유금鎏金)제, 칠동제(동면도칠銅面途漆)가 있으며 이 가운데 금제이식이 많고 은제이식이 그 뒤를 잇는다. 금·은제 이식은 형태가 유사하고 정형성을 보이고 있어 부여양식으로 설정되고 있다(이한상 2013).

이식의 형식은 크게 금사뉴환대엽형金絲扭環帶葉形, 금사뉴환형金絲扭環形(금제 24점, 은제 13점), 호편형弧片形(금제 5, 은제 3), 환형環形으로 대별된다(吉林省文物考古研究所編 1987). 금사뉴환대엽이식은 모두 3점이 확인되었다. 금사를 꼬아 기본 뼈대를 만들고 중간에 장육각형의 대엽을 장식한 것이다. 착상부에 복숭아모양의 금판이 있으며 중간부에 여러 개의 고리가 있고, 수하식 아래에는 타원형의 마노옥이 달린 것도 있다. 장식성이 강하고 가장 세련된 형식이다. 이와 유사한 형식이 북표시 라마동 고분군 266호묘, 379호묘, II지구 71호묘, 199호묘에서 출토되었다.

금사뉴환이식(오강원의 D I ~DIII식)은 금제 24점, 은제 13점으로 가장 수량이 많다. 대엽이 없으며, 중간부에 여러 개의 타원형 고리가 있다. 착상부에는 복숭아모양, 반달모양의 금판이 있는 것이 많다. 노하심 유적 발굴보고서에는 타원형 고리에 따라 4개 형식으로 세분하였다.

호편형이식(윤정하의 곡면형, 오강원의 G식)은 모두 5점이 출토되었다. 하부로 갈수록 금판을 좁아지게 말아 제작한 것으로 대체로 손톱모양에 가깝다. 금사뉴환이식으로 분류된 106호묘 출토 이식의 착상부가 호편형 이어서 양자는 동일한 형식으로 이해한다(이한상 2013 · 2014). 이에 반해 오강원(2014)은 금사뉴환이식으로 분류하지 않고 특정 시기에 독창적으로 착안한 것으로 보기도 한다. 이외에도 노하심 유적에서는 청동기시대의 동제이식銅

製耳飾과 이어지는 환형이식 13점도 출토되었다. 모아산고분에서는 은제 뉴환이식 1점이 알려져 있다

이러한 금사를 꼬아 만든 이식은 동 시기의 주변지역 고분군에서도 다수

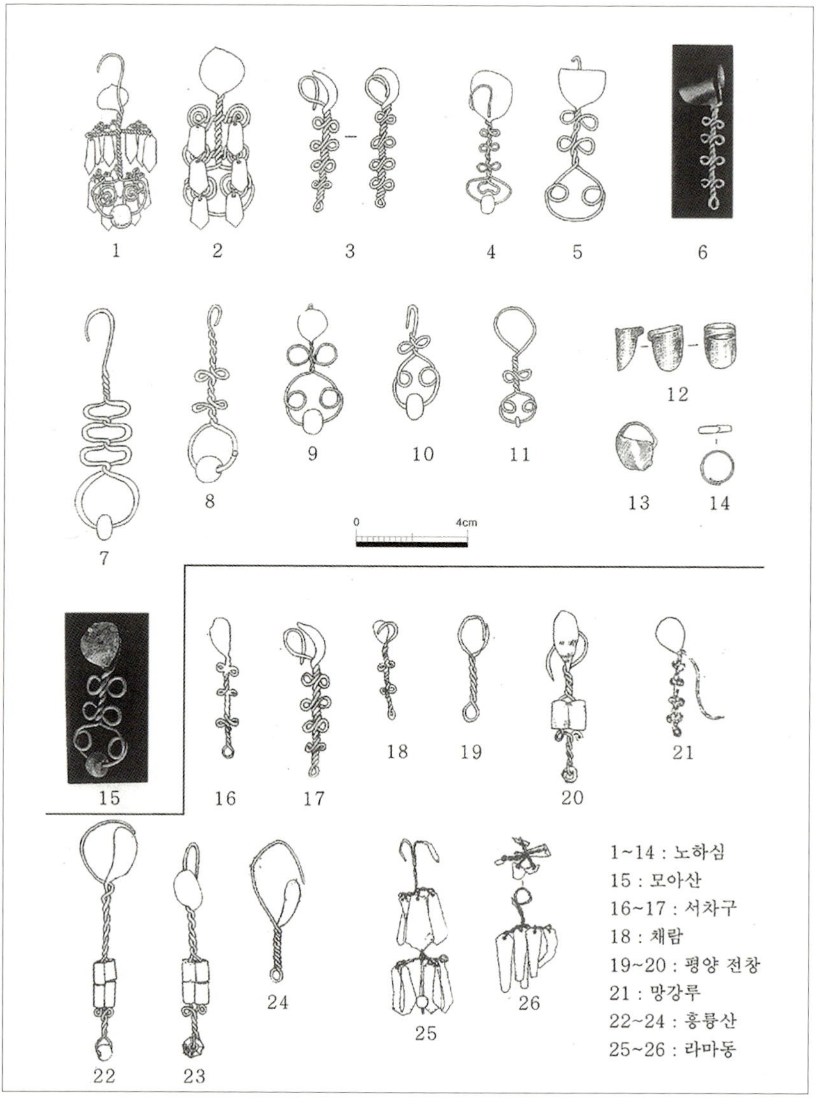

그림 7. 부여 유적 및 주변지역 이식(사진 축적 부동)

확인되고 있다. 한서문화로 비정되는 태래현泰來縣 평양전창고분平洋磚廠古墳에서 2점, 통유현通楡縣 흥릉산고분興隆山古墳에서 5점이 출토되었다. 이 고분들의 이식은 환형 고리가 두드러지지 않고 관옥을 매단 점에서 노하심 유적의 뉴환이식과 약간이 형식차가 있다. 요길지구에서도 뉴환이식이 출토되었는데, 채람고분에서 금·은제 각각 1점이, 서차구고분에서 금제 4점, 은제 2점가 출토되었다. 대체로 노하심 56호출토품과 유사하다. 이외에도 고구려의 중심지 가운데 하나인 환인 망강루유적望江樓遺蹟에서 뉴환이식, 석호石湖 왕팔발자유적王八脖子遺蹟에서는 호편형이식이 각각 1점 출토되었다. 금사나 은사를 비틀어 꼬아 기본 뼈대를 형성하고, 중간에 여러 개의 고리를 만든 부여 양식 이식은 주변 지역으로 확산되었을 가능성이 높다고 생각된다.

(5) 동복銅鍑

동복은 유라시아 초원지대 유목민의 금속제 취사용기로, 넓은 의미에서 솥[釜]에 포함된다. 중국 중원지역과 내몽고 일부 지역에서는 서주西周 만기부터 사용되는 것으로 알려져 있으나 중국 길림성과 흑룡강성 일대에서는 한대漢代 이후의 유적에서 출토되고 있다(潘玲 2015). 나팔형 다리가 있는 노하심 M56호 출토 동복(그림 8의 1)을 제외하고, 모두 평저의 동복이 출토된다. 동복의 형태는 저경 보다 구경이 약간 크고, 동체 기면에는 종방향 직선상의 합범흔이 남아 있는 것이 많으며, 구연에는 반환형半環形 또는 말각방형의 고리가 대칭으로 붙어 있다.

동북지방의 평저 동복은 동체부 세장도와 동체 상부 현문의 유무에 따라 분류된다. 즉 동체 너비폭에 비해 동체 길이가 상대적으로 길어서 세장한 형태를 띠고, 구경부에 현문이 있는 것(A형)과 동체부가 상부가 부푼 구형에 가깝고 구경부에 현문이 없는 것(B형)으로 구분된다. A형에서 B형으로 형식변화가 상정된다(이해련 2003; 高濱 秀 2011).

부여 유적에서 동복은 노하심 유적, 모아산 고분, 학고동산 고분에서 6점이 알려져 있다. 동체부가 세장한 것이 많다. 특히 노하심 97호묘 출토품(그림 8의 2)은 동체부에 호선모양의 돌출문양이 있고 구경부에 현문이 있는 것으로 동북지방에서 가장 이른 시기의 평저 동복으로 추정된다. 동복은 공반유물을 통해 대체로 기원전 1세기에서 기원후 1세기로 편년된다.

한편 동일한 형식의 평저 동복은 삼강평원의 봉림성지, 서란현 전창교장磚廠窖藏, 혼강渾江 동전자고분東甸子古墳, 집안集安 하해방촌고분下解放村古墳, 우산묘구禹山墓區 등에서도 확인된다. 고구려지역에서 출토된 동복은 동체형태가 구형에 가까운 것이 많고 그 시기도 기원후 3~4세기로 편년된다. 서란 전창교장 출토 동복은 고구려 동복으로 소개(吉林市文物志編委會 1985)되었으나 영길 모아산고분 동복과 형태적으로 유사하여 향후 귀속 문제에 대해 논의가 필요하다. 봉림성지 출토품은 동체 형태가 노하심 97호묘와 가장 유사하지만 그 시기는 기원후 3~4세기에 해당된다. 출토맥락이 다

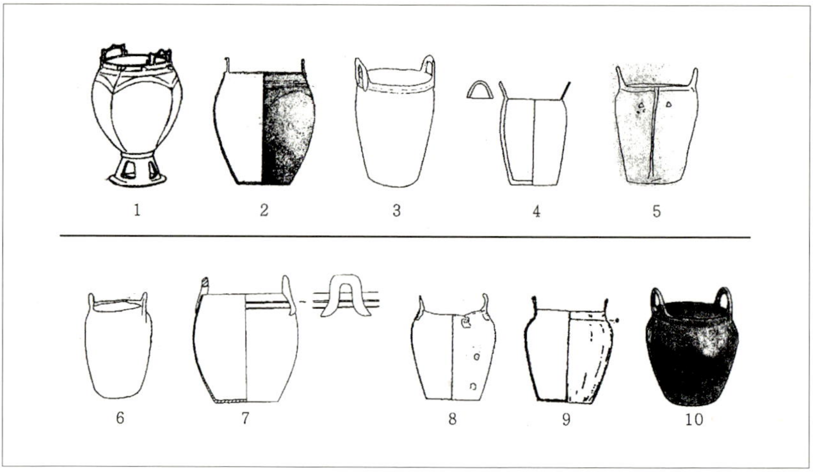

그림 8. 부여 유적 및 주변지역 출토 동복
1:노하심 56호, 2:노하심 97호, 3:모아산, 4~5:학고동산고분, 6:전창교장, 7:봉림성지, 8: 하해방촌, 9: 동전자, 10:우산지구

소 불분명하지만 전창교장과 봉림성지 동복은 부여지역에서 유입되었을 것으로 추정하기도 한다(유은식 2016).

표 2. 중국 동북지역 및 한반도 출토 평저동복 현황

출토지	구경부 형태	동체 형태	동최대경 위치	器耳 형태	耳周緣 有無	동체 문양	높이	구경	저경	동최대경
노하심M56	직립	곡선	중상	山字形	유	四分雙弧紋, 雙弦紋	25	14	-	16.8
노하심M97	내만	곡선	중상	반원형	무	弧紋, 雙弦紋	26	16.4	11	21
모아산	직립	직선	상	반원형	무	무	-	-	-	-
모아산	-	-	-	반원형	무	무	-	-	-	-
학고동산 한묘	내만	직선	상	반원형	-	무	20	13.8	8.5	15
학고동산 한묘	내만?	직선	상	반원형	-	무	19.5	12.8	8.5	15
봉림성지	내만	곡선	중상	말각사각형	무	雙弦紋	13.5	9.6	6.5	10.8
서란 嘎牙村 磚廠窖藏	직립	직선	상	반원형	무	무	21.5	11.3	-	-
渾江 東甸子적석묘	직립	편구	상	결실	-	무	12.2	9.4	-	-
집안 하해방촌 고구려묘	직립	편구	상	반원형	무	무	12	10	7	10
집안 禹山墓區	직립	편구	상	반원형	무	무	11.2	7.8	-	-
대성동 29호	내만		상	반원형	무	무	18.2	12.6	9.5	15
대성동 47호	직립		상	반월형	무	무	17.8	13	8.5	16.8
양동리 235호	직립		중상	반원형	무	무	?	18.5	?	22
숭실대	내만	편구	중상	반월형	무	무	18.9	16.6	11.1	19.5

Ⅲ. 부여 고고학의 쟁점

1. 부여의 기원 문제

국내외 다수의 연구자들은 부여를 세운 집단에 대해 외래의 이주세력으로 인식하는 경향이 있다. 이것은『논형論衡』 길험편吉驗篇과『삼국지三國志』 부여전夫餘傳 소인所引의『위략魏略』에 실린 동명신화東明神話 기록과 무관하지 않다. 즉 동명이 북쪽의 탁리국橐離國(고리국槀離國, 색리국索離國)에서 엄호수 또는 엄시수를 건너 와서 부여를 건국하였다는 문헌기록을 통해 재지문화보다는 북쪽지역의 외래 고고문화를 주목한 것이다. 이에 반해 고고학 자료와 문헌기록을 결부시키는 작업은 신중한 자세가 필요하며, 고고학자료를 통해 부여 건국신화를 증명하기 어렵다는 지적(박양진 2005; 송기호 2005; 유은식 2016; 권오영 2018)이 꾸준히 제기되고 있다. 따라서 부여의 기원과 건국집단 문제는 첨예한 연구 쟁점이라 할 수 있다.

부여의 기원과 성장과정에서 외래집단의 이주를 상정하는 견해들은 탁리국 물질문화의 비정문제와 직접적으로 연관되어 있다. 탁리국의 고고문화에 대해서는 크게 눈강嫩江 중하류의 백금보白金寶-한서漢書 2기문화2期文化 비정설(李殿福 1985; 佟冬 1987; 송호정 1997)과 제1송화강 중류의 경화유형慶華類型 비정설(王禹浪·李彦君 2002)로 크게 나눌 수 있다.

먼저 백금보-한서 2기문화 비정설은 1970~80년대에 눈강 하류지역의 표

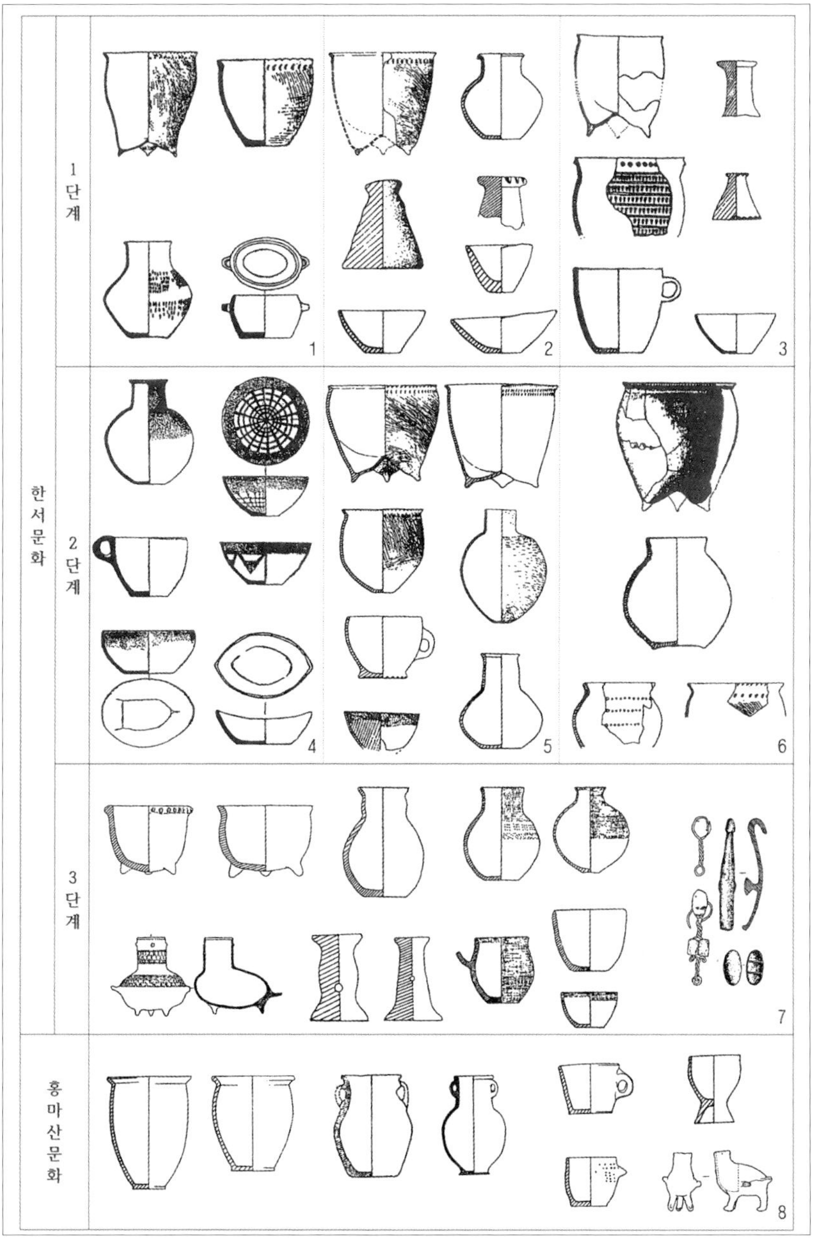

그림 9. 눈강유역의 토기편년(유은식 2016 도면 6)

1:한서2기 1조, 2:소납합 3기 1조, 3:합도강자, 4:한서 2기 2조, 5:소납합 3기 2조, 6:후칠과수, 7:평양고분, 8:홍마산

지유적이라 할 수 있는 백금보유적과 한서유적의 조사에 힘입어 제기되었다. 초기에는 한서유적의 층위조사를 통해 하층은 청동기시대 백금보문화로, 상층은 초기철기시대 한서 2기문화로 분리되었다. 이후 한서 2기문화, 흑룡강 북동부의 망해둔유형望海屯類型, 눈강 중류의 평양문화平洋文化는 적색채색토기와 동물모양토기 등을 공유하는 점에서 한서문화로 통합되었다(趙賓福 著·禹枝南 譯 2011; 張偉 2008). 하한연대는 금제뉴환이식과 곡봉형대구 등을 통해 서한西漢 시기로 보고 있어 노하심 유적 초기와 병행할 가능성이 높다. 한서문화에 이어서 홍마산문화紅馬山文化가 확인되며 그 시기는 동한東漢으로 보고 있다(張偉 2007).

한서문화 토기는 적갈색니질토기와 적갈색니질채도로 대별된다. 무문양토기가 극히 적고 대다수 토기에는 승문, 각목문刻目紋, 비점문篦点紋, 착인문戳印紋이 베풀어져 있다. 특히 적색 slip을 입힌 채도와 구순각목문 토기는 이전 단계인 백금보문화에 보이지 않는, 한서문화의 특징적인 토기이다. 기종으로는 력류鬲類, 압형삼족호鴨形三足壺, 주형기舟形器, 단이배單耳杯, 각목문두刻目紋豆, 각목문지각刻目紋支脚, 각목문분刻目紋盆 등이 확인된다. 이러한 토기전통은 한서문화 3단계까지 큰 변화 없이 이어지고 있다. 반면에 홍마산문화에는 문양이 없는 토기가 많다는 점에서 한서문화의 그것과 차이가 많다. 외반구연 아래에 희미한 부가퇴문이 남아있는 호 또는 옹류, 경부에 종상의 환상파수가 있는 장경호 등은 이 시기에 출현한 기종이다. 토기상으로 보면 한서문화에서 홍마산문화로의 전환 시기에 큰 문화변동이 있었음을 알 수 있다.

부여 토기와 한서문화 토기를 비교해 보면, 토기문양과 파수 부착 전통에서 뚜렷한 차이가 있고, 토기 기종의 조합관계도 다르다. 또한 부여 형성기 유적에서 한서문화의 토기가 출토되는 사례는 드물다. 양 문화에서 공통적으로 출토되는 뉴환이식과 곡봉형대구는 오히려 부여문화에서 한서문화로 확산된 것으로 이해된다. 따라서 고고자료로 볼 때 부여의 기원과 성장과정에서 한서문화의 영향은 극히 적었으며, 해당집단의 이주가 있었을 것이라는 기존의 해석은 고고학자료로 증명되지 않는다 하겠다.

다음으로 제1송화강 중류지역의 경화유형 비정설은 파언현 왕팔발자산 유적王八脖子山遺蹟과 경화성지에 대한 최근 조사를 통해서 전자를 탁리국의 도읍지로, 후자를 부여 초기 도읍지로 보는 견해이다. 최근 발굴된 색리구 유적索離溝遺蹟에서 실심형 두형토기와 쌍이호 경부편 등 부여 토기가 출토되어 이 견해는 탁리국의 유력한 후보지로 재차 언급되었다(李延鐵·于建華 2010).

경화유형의 토기는 황갈색 사질토기가 많고, 기종은 구순각목된 호·옹류, 적색 채색 완, 두형토기, 적색 채색토기편, 시루 등이 있다. 경화유형 토기의 큰 특징은 눈강유역의 한서토기와 길림시 일원의 부여 토기가 혼합된 양상인데, 전자의 토기에는 구순각목된 호·옹류, 적색 채색토기가 있고, 후자의 토기에는 두형토기, 경부가 내만한 토기, 시루 등이 있다. 경화유형이 한서문화와 포자연문화의 중간 지점에 위치하고 있어 자연스럽게 양 문화의 요소들이 복합되어 있는 것이다. 중심에서 멀어질수록 중심문화요소는 옅어지고, 접경지에서는 주변문화가 혼합되는 전형적인 사례로 판단된다(권오영 2018). 경화유형의 토기문화는 점차 한서문화 토기요소가 축소되고 길림시 일원의 토기 문화요소가 증가한다는 견해(喬梁 2014)와 읍루의 남하를 견제하는 부여의 군사적 전초기지였다는 견해(이종수 2009)로 볼 때 탁리국으로 비정하는 데 무리가 있다. 오히려 부여문화의 북쪽 범위를 추정할 수 있는 유적으로 의미가 있다고 생각된다.

이와 같이 부여의 북쪽에 있다는 기록 외에 역사적 실체를 알 수 없는 탁리국의 문화성격을 고고학자료로 밝히기는 상당히 어렵다. 중국 학계에서 목단강유역牧丹江流域과 삼강평원三江平原 일대에서 새로운 유적군이 발견될

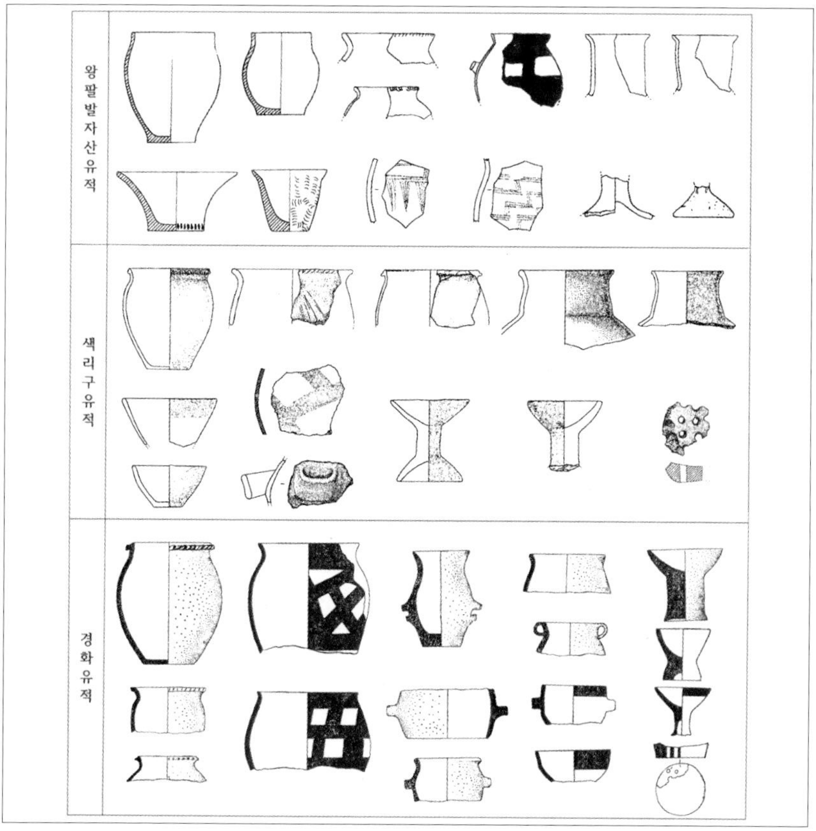

그림 10. 경화유형 유적 출토 토기류(유은식 2016 도면 7)

때마다 읍루 고고문화로 비정한 사례[6]와 같이 향후 길림시 북쪽지역에서 확인되는 고고문화를 탁리국으로 비정할 지도 모르겠다. 명문자료가 나오지 않는 한 증명하기 어려운 문제임을 상기할 필요가 있다. 또한 북쪽 외래집단의 이주가 있었다면 부여 형성기 유적에 원지역의 물질문화 흔적이 반드시

6 읍루의 고고문화에 대해서는 다양한 의견이 제시되어 있다. 초기에는 동강유형을 필두로 완연하유형 및 폴체 문화→곤토령문화→봉림문화 순으로 비정된 바 있는데, 이는 고고문화의 발견 순서와 거의 일치한다(유은식 2018a).

남아 있어야 하지만, 지금까지 발굴자료로 보면, 그러한 양상은 확인되지 않는다. 따라서 부여의 기원과 성장에 대한 연구에서 동명신화 내용을 걷어내고, 길림시 일대의 고고문화의 변화상을 주목해야 한다. 서단산문화로 대표되는 재지문화가 유지되면서 한문화漢文化의 수용이라는 시각에서 부여의 형성을 바라볼 필요가 있다고 생각한다.

2. 부여의 강역 및 문화 범위 문제

부여의 공간적 범위에 대해서는 『삼국지三國志』 위서魏書 동이전東夷傳의 기록이 중요하다. 즉 '부여는 장성의 북쪽에 있는데, 현토玄菟에서 천리 쯤 떨어져 있으며, 남쪽은 고구려, 동쪽은 읍루挹婁, 서쪽은 선비와 접해 있고, 북쪽에는 약수弱水가 있고, 가히 사방 2천리가 되며, 호戶는 8만이다[7]'. 이 기사를 통해 다수의 연구자들은 부여의 강역을 비정하고 있다. 대체로 북계는 송화강 일대, 남계는 길림합달령吉林哈達嶺 이서지역, 동계는 장광재령, 서계는 농안農安 이서지역 또는 쌍요雙遼-대안시大安市을 있는 선으로 보고 있다. 이러한 범위는 부여의 전성기 강역일 것이고, 초기에는 그리 넓게 설정할 수 없다고 본다. 자세히 후술하겠지만 경계 지역에는 문화계통이 전혀 다른 한서문화, 서차구유형, 대가산문화 등 다양한 고고문화가 분포하고 있기 때문이다.

고고학자료를 토대로 부여의 범위를 추정한 연구는 그리 많지 않다. 포자연문화의 분포범위를 통해 부여의 범위를 고찰한 연구(張立明 1986)가 있었으나 대부분 지표조사 자료를 활용한 것이어서 그대로 신뢰하기 어렵다. 이에 비해 이종수(2004)는 취락유적, 고분, 성지, 산포지 등을 종합적으로 정리하여 시기별 공간적 범위를 정치하게 검토하였으나 대상자료들이 부여 유적

---

7 『三國志』 魏書 東夷傳 夫餘, "夫餘在長城之北 去玄菟千里, 南與高句麗, 東與挹婁, 西與鮮卑接, 北有弱水 方可二千里 戶八萬.

인지는 확실하지 않다.

표 3. 부여의 강역 및 중심지에 대한 주요 연구자 견해(유은식 2016 및 이종수 2018 일부 수정)

연구자	北界	南界	東界	西界	중심지
노태돈(1989)	제1송화강	輝發河 상류의 龍闖山 지역	張廣才嶺	農安 서쪽	길림시 일원
송호정(1997)	嫩江과 송화강 일대	吉林哈達嶺을 경계로 輝發河 이북	威虎嶺을 경계로 牧丹江流域	洮兀河 하류	-
오영찬(1999)	제1송화강	分水嶺과 龍崗山脈	張廣才嶺	-	길림시 일원
오강원(2000)	拉林河에서 제1송화강에 이르는 지역	吉林哈達嶺 이서지역	威虎嶺-龍崗山脈 이서까지	九台와 長春을 잇는 선	길림시 일원
이종수(2004) 전기	拉林河	吉林哈達嶺	威虎嶺과 張廣才嶺	伊通河	길림시 일원
이종수(2004) 중기	嫩江과 제1송화강 일대	龍崗山脈	威虎嶺과 張廣才嶺	大安과 雙遼를 잇는 선	
張博泉(1981)	흑룡강	拉林河 및 눈강 하류	-	대흥안령 동록	克東縣 일원
李建才(1982)	通河 이동의 제1송화강과 흑룡강 하류	渾江과 輝發河 상류의 分水嶺 일대	張廣才嶺	길림성 白城 일대	길림시 일원
田耘(1984)	제1송화강	輝發河 이북	張廣才嶺	大安과 雙遼를 잇는 선	-
李殿福(1985)	제1송화강	輝發河	張廣才嶺	白城, 通榆, 雙遼, 昌圖 일원	-
張立明(1986)	제1송화강 중하류의 德惠·榆樹·九台·双陽 일원, 輝發河유역, 渾江 유역				-
王綿厚	제1송화강	輝發河 상류-吉林哈達嶺	張廣才嶺	서요하 상류-장령	길림시 일원
張泰湘, 鄒越華(2002)	拉林河와 제1송화강 합류지점	-	-	松嫩平原	길림시 일원
孫顥許哲 (2011)	嫩江과 제1송화강 일대	龍崗山脈	張廣才嶺과 威虎嶺	大安과 雙遼를 잇는 선	길장지구

〈표 4〉는 길림시와 영길시 이외 지역에서 부여 토기기종인 주상형 두형토기, 니질계 한식토기, 시루 등이 출토된 유적들을 정리한 것이다[8]. 이를 통해

8 지표조사 유적은 수습유물의 도면 또는 사진이 있는 경우에만 포함시켰다.

보면 부여의 대략적인 고고범위는 길림시 일대를 중심으로 해서 서쪽으로 이통하伊通河 중류의 농안 일대, 동쪽으로 위호령威虎嶺 이서의 교하 일대, 북쪽으로 제1송화강 중하류의 파언 일대가 경계가 된다. 남쪽 경계는 현재 자료가 부족하여 확실하지 않지만 한식토기와 시루의 출토범위를 통해 보면 쌍양현 일대로 추정된다. 이 범위를 부여의 강역으로 바로 치환할 수 없지만 적어도 부여 초기 토기가 주변지역으로 확산되는 양상을 보여주는 것으로 이해된다. 대체로 지금의 중국 행정구역상으로 장춘, 쌍양, 구대, 교하, 덕혜, 농안, 빈현, 오상 일대이다.

이러한 분포범위는 전술한 『삼국지三國志』 위서魏書 동이전東夷傳 부여조夫餘條의 기록을 통해서 추정한 부여의 전성기 범위보다 넓지 않다. 특히 남계와 서계에서 차이가 크다. 부여 중심지에서 남쪽으로 약 200m 떨어진 요길지역에는 일찍부터 서차구유형과 대가산문화 집단이 자리잡고 있어 이 지역으로의 문화 확산이 용이하지 않았을 것이다. 서북쪽 방면의 눈강 하류지역도 역시 부여 형성기 이전부터 한서문화가 발달해 있었기 때문에 이 지역까지 부여문화가 미치지 못했을 가능성이 높다. 그러나 상대적으로 유력한 고고문화가 형성되어 있지 않았던 이통하 하류의 농안·덕혜일대와 제1송화강 중상류 빈현 일대 방면으로는, 전가타자유형과 경화유형 유적에서 확인할 수 있듯이 부여 토기문화가 확인되고 있다. 그리고 기원후 1세기 이후로 편년되는 오상 백기유적에서 부여의 전형적인 토기양식만 출토되는 점도 주목할 만하다.

표 4. 부여 유적 현황(길림시 일대 제외)

유적명	소재지	유형	부여 유적 판단근거	참고문헌
北紅咀子遺址	장춘 幸福鄉	산포지, 시굴	승문 니질회도	長春市文物志 1986
二十里堡遺址	장춘 永春鄉	산포지, 지표	백색토기	長春市文物志 1986
山咀子屯遺址	쌍양 太平鄉	산포지, 지표	니질 승문회도	双陽縣文物志 1986
翟家屯遺址	쌍양 奢嶺鄉	산포지, 지표	승문회도, 시루편	双陽縣文物志 1986
沙家烧鍋遺址	쌍양 長嶺鄉	산포지, 지표	승문토기	双陽縣文物志 1986
王家屯遺址	구대 盧家鄉	산포지, 지표	니질회도	九台縣文物志 1984
舍嶺南山遺址	구대 莽卡鄉	산포지, 지표	細刻紋 니질도	高忠武『長春文物』第5期
暖呼溝遺址	구대 莽卡鄉	산포지, 지표	니질회도	高忠武『長春文物』第5期
轉心湖西山遺址	교하 漂河鎮	산포지, 지표	두형토기B류, 철부	蛟河縣文物志 1986
東小荒地遺址	교하 蛟河鎮	산포지, 지표	두형토기 B, 격자문토기	蛟河縣文物志 1986
新街古城址	교하 池水鄉	관방, 지표	니질회도 시루, 격자문토기, 두형토기B류	董學增 1989
福來東古城址	교하 松江鄉	관방, 지표	니질회도, 격자문토기	董學增 1989
亮子溝遺址	덕혜 松花江鄉	산포지, 지표	승문 니질회도, 시루, 두형토기B류	劉紅宇 1984
西七道泉子遺址	덕혜 天台鄉	산포지, 지표	니질두형토기B류	劉紅宇 1984
田家坨子遺址	농안 小城子鄉	취락, 발굴	두형토기B류, 쌍이호	吉林大學歷史系考古專業 1979
函營遺址	농안 淸山口鄉	산포지, 지표	흑색마연두형토기B류	農安縣文物志 1986
索離溝遺址	빈현 滿井鎮	취락, 발굴	두형토기B류, 시루	黑龍江省文物考古研究所 2010
慶華城址	빈현 新立鄉	관방, 발굴	두형토기B류, 시루	黑龍江省文物考古研究所 1988,
白旗遺址	오상 背蔭河鎮	취락, 발굴	두형토기B류	黑龍江省文物考古研究所 2015
磚厂古窑場	서란 白旗鄉	교장, 발견	동복	舒蘭縣文物志 1985

3. 서차구유형과 대가산문화 검토

서차구유형은 1960년 초에 동요하東遼河 유역에서 확인된 고고문화로, 주요 유적은 서풍 서차구고분, 동요 채람고분, 장홍 후산고분이 있다. 일부 공개된 자료에 의하면 서차구고분과 채람고분은 단인토광묘單人土壙墓로 추정되며, 토기, 철기, 청동기, 옥석기 등 다양한 유물이 출토되었다. 서차구고분에서 출토된 오수전·반량전 등의 화폐, 초엽문경草葉紋鏡·성운경星雲鏡·사금사이문경四禽四螭紋鏡 등의 한경, 그리고 채람고분에서 출토된 반량전, 오수전, 한경 등을 통해서 서차구유형은 기원전 2세기 후반에서 기원전 1세기 전반으로 편년된다(孫守道 1960; 林沄 1993). 조성연대가 노하심 고분보다 약 50~100년 앞선다.

서차구유형는 부여의 초기 강역문제 뿐만 아니라 종족 내지는 초기 정치체 비정도 쟁점이 되고 있다. 최초 발굴보고자의 흉노설匈奴說(孫守道 1960)부터 (요동遼東)오환설烏桓說, 선비설鮮卑說, 부여설扶餘說 등 다양한 의견이 제시되고 있다. 흉노설과 선비설은 1960~1980년 당시 관련 자료가 부족한 상황에서 제기된 견해이다. 최근 흉노와 선비의 고고자료가 다수 축적된 상황에서 보면 토기와 금속기의 차이가 크기 때문에 현재는 이 견해를 지지하는 연구자는 거의 없다(송기호 2005; 오강원 2018). 따라서 서차구유형에 대한 종족성 논의는 오환설과 부여설로 좁혀볼 수 있다.

먼저 오환설은 曾庸(1961)이 처음 제기한 견해로 흉노설을 반박하면서 문헌기록과 결부하여 서차구고분을 오환에 귀속시켰다. 이후 송기호(2005)는 한漢 무제武帝대 흉노 좌지左地를 격파하고 변강지역에 오환을 배치한 기사를 인용하여 오환설을 보강하였고, 또한 서차구 토기와 노하심 토기가 다르다는 점도 분명히 지적하여 부여설을 비판하였다[9].

부여설은 서차구고분의 무문양토기, 횡방향 교상파수 등이 서단산 만기 토기전통과 연결된다고 보아 서차구, 채람, 홍룡산고분 등을 서한西漢 부여문화로 파악하였다(田耘 1985). 이후 오강원(2000·2018)은 서차구고분 토기

9 중국학계의 공식적인 견해가 제출된 것은 아니지만, 서차구고분의 발굴보고서의 발간작업 중에 있으며, 그 조영주체를 오환으로 보는 견해로 모아지고 있다고 한다.

와 한서문화 토기가 차이가 있다고 보았으나, 철기류, 금동장식, 말 이빨이나 머리뼈 부장풍습 등이 노하심 유적의 그것과 유사한 점, 원주형 동병철검과 이식이 공반되는 점에서 서차구유형을 포자연문화(부여)의 하위 유형으로 정리하였다. 이것은 부여문화의 기원을 한서문화에서 찾고 있는 견해가 반영된 것이다. 이외에도 서차구유형을 부여 변경지역의 문화유형으로 본 견해(오영찬 1999)가 있다.

표 5. 노하심 유적 및 주변지역 고분의 주요 부장품 현황

문화유형	유적명	동병 철검		재갈		부여 이식	동복	철부	
		원주형	쌍조형	꼬지 않은 함	꼬아 만든 함			이조철대 철부	장방형 절부
부여문화	노하심고분	●	×	●	×	●	●	●	●
	모아산고분	×	×	×	×	●	●	●?	?
서차구 유형	서차구고분	●	●	?	●	●	×	?	●
	채람고분	×	●	×	×	●	×	×	●
	장흥고분		●	×	×	×	×	×	●
한서문화	평양 전창고분	×	×	×	×	●	×	×	×
	훙륭산고분	×	×	×	×	●	×	×	×

이와 같이 서차구유형의 종족 내지는 집단을 부여로 보는 견해는 서차구고분과 노하심고분의 부장유물의 유사성이 언급되고 있지만 실상은 그렇지 않다. 소형호를 제외하고 노하심고분의 토기 기종구성과 형식이 다르다(林沄 1993). 금속유물 가운데 금사뉴환이식은 양 유적에서 공통적으로 부장되지만 재갈, 동복, 이조철대철부 등의 조합관계가 일치하지 않는다. 또한 쌍조형 동병철검은 노하심고분을 비롯하여 부여 유적에서 출토된 사례가 없다. 이에 더하여 2세기 후반에서 1세기 전반에 부여가 동요하유역까지 진출할 수 있는 역량이 있었는지도 검토가 필요하다. 따라서 서차구유형 집단을 부여의 지방 세력으로 이해하기 보다는 집단들 간에 교류 또는 관계망 형성

으로 일부 물질문화의 유사성이 보이는 것으로 이해된다.

다음으로 부여문화의 범주에 동풍 일대의 대가산문화를 포함시키는 견해(박양진 2005; 孫顥·許哲 2011)도 있다. 포자연문화 토기양상과 유사하게 한식계토기와 갈색계 사질토기가 공반되는 점에서 논의되었다. 대가산문화의 분포범위는 휘발하 상류지역으로, 동요하유역의 서차구유형과는 공간적으로 약간 떨어져 있지만 중국학계에서는 대체로 동일한 문화로 보고 있다(林沄 1993; 金旭東 1992). 대가산유적 상층에서 한식계토기와 함께 점토대토기, 나팔형과 주상의 장각두형토기, 고리형파수편 등 재지계 토기가 출토되었고, 서차구유형의 채람고분에서도 점토대토기편과 고리형파수편이 확인되는 점으로 보아 양 문화는 한대漢代 점토대토기 문화(박순발 2003) 범주에 포함시킬 수 있다. 점토대토기는 부여 중심지역에서 출토된 바 없기 때문에 전형적인 부여문화로 보기 어렵다고 생각된다(유은식 2016).

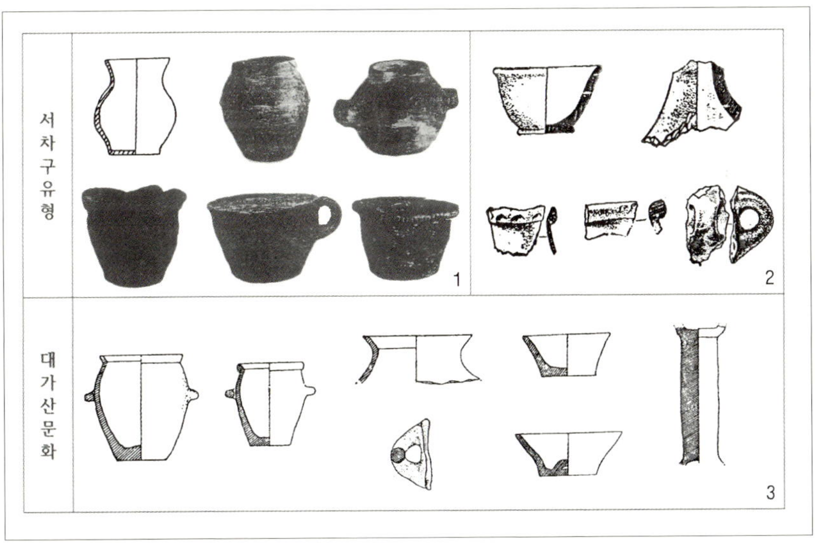

그림 11. 서차구유형과 대가산문화 토기(유은식 2016 도면 8)
1:서차구, 2:채람, 3.대가산

4. 한반도 중남부지역의 부여계유물 검토

〈그림 12〉는 최근 한반도 중남부지역에서 출토된, 추정 부여계유물을 집성한 것이다. 먼저 김포 운양동유적 철검은 길이가 1m 이상의 장검으로 모두 8점이 출토되었다. 이 중에서 검신 폭이 좁고 그 단면이 능형이며, 관부가 직각 형태인 것을 고구려-부여 계통으로 추정(김길식 2013)하였다. 이는 운양동유적에서 출토된 호편형이식 등을 감안하여 기원후 2세기 후반에서 3세기 중엽에 부여-고구려계 지배세력이 남하하여 한강 하류에 유입되었을 가능성도 언급하였다(김길식 2013). 김포 운양동 철검은 길이가 1m에 달하는 노하심 56호묘 목병철검과 비교할 수 있으나 검파형태가 다르고, 주판알 장식구 없으며, 검격의 형태도 차이가 크기 때문에 부여 계통으로 보기 어렵다고 생각한다.

청주 오송유적 15지점 17호 주구토광묘 목관 내부에서 동병철검(그림 12의 3)이 출토되어 학계의 이목을 끌었다. 검신은 직선으로 내려오다가 관부에 이르러 약간 넓어지며, 단면형태는 렌즈형이다. 검파형태는 죽절형이며 돌점문이 장식되어 있고, 검격은 사선문이 시문된 역제형이다. 동병철검의 길이는 62.7㎝이다. 전체적으로 주판알 장식구가 없고, 검의 내심이 바깥쪽으로 꺽여 있어 검수부 일부가 훼손 또는 유실되었을 가능성이 있다. 이와 같이 검수부 형태는 노하심 유적의 동병철검과 다르지만, 죽절형의 검파 외면에 돌점문이 장식되어 있는 점에서 노하심 115호묘 출토품과 유사하다. 이러한 검파 문양은 노하심 유적에서 유일하게 확인되기 때문에 오송 출토품은 부여 동병철검 계통으로 보아도 큰 무리가 없다고 생각된다. 다만 오송 출토품은 기원후 3세기 후반에서 4세기 전반 무렵으로 편년된다. 부여 동병철검과 연대차가 큰 점을 고려하면 전세품으로 판단된다.

앞에서 언급하였듯이 부여 유적에서 출토된 재갈의 특징은 기본적으로 철봉을 꼬지 않은 함銜, 2조선 인수로 구성되어 있는 점인데, 이러한 유형의 재

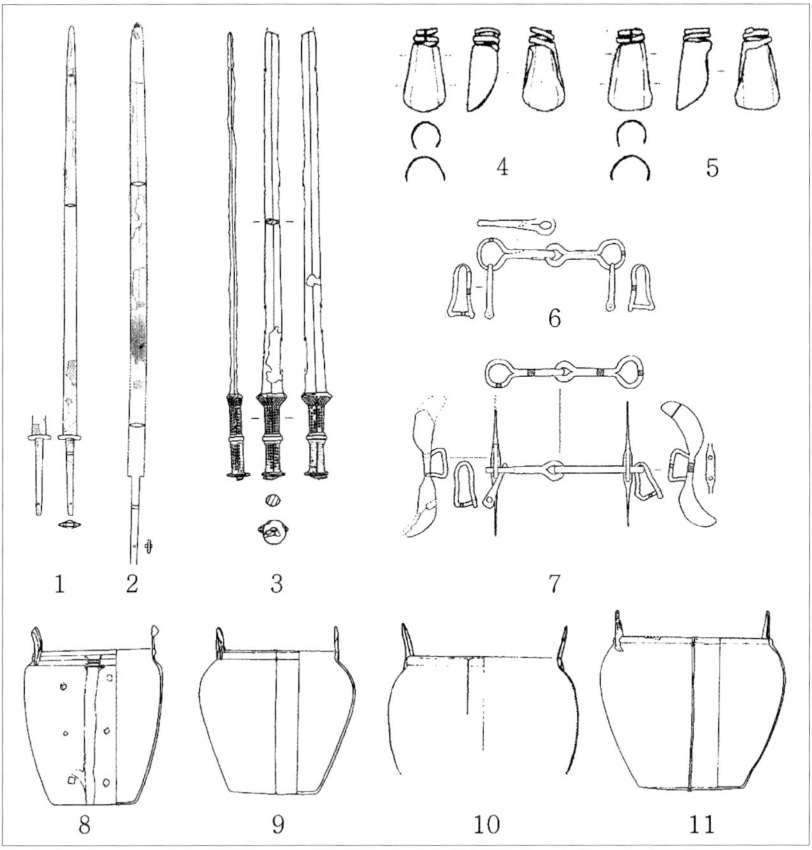

그림 12. 한반도 중남부지방 출토 추정 부여계유물(축적 부동)[10]
1:운양동 1-11-13호묘, 2:운양동 1-11-3호묘, 3:오송 15-17호묘, 4~5:운양동 2-9-1호묘, 6:봉명동 C-31호묘, 7:금릉동 78-1호묘, 8:대성동 29호묘, 9:대성동 47호묘, 10:양동리 235호묘, 11:전 입실리 출토(숭실대소장품)

갈이 청주 봉명동유적, 충주 금릉동유적, 여주 용은리유적, 오산 수청동유적

10 중부지방에서 출토되는 부여 또는 북방계로 추정되는 유물로는 가평 달전리와 남양주 금남리의 쌍조형 검파두식, 춘천 우두동 철복도 거론되고 있다(권도희 2020b). 이 유물들은 낙랑지역에서 변용된 것으로 확인되어 본 고에서는 제외하였다. 그리고 화천 원천리와 횡성 읍하리에서 출토된 髮飾은 노하심 유적의 耳瑱(귀막이옥)과 형태적으로 유사하지만 용도가 달라서 부여지역에서 유입되었는지 확실하지 않다.

등에서 출토되었다(권도희 2020a). 원삼국~삼국시대 대다수 함銜이 3줄 꼬기 기법으로 만든 것인데 반해 위 유적에서는 꼬지 않은 함銜인 점에서 시기와 계통 문제와 관련하여 주목받았다(諫早直人 2007; 성정용 외 2009; 권도희 2020a). 특히 봉명동유적에서는 모두 13점의 재갈이 출토되었는데 C-31호 주구토광묘 출토품(그림 12의 6)만 꼬지 않은 철봉 2개를 연결한 구조이다. 노하심 97호 출토품과 형태와 제작기법에서 유사하다. 금릉동 78호묘는 한 묘광 안에 2기의 매장주체부가 설치된 동혈합장묘인데 재갈은 78-1호 남동 모서리에서 출토되었다. 재갈[鑣]이 프로펠러형에 입문식 금구가 있는 것인데 노하심 유적에서는 입문식 금구가 있는 재갈은 출토되지 않았다(諫早直人 2007).

꼬지 않은 기법의 재갈은 기원 전후 흉노무덤으로 편년되는 몽골 노용 올고분, 호드긴 톨고이 1호묘, 내몽고자치구 오르도스 보동구補洞溝 6호묘에서 출토되었다. 또한 기원전후의 신강지역新疆地域의 소구희蘇貝希 1-10호묘, 구북1호대지묘溝北1號臺地墓에서도 확인되었다. 한반도 북부지방에서도 기원전 1세기 전반 무렵으로 편년되는 평양 석암리묘, 4세기 전후의 고구려지역의 집안 만보정萬寶汀 242-1호묘, 자성 서해리 제2무덤 떼 1호묘 출토품이 있다(諫早直人 2007). 이 재갈의 계보에 대해서는 연구자 간에 약간의 인식차가 있다. 諫早直人(2007)은 노하심 유적과 연대차가 있기 때문에 부여지역을 한반도 남부 기승용騎乘用 마구의 계보지로 고려하기 않고, 고구려와의 관련 속에서 이해한다. 반면에 성정용(2016)은 부여를 포함한 북방지역에서 유입되었다고 본다. 필자는 꼬지 않은 기법의 재갈의 분포지를 종합적으로 고려하면 부여지역에서의 유입되었다고 단정하기 어렵고, 다양한 경로를 상정할 필요가 있다고 생각한다.

다음으로 김포 운양동유적 방형주구묘에서 경식頸飾으로 추정되는 구슬과 함께 금제이식(그림 12의 4와 5) 3점이 출토되었다. 호편형이식으로 분류되는 것으로 위쪽에 나선상으로 감긴 부위가 있고 그 아래쪽에는 얇은 금판을 세로로 말아 만들었다. 손톱 모양으로 아래로 갈수록 넓어진다. 노하심 유적 93호묘, 108호묘, 41호묘 출토품과 대응된다. 이와 유사한 형식의 이식은 환인 석호石湖 왕팔발자묘王八脖子墓에서도 출토된 바 있는데, 나선형 고리의 형태와 방향은 운양동 출토품과 약간 차이가 있다. 또 하나의 이식 관련 유물은 풍납토성 197번지(구 미래마을) 나-5호 수혈에서 출토된 은제 장식(이식耳飾의 대엽大葉)이 있다. 형태는 상단이 둥글고, 하단으로 갈수록 좁아져 끝단은 뾰족하다. 길이 5.2㎝, 너비 1.6㎝, 두께 0.1㎝이다. 은제 장식의 하단 형태와 4~5세기로 편년되는 나-5호 수혈의 연대로 미루어보면 라마동 고분의 뉴환이식의 대엽과 연결될 가능성이 높다고 생각된다.

마지막으로 동복은 낙동강 하류지역에서 모두 3점이 발굴되었다. 대성동 29호묘와 47호묘에서 출토된 동복(그림 12의 8과 9)은 목곽 내 중앙부에 눕혀진 상태로 출토되었다. 구연부에 반원형의 귀가 1쌍 붙은 심발형이며, 동체부에는 종직선상의 합범흔이 있다. 모두 동체부가 세장한 A형으로 분류된다. 양동리 235호 출토품(그림 12의 10)은 구연 상부만 남은 것으로 표면에 박리가 심하다. 역시 반월형의 귀가 남아 있다. 도면 복원으로 보면 대형품에 속하며 동체부 형태가 구형에 가까워서 B형으로 분류된다. 이외에도 출토맥락이 불확실한 숭실대소장품과 평양박물관 소장품이 있다. 특히 평양박물관 소장품은 견부가 두드러지게 강조되어 있고, 구경에 비해 저경이 현저히 좁아져서 전체적인 동체 형태는 반원형에 가깝다. 이러한 형식의 동복은 현재까지 부여지역에서 확인된 예가 없다.

대성동 출토 동복은 국내학계에서 부여와 관련시킨 첫 번째 사례로 학사적으로 의미가 있지만, 동복에 대한 철저한 분석보다는, 낙랑계목곽묘(Ⅰ)류에서 북방계목곽묘(Ⅱ)류로의 변화를 설명하기 위해서 부여집단의 이동을 상정한 것이다. 즉 북방민족 풍습과 관련 있는 동복, 초기 마구, 기마용갑주 등을 비롯하여 순장이나 후장풍습, 선행묘를 파괴하는 현상 등을 부여와 관련시켜 해석한 것이다(신경철 1994). 이후 대성동고분보다 이른 시기로 편년되는 양동리 235호분에서 고구려 동복과 유사한 형태가 출토되면서 대성동 동복은 부여 혹은 고구려로부터 직접 유입보다는 낙랑 및 대방을 거쳐서 낙동강 하류지역 고분에 부장된 것으로 검토되었다(이해련 2003).

이와 같이 한반도 중남부지역 유적에서 출토되는 부여계유물을 간략하게 검토하였는데, 결론적으로 이 유물들은 부여지역에서 유입되었다고 단정하기 어렵다고 생각한다. 세 가지 점에서 그러하다. 첫째, 부여계유물은 모두 분묘유적에서 출토되며, 공반유물을 통해서 기원후 3세기 중반에서 4세기 전반 무렵으로 편년된다. 이 시기는 고구려와 선비의 세력 확장으로 부여 세력이 급격히 위축되는 상황이고, 관련 유적과 유물이 알려져 있지 않아 한반도 출토품과 직접적으로 비교할 수 없기 때문이다. 둘째, 한반도 중남부 출토 부여계유물은 불연속성으로 출토된다. 하나의 유구 또는 하나의 유적에서 복수로 출토되는 경우가 거의 없다. 또한 공반된 유물은 대부분 재지계로, 부여계유물은 돌출되어 출토되는 점이다. 셋째, 부여계유물은 부여지역 뿐만 아니라 몽골지역, 요령성 북부, 압록강유역, 대동강유역 등지에서 넓게 출토되므로 다양한 교류루트를 고려할 필요가 있다. 결국 부여계유물을 통해 백제와 부여의 계승관계를 입증하기는 어렵다. 중국 동북지역에서 한반도 북부지역을 경유하여 중남부지역으로 유입되는, 지역집단 간에 원거리교류(권오영 2018) 및 네트워크(윤정하 2020) 속에서 검토할 수 있다고 생각된다.

Ⅳ. 맺음말

이와 같이 부여의 물질자료와 그에 따른 쟁점사항들을 정리하고, 최근 한반도 중남부지역에서 출토된 부여계유물에 대하여 부여를 비롯하여 주변지역의 유물들과 비교하였다. 부여 관련 쟁점사항들은 대부분 1960~80년대 초에 제기되었던 중국학계의 의견에서 비롯되었다. 이 시기는 부여지역 뿐만 아니라 주변지역의 고고학조사가 활발하지 않아 관련 자료가 부족하였고, 자료의 해석에 대한 고고학적 방법론도 미숙했던 상황 등을 고려하면, 이제는 새로운 시각에서 재평가가 이루어져야 한다. 또한 이러한 중국 학계의 의견들이 한국학계에 무비판적으로 수용되었고, 어떤 쟁점들은 한국학계에서 오히려 확대 해석된 부분도 있음을 상기할 필요가 있다.

앞에서 언급하였듯이 부여의 성격을 고고학자료로 해석하는 데는 가장 큰 문제는 자료의 절대 부족이다. 특히 부여의 핵심유적이라 할 수 있는 동단산 평지성, 동단산성, 모아산고분군의 발굴내용이 공개되어 있지 않은 점이다. 현재 보고서 작업을 진행하고 있다는 전언도 있으니 빠른 시일 내에 보고서가 발간되기를 기대해본다. 아울러 부여 중요유적에 대한 보고서가 발간되면 학회 차원에서 공동연구를 진행할 필요가 있다. 이를 통해서 부여의 기원과 성장, 문화적 범위, 주변 문화와의 관계, 한반도 부여계유물의 성격 등이 보다 분명해질 것으로 생각된다.

참고문헌

〔국문〕

諫早直人, 2007, 「製作技術로 본 夫餘의 轡와 韓半島 南部의 初期 轡」, 『嶺南考古學』 43號.

강인욱, 2015, 「三江平原 滾土嶺·鳳林문화의 형성과 勿吉·豆莫婁·靺鞨의 출현」, 『高句麗渤海研究』 52輯.

권도희, 2020a, 「중부지역 마구의 편년과 전개」, 『崇實大學校 韓國基督教博物館誌』 제16호.

권도희, 2020b, 「중부지역에서 보이는 북방계 유물의 사례검토」, 『유적과 유물로 본 부여의 고대 네트워크』, 경희대학교 한국고대사·고고학연구소.

강인욱, 2018, 「기원전 4~3세기 초기 옥저문화권의 성장과 대외교류-최신 연해주 남부 세형동검 관련자료를 중심으로-」, 『한국상고사학보』 제99호.

국립문화재연구소, 2018, 『고대국가 부여』.

국사편찬위원회, 1987, 『中國正史朝鮮傳』 譯註1.

권오영, 2018, 「백제와 부여의 계승성 여부에 대한 검토」, 『東北亞歷史論叢』 61호.

김길식, 2013, 「김포 운양동유적 철제무기의 성격과 무기 집중화의 배경」, 『김포 운양동유적 I』 (1), 한강문화재연구원.

노태돈, 1989, 「扶餘國의 境域과 그 變遷」, 『國史館論叢』 4, 국사편찬위원회.

박선미·마크 바잉턴, 2012, 「동북아시아 雙鳥形 안테나식검의 성격과 의미」, 『嶺南考古學』 63號.

박수진, 2016, 「쌍조형 촉각식검의 형식분류와 변천」, 『호남고고학보』 52.

박양진, 2005, 「考古學에서 본 扶餘」, 『한국고대사연구』 37, 한국고대사학회.

성정용, 2016, 「淸州 一帶의 馬韓·百濟古墳과 그 性格」, 『충북문화재연구』 제9호, 충청북도문화재연구원.

成正鏞·權度希·諫早直人, 2009,「清州 鳳鳴洞遺蹟 出土 馬具의 製作技術 檢討」,『湖西考古學』20.

오강원, 2014,「철기시대 중국 동북지역 금속제이식의 시공간성과 제작 방식」,『湖南考古學報』48輯.

송기호, 2005,「扶餘史 연구의 쟁점과 자료 해석」,『한국고대사연구』37, 한국고대사학회.

송호정, 1997,「부여」,『한국사』4, 국사편찬위원회.

송호정, 2005,「扶餘의 國家形成 過程과 文化 基盤」,『북방사논총』6.

송호정, 2015,『처음 읽는 부여사』, 사계절.

신경철, 1994,「金海禮安里 160號墳에 대하여-古墳의 發生과 관련하여-」,『伽耶考古學論叢』1, 駕洛國史蹟開發硏究院.

심재훈, 2019,「동북아 고대사 연구의 신기원-고고학으로 재탄생한 부여사와 그 기억-」,『백산학보』제116호.

오강원, 2000,「中滿地域의 初期鐵器文化-泡子沿式文化의 成立과 展開樣相」,『전환기의 고고학』Ⅲ, 제24회 한국상고사학회 학술발표대회문집.

오강원, 2007,「西團山文化와 吉林 中部 地域 初期 鐵器文化 諸 類型 間의 文化的 相關 關係」,『震檀學報』104.

오강원, 2008,『서단산문화와 길림 지역의 청동기문화』, 學硏文化社.

오강원, 2018,「서풍현 서차구 고분군의 문화적 성격과 계통-토기의 비교 분석을 중심으로-」,『湖南考古學報』58輯.

오영찬, 1999,「楡樹 老河深 유적을 통해 본 부여사회」,『한반도와 중국 동북 3성의 역사문화』, 서울대학교출판부.

王禹浪·李彦君, 2002,「北夷 索離國 및 夫餘 初期 王城에 대한 새로운 고찰」,『高句麗硏究』14輯.

유은식, 2016,「前期 扶餘 土器文化의 變遷과 擴散」,『韓國考古學報』100輯.

유은식, 2018a, 「고고학자료로 본 沃沮와 挹婁」, 『한국상고사학보』 제100호.

유은식, 2018b, 『극동의 초기철기문화 연구』, 숭실대학교 박사학위논문.

윤정하, 2019, 『부여의 형성과 교류 네트워크 전개과정-토기와 위신재 분석을 중심으로-』, 경희대학교 석사학위논문.

윤정하, 2020, 「토기와 위신재로 본 부여의 성립과 교류 네트워크」, 『한국상고사학보』 108호.

이병도, 1976, 『韓國古代史硏究』, 博英社.

이성주, 2016, 「유형설정에 관련된 고고학의 설명논리」, 『時,空,形態, 그리고 量』, 진인진.

이승호, 2018, 『부여 정치사 연구』, 동국대학교 박사학위논문

이종수, 2007, 「中國의 夫餘史 認識과 硏究現況 檢討」, 『高句麗硏究』 28輯.

이종수, 2009, 『松花江流域 초기철기문화와 夫餘의 문화기원』, 주류성.

이종수, 2013, 「松花江유역 初期鐵器文化의 변천과 夫餘文化 성립과정 고찰」, 『東洋學』 第53輯, 檀國大學校 東洋學硏究院.

이종수, 2017, 「석촌동 토광묘의 기원과 부여고분」, 『백제초기 고분의 기원과 계통』, 한성백제박물관.

이종수, 2018, 「부여 강역 연구현황과 쟁점」, 『백산학보』 110호.

이청규, 2013, 「中國東北地域과 韓半島의 合鑄式 銅柄 銅劍·鐵劍에 대하여」, 『白山學報』 第97號.

이한상, 2013, 「김포 운양동유적 출토 금제이식에 대한 검토」, 『김포 운양동유적Ⅱ』 (2권), 한강문화재연구원.

이한상, 2014, 「耳飾으로 본 古代 東北아시아 各國 사이의 交流」, 『百濟文化』 第49輯.

이해련, 2003, 「우리나라 출토 銅鍑에 대하여」, 『博物館硏究論集』 10, 釜山市立博物館.

정상석, 2012, 「『楡樹 老河深』 보고서 재검토를 통한 묘역구분과 조성연대에 대한 일고찰」, 『고고학』 11-1호.

趙賓福 著·우기남 譯, 2011, 『中國 東北 先史文化 研究』, 도서출판考古.

〔중문〕

高忠武, 「九台境內第二松花江沿岸考古調査」, 『長春文物』 第5期.

喬梁, 2014, 「慶華遺存試析」, 『北方文物』 2014-1期.

吉林大學歷史系考古專業, 1979, 「吉林農安田家坨子遺址試掘簡報」, 『考古』 1979-2期.

吉林省文物考古研究所 編, 1987, 『楡樹老河深』, 文物出版社.

吉林省文物考古研究所 編, 2008, 『田野考古集粹』, 文物出版社.

吉林省文物工作隊, 1982「通楡縣 興隆山鮮卑墓淸理簡報」, 『黑龍江文物叢刊』 1982-3期.

吉林省文物工作隊, 1985,「吉林舒蘭黃魚圈珠山遺址淸理簡報」『考古』 1985-4期.

吉林省文物工作隊·吉林市博物館·永吉縣文化局, 1991, 「吉林永吉楊屯遺址第3次發掘」, 『考古學集刊』 7集.

吉林市文物志編委會, 1984, 『九台縣文物志』.

吉林市文物志編委會, 1985, 『舒蘭縣文物志』.

吉林市文物志編委會, 1986, 『蛟河縣文物志』.

吉林市文物志編委會, 1986, 『農安縣文物志』.

吉林市文物志編委會, 1986, 『双陽縣文物志』.

吉林市文物志編委會, 1986, 『長春市文物志』.

吉林市博物館, 1957, 「吉林江北土城子古文化遺址及石棺墓」, 『考古學報』 1957-1期.

吉林市博物館, 1981, 「吉林永吉縣學古東山遺址試掘簡報」, 『考古』 1981-6期.

吉林市博物館, 1985, 「吉林市泡子沿前山遺址和墓葬」, 『考古』 1981-6期.

吉林市博物館, 1987, 「吉林永吉楊屯大海猛遺址」, 『考古學集刊』 5集.

吉林市博物館, 1988, 「吉林帽兒山漢代木槨墓」, 『僚海文物學刊』 1988-2期.

吉林地區考古短訓班, 1980, 「吉林後石山遺址發掘簡報」, 『考古』 1980-2期.

金旭東, 1992,「東遼河流域的若干種古文化遺存』『考古』 1992-4期.

董學增, 1982, 「吉林東團山元始,漢,高句麗,渤海諸文化遺存調查簡報」, 『博物館研究』 1982-1期.

董學增, 1983,「試論吉林地區西團山文化」, 『考古學報』 1983-4期.

馬德謙, 1987, 「談談吉林龍潭山,東團山一帶的漢代遺物」, 『北方文物』 1987-4期

武國勛, 1983, 「扶餘王城新考」, 『黑龍江文物叢刊』 1983-4期.

潘玲, 2015, 『中國東北晩期鍑研究』, 科學出版社.

孫守道, 1960, 「"匈奴西岔溝文化"古墓群的發現」, 『文物』 1960-8·9期.

孫顥 許哲, 2011, 「夫餘文化的特征及其文化因素分析」, 『北方文物』 2011年 3期.

遼寧省文物考古研究所, 2004, 「遼寧北票喇嘛洞墓址1998年發掘報告」, 『考古學報』 2004-2期.

于麗群·賈素娟·王靜, 2011, 「東團山遺址"黑色柱把豆"製作工藝探析」, 『東北史地』 2011-5期.

劉景文, 1992, 「吉林市郊帽兒山古墳群」, 『中國考古學年鑒』 1991, 文物出版社.

劉升雁, 1983, 「東遼縣石驛公社古代墓群出土文物」, 『博物館研究』 1983-3期.

劉玉成, 2012, 「吉林市龍潭山鹿場遺址出土陶片的初步研究」, 『東北史地』 2012-6期.

劉展·李彦軍, 1995, 「黑龍江省巴彥縣王八勃子山遺址考古調査簡報」, 『北方文物』 1995年 1期.

劉振華, 1973, 「永吉楊屯遺址試掘簡報」, 『文物』 1973-8期.

劉振華, 1982, 「試論吉林西團山文化晩期遺存」, 『東北考古與歷史』 1輯.

劉紅宇, 1984,「長春市德惠縣原始文化遺址調查槪要」,『博物館研究』1984-1期.

尹玉山, 1985,「吉林永吉學古漢墓淸理簡報」,『博物館研究』1985-1期.

李健才, 1982,「扶餘的疆域和王城」,『社會科學戰線』1982-4期.

李文信, 1946,「吉林市附近之史迹及遺物」,『歷史與考古』1946年 第1號.

李延鐵·于建華, 2010,「从索離溝的考古發現看古索離國的地望」,『北方文物』 2010-2期.

李殿福, 1985,「漢代夫餘文化芻議」,『北方文物』 1985-3期.

李鍾洙, 2004,『夫餘文化硏究』, 吉林大學博士學位論文.

林沄, 1993,「西岔溝型銅柄鐵劍與老河深、彩嵐墓地的族屬」,『馬韓百濟文化』 13, 圓光大學校 馬韓·百濟文化硏究所.

張博泉·魏存成, 1998,『東北古代民族·考古與疆域』, 吉林大學出版社.

張立明, 1986,「吉林泡子沿遺址及其相關問題」,『北方文物』1986-2期.

張偉, 2007,「紅馬山文化辨析」,『北方文物』 2007-3期.

張泰湘·鄒越華, 2002,「從考古學材料看歷史上的夫餘,沃沮人」,『黑龍江民族叢刊(季刊) 2002-4期.

田立坤, 2003,「關于北票喇嘛洞三燕文化墓地的凡個問題」,『遼寧考古文集』, 遼寧省文物考古硏究所.

田耘, 1984,「西岔溝古墳群族屬問題淺析」,『黑龍江文物叢刊』1984-1期.

朱永剛, 1991,「西團山文化墓葬分期硏究」,『北方文物』1991-3期.

趙賓福·杜戰偉·郝軍軍·張博 編著, 2018,『吉林省地下文化遺產的考古發現與硏究(上)』, 科學出版社.

佟冬 編, 1987,『中國東北史 』, 吉林文史出版社.

黑龍江省文物考古硏究所, 1988,「黑龍江省宾縣慶華遺址發掘簡報」,『考古』 1988-7期.

黑龍江省文物考古硏究所, 2010,「黑龍江省宾縣索離溝遺址發掘簡報」,『北方文物』2010-1期.

黑龍江省文物考古研究所, 2015,「黑龍江省五常市白旗遺址發掘簡報」,『北方文物』2015-1期.

〔일문〕

高濱 秀, 2011,「中國の鍑」,『鍑の研究』, 草原考古研究會 編.

宮本一夫, 2009,「考古學から見た夫餘と沃沮」,『國立歷史民俗博物館研究報告』 弟151集.

大貫靜夫, 1998,『東北アジアの考古學』, 同成社.

종합토론

백제는 부여를 계승하였나

좌장 윤용구(경북대학교)

토론 이승호(경희대학교)
송호정(한국교원대학교)
이종수(단국대학교)
유은식(국립부여 문화재연구소)
권오영(서울대학교)
강인욱(경희대학교)

부여와 백제의 계승성 연구에 대한 제안

권오영(서울대학교 국사학과)

초기 백제사와 관련하여 백제 왕실의 기원을 고구려 내지 부여와 연결지으려는 연구의 역사는 매우 길다. 비교적 많은 문헌적 증거에 힘입어 "백제(왕실)의 부여 계승성"이란 주장은 학계 전반적으로 수용되고 있으며, 이를 정면으로 부정하는 용기(?)있는 고대사 연구자는 찾아보기 힘들다. 일부 고고학 연구자들도 고대사학계의 문제의식에 영향을 받아 증명하기 어려운 이 주제의 해명 작업에 뛰어들었다. 물질 문화와 종족성의 관련성, 문화권과 고대 국가 영역의 관련성을 직접 연결할 경우 발생할 오류와 위험성에 대한 일부 연구자들의 지적에도 불구하고, 이러한 작업을 진행하지 않을 수 없는 내적, 외적 고충이 있었을 것으로 짐작된다. "백제 왕실과 부여 왕실의 계승관계" 규명이란 주제를 고고학적으로 해명해야 할 과제가 고고학 연구자들에게도 부과된 셈이다. 문헌적인 검토야 워낙 여러 차례 대동소이한 주장이 반복되었기 때문에 새로운 주장이 나올 가능성이 별로 없고, 그 결과 고고학 분야에 기대는 바가 점점 커지고 있다.

공교롭게도 이 발표회가 진행되기 한 주일 전에 경희대학교 부설 한국고대사고고학연구소에서 "부여의 고대 네트워크"라는 학술대회가 진행되었다. 덕분에 일주일 간격으로 부여에서 백제로 관점이 이동되면서 이른바 "백제의 부여 계승성"이란 주제를 고찰할 수 있는 기회가 제공되었다.

이번 본 발표는 부여에 대한 문헌적, 고고학적 검토로 나뉜다. 발표문을 검토해 볼 때 관련된 자료가 빠짐없이 꼼꼼히 거론되고 있음을 보면서 어려운 주제를 맡아서 좋은 발표를 해주실 두 분 발표자께 존경을 표하고 싶다. 다만 걱정스러운 점은 두 분 발표자의 의도와 관계없이 본 발표회는 부여보다 백제에 무게가 실릴 가능성이 높다는 점이다. 즉 부여 자체에 대한 관심보다는 백제와의 계승성, 연관성이 본 발표회의 목적일 것이기 때문이다. 그렇다면 예상되는 수순은 부여 관련 문헌자료와 고고학적 자료를 백제 초기사와 연결 짓기 위한 시도로 이어질 것이다.

이 지점에서 생기는 근본적인 의문점이 있다. 왜 부여의 역사와 고고학 연구는 백제사와 관련해서 진행되어야 하는가? 마치 일본 관학자들이 가야사를 한일관계사, 남선경영론을 입증하기 위하여 열정적으로 연구하였듯이, 지금의 부여 연구는 한국사의 시원을 알기 위하여, 혹은 백제 지배층이 부여계란 가설을 검증하기 위함이 아닌가? 오히려 부여 자체에 대한 연구를 더 심화시켜야 되는 단계가 아닐까?

열군데도 안 되는 한반도 중부지역 유적에서 출토된, 몇 안 되는 유물을 근거로 부여와 백제의 계승성을 입증하기 위한 시도가 눈물겹다. 만약에 이런 논리와 방법론이 통한다면 서북지방과 관련된 유물이 다수 출토된 영남지방의 진변한 사회는 어떻게 설명할 것인가? 신라와 가야의 왕실은 위만조선이나 낙랑 귀족이라고 하여야 일관성이 있는 것 아닐까? 스에키와 하지키, 활석제 곡옥, 왜경, 왜계 무기가 자주 출토되는 남해안의 5-6세기 사회는 어떻게 설명할 것인가? 차라리 이른바 북방계 유물이 세트를 이루며 다수 출토되는 김해 대성동 고분군의 피장자가 부여인이라는 주장이 훨씬 설득력이 있어 보인다.[1] 중부지역의 이른바 북방계 유물들의 출토 양상은 매우 단편적

1 토론자는 금관가야의 지배층이 부여계 인물이라는 주장에는 동조하지 않는다. 다만 논리의 일관성을 중시한다면 백제 왕실이 부여계임을 주장하는 백제사 연구자들은 금관가야의

이며 분산적이어서 문헌사료를 의식하지 않는다면 이것을 근거로 부여인의 남하를 이야기하기 보다는 원거리 교역의 증거로 보아야 할 것이다. 원거리 교역의 대상이 부여임을 입증하는 것도 만만치 않을 것이지만.

한국 고대사학계에서 백제의 국가 형성시점에 대한 연대관은 동일하지 않지만, 부여와 백제의 계승성을 긍정적으로 보는 입장에서는 자연스럽게 『삼국사기』 고구려본기나 백제본기 초기 기사를 긍정적으로 볼 수밖에 없다. 따라서 부여계 인물들이 "백제 건국의 주체"[2]라고 주장하려면 한반도 중부에서 기원 전후한 시점에 이른바 부여 관련 유물이란 것이 출토되어야 한다. 하지만 운양동과 풍납토성의 금속제 장식, 오송의 검은 이보다 훨씬 늦은 단계의 것이다. 기원후 2-3세기 대의 단편적인 자료를 가지고 기원 전후시기 부여인의 남하와 백제 건국을 논의하는 방법론은 너무도 허술하다.

게다가 문제의 이 유물들을 위만조선이나 초기 고구려, 혹은 선비와 관련된 것이란 주장을 누군가 하게 되면 이 부분에 대해 제대로 반론할 수 있을까? 실제로 운양동과 풍납토성의 금속제 장식과 유사한 유물들이 선비 무덤에서 다수 출토되었음은 이미 학계에 보고된 바 있는데,[3] 부여와 백제의 계승성 논의에서는 왜 이 연구성과가 본격적으로 다루어지지 않을까?

오송의 동병철검이 부여와 관련되었다고 하는 주장은 확고한가? 과거 제주 용담동 분묘 출토 철검을 부여산이라고 주장하던 시절이 있었다. 2020년 현재도 그 설을 믿는 연구자들이 여럿 있는 것 같지만, 이제는 고사리 모양

왕실이 부여계라는 주장에도 동의하여야 한다는 지적이다.

2 토론자는 "백제 건국의 주체세력"이란 개념은 생산적이지 않다고 생각한다. 아울러 그들이 북방에서 내려온 소수의 유이민들이란 과거의 주장(토론자의 과거 주장도 포함하여)에도 동의하지 않는다. 백제 건국은 한강 하류역에서 청동기시대 이후 성장, 발전해온 집단, 정치체에 의해 진행된 것이지 소수의 외래계 귀족이 주도한 것은 아니라고 본다.

3 이한상, 2013 「이식으로 본 고대 동북아시아 각국 사이의 교류」 『화제 문화』 49.; 오강원, 2014 「철기시대 중국 동북지역 금속제 이식의 시공간성과 제작 방식」 『호남고고학보』 48.

장식과 함께 영남지역과의 관련성을 입증하는 자료로 이용되고 있다. 오송의 검이 중원의 漢代 철검과 정말 구분되는 부여 고유의 검인가? 유수 노하심과 서차구에서 유사한 유물이 출토된 것은 사실이지만 만약 한漢을 비롯한 모처에서 제작한 것이 노하심과 서차구, 오송으로 들어갔다는 주장이 나온다면 자신 있게 반박할 수 있는가?

그 다음에 언급하고 싶은 종족과 영역의 문제이다. 흔히 우리 사회 일각에서[4] 부여족이란 표현이 종종 사용되는데 이는 매우 부적절한 표현이다. 부여족이 존재하였다면 고구려족, 백제족, 가야족, 신라족도, 발해족, 고려족, 조선족도 인정하여야 한다. 영역국가를 제대로 경험하지 못한 초기 고대사회에서 하나의 국가체 내에 다양한 전통과 문화의 주민집단이 섞여 있었음은 당연하며, 이들을 모두 아우르는 종족적 정체성은 아직 선명하게 확립된 것이 아니다. 과연 서풍 서차구의[5] 주민은 길림 모아산, 유수 노하심의 주민들과 자신들이 동일한 부여족이란 인식을 가지고 있었을까? 부여라는 국가체의 공동 성원이란 인식은 가지고 있었을까? 스스로가 부여라고 인식하건, 외부 세력에 의해 부여라고 호칭되건, 일정한 공간 내의 주민들을 부여국의 인민이라고 부를 수는 있겠으나, 그들간의 물질 문화의 내용은 매우 달랐을 것이다.

이는 6세기 전반 신라가 신 영역의 주민집단을 노인으로 표현한 사실, 이때까지도 경주와 경북 북부의 묘제가 매우 다른 점, 심지어 5세기 백제국가의 수장층 묘제가 분구묘,[6] 주구토광묘,[7] 횡혈식석실묘,[8] 수혈식석곽묘,[9] 목곽묘

4 전문 고대사, 고고학계에서는 이런 용어가 더 이상 사용되지 않을 것으로 기대하기 때문이다.
5 이는 서차구 유적의 집단에 대한 여러 견해 중 부여와 관련되었다는 주장을 채택하였을 때의 논지이다.
6 서상 부장리고분군, 화성 요리고분군 등이 대표적이다.
7 오산 수청동고분군, 청주 오송고분군 등이 대표적이다.
8 원주 법천리고분군, 공주 수촌리고분군 등이 대표적이다.
9 화성 백곡리, 안성 도기동, 고흥 안동고분 등이 대표적이다.

[10] 등으로 제각각인 점을 생각하면 쉽게 동의할 것이다. 고구려의 경우도 대부분의 연구자들이 환인과 집안의 적석총을 가지고 논의를 진행하지만, 실제로 초산, 화전, 백산 등지의 적석총은 집안지역과 많은 차이를 보인다. 따라서 신라 묘제, 백제 묘제, 고구려 묘제를 하나로 단순하게 정의할 수 없다.

즉 "부여의 묘제는 이렇고, 토기는 저렇고, 장제는 요렇다" 하는 식의 설명은 불가능하다는 점이다. "유수 일대의 부여 지방 묘제는 이렇고, 길림시 일대의 부여 중앙 묘제는 저렇다"라는 설명이 사실에 좀더 가까울 것이다.

부여라고 인지되는 공간의 물질 문화는 동일하였을 리가 없고 지역별로 매우 달랐다. 다만 시간이 흐르고 국가의 통합력이 작동하면서 그 차이성이 줄어드는 방향으로 전개되었을 것이다. 이런 상황을 고려한다면 "부여족의 남하"라는 개념은 부여의 어디? 중앙인가? 지방인가? 지방이라면 어디를 말하는 것인가? 등의 복잡한 문제를 안고 있다.

부여의 영역이란 개념 역시 초기에는 성립하기 어려웠을 것이다. 중심지로 추정되는 길림시에서 주변으로 확산되면서 주변의 다양한 집단과 견아상입의 형태를 띤 경우, 자신들의 정체성이 부여인지 선비인지[11] 모르거나 그런 구분 자체가 무의미한 경우, 선비계 부여인, 오환계 부여인 등 다양한 경우의 수가 있었을 것이다. 발해를 다종족 국가로 인지하면서도 왜 고구려와 부여는 단일한 종족적 구성을 이루었다고 믿고 있는가? 오히려 발해보다도 훨씬 복잡한 구성이었을 가능성이 높다.

부여의 영역과 종족 문제가 이런 사정을 안고 있음을 잘 아는 부여 전문가

---

10 청주 신봉동고분군이 대표적이다.

11 선비라고 통칭된 집단도 모용, 단, 탁발 등 다양한 하위 집단으로 구성되어 있으며 선비 묘장이 지닌 다양성을 참고할 수 있다.

들과의 토론에 임하여, 백제 관련 학회에서는 무언가 확실한 답을 해야만 하는 그들의 고충에 동감하며 글을 작성해 보았다.

백제의 부여 계승론에 대한 제언

송호정(한국교원대학교)

1. "백제는 부여를 계승하였나?"라는 주제로 열리는 금번 학술회의의 목적이 '백제의 기원'에 부여가 어떻게 영향을 미쳤는가를 토론하는 것이라면, 아무래도 백제사의 입장에서 백제의 부여 계승론의 입장에 계신 분이 발표를 하고 그에 대한 집중 토론을 하는 것이 더 활발한 논의가 진행될 수 있을 것이라는 생각이 든다.

첫 번째 발표문에서는 부여 문헌사 연구의 쟁점과 백제의 부여 계승의식에 대한 문제를 잘 짚어주고 있다. 부여 건국 세력의 출자出自 설화와 탁리국橐離國 그리고 가장 논란이 되는 부여와 북부여, 동부여 문제, 전성기 왕권과 국가구조 문제, 후기 왕성 문제, 백제의 부여 계승 의식 등 주요 논쟁이 되는 부분에 대해 잘 정리하고 있다.

발표문에서도 언급되었듯이 현재의 부여사 기록에는 부여扶餘의 실체에 대한 『위서魏書』, 『삼국사기三國史記』, 당대 금석문 등의 기록이 모두 다르다. 그 기록 자체도 초기사에 집중되어 있고, 전성 시기인 3세기 이후 부여에 대한 기록이 전무하다시피 하여, 부여 역사의 변천이나 복국復國 과정 등에 대한 모습 등 부여사의 전개 과정을 명확하게 정리하기가 어렵다.

특히, 부여사의 최대 쟁점인 부여扶餘, 북부여北扶餘, 동부여東扶餘 문제에 대해서는 정리하기가 쉽지 않다. 발표자는 기존 고구려사 전공자의 입장처럼 부여를 북부여와 동부여로 구분하는 방식으로 정리하고 있다. 그렇다면,

『위서』에서 부여로만 기록되어 있고, 『삼국사기』나 『삼국유사』에서 동부여와 부여가 같은 국가로 등장하는 내용을 어떻게 해석할지 궁금하다.

이처럼 부여사 자체의 복원이 어려운 상황에서 부여 사회의 주민 이동에 의한 백제국의 성립이나 문화적 영향을 이야기하고 해석하는 것은 더욱 어렵다고 할 수 있다.

2. 부여고고학의 쟁점에 대한 발표문 역시 잘 정리되어 있다. 부여의 기원 문제, 강역 및 문화 범위, 서차구유형 및 대가산문화 검토, 한반도 중남부 지역 부여계 유물 검토 등 부여고고학의 주요 내용을 일목요연하게 파악할 수 있다.

발표자는 청동기시대의 서단산문화, 부여 시기의 포자연식문화(=노하심 2기문화)에 대한 정리 이후, 서차구 유형이나 대가산 문화에 대한 검토를 통해 이들 문화를 부여 문화로 포함시키기 어렵다고 판단하고 있다.

가장 중요한 부여 문화의 백제 지역에의 영향과 관련하여, 부여와 백제의 연결을 증명해 줄 고고 자료의 내용은 매우 단편적이다.

한반도 중남부 지역, 즉 김포 운양동雲陽洞, 충북 오송, 청주 봉명동, 김해 대성동大成洞과 양동 등의 부여계 유물이 불연속성으로 출토되며, 그 시기가 3세기 중반~4세기 전반 무렵에 해당되어 유수 노하심 등 기원 전후의 부여 유물과 연관성을 찾기 어렵다. 발표자 역시 비슷한 생각이며 이는 적절한 해석이라 생각한다.

김포 운양동雲陽洞 출토 귀걸이 장식은 유수 노하심 출토 귀걸이와 형태는 유사하나 출토 시기 차이가 크며, 이 한쌍의 귀걸이를 통해 부여와의 계승성을 말하는 것은 무리이다. 선비계 장신구로 선비로부터 백제가 문화적 영향을 일정하게 받았음을 이해하는 정도에서 그쳐야 할 것이다. 나아가 1~2세기경의 오송 지역 출토 동병장검銅柄長劍은 길림성 노하심 유적과 요령성 서차구 유적에서 출토된 바 있다. 그러나 유사한 검이 노하심과 서차구에서만 나왔다고 해석할 수 없다. 부여 지역 출토 장검과 유사하다고 해서 기록에 남아 있지 않은 마한과 부여 사이의 교류를 입증해주는 것은 아니다. 이 역시 넓게 보아 한漢 철기문화의 동진에 의한 영향으로 해석하는 정도에서 그쳐야 할 것이다. 김해 대성동 고분군에서 출토한 선비계 유물의 경우도 마찬가지이다.

예를 들어, 넓은 중국 동북지방에서 비파형동검 한두 자루가 나온다고 그 지역에 고조선 주민이 이동했고 생활 무대라고 말할 수는 없다. 유사한 고고 유물의 출토는 상호 문화적인 영향이 있었다는 정도의 해석은 가능하나 정치체나 주민의 이동 같은 역사적 고찰로 해석하는 것이 어느 정도의 신빙성을 가질 수 있을지 의문이다.

3. 백제의 지배자가 직접 부여에서 내려왔다는 주장은 레드야드Ledyard (1975년) 이래 이기동, 이도학 등의 주장이 있었다. 이 주장에서는 346년 부여족의 멸망과 부여족의 남하에 따른 백제사의 시작을 이야기한다. 그리고 백제의 건국 설화로 비류계 및 우태 설화를 주목한다.

일찍이 백제 왕실의 계통을 우태優台의 후손이 분명하다고 서술한 학자는 순암 안정복과 신채호이다. 신민족의사학자인 이인영도 백제의 기원을 부여족의 남하에서 찾았다.

이도학은 『속일본기』, 『신찬성씨록』에서 백제의 시조를 도모都慕, 즉 동명으로 기록하고 있고, 『삼국사기』 백제본기에서 위례시대 백제왕들의 동명묘 배알 기사에서도 볼 수 있듯이 백제는 관념적이기는 했지만 부여 시조인 동명왕의 후예라는 인식 속에서 고구려와 팽팽하게 대립했고, 따라서 『삼국사기』 백제본기에는 온조설화를 제외하고는 일관되게 백제 건국 세력의 부여 출원出源을 천명하였다고 보았다.

그리고, 백제 건국 세력이 부여에서 출원했음을 문헌뿐만 아니라 고고학적 물증을 통해서도 주장하고 있다. 가령 풍납동토성에서 출토된 은제 장식편이나 마구갱馬頭坑을 비롯하여 관모와 장식, 묘제와 매장풍습을 통해 뒷받침될 수 있다고 본다. 그리고 1~2세기에 제작된 것으로 추정되는 부여 유목문화계 귀걸이가 김포 운양동雲陽洞 3세기대 주구묘에서 나왔고, 동병철검銅柄鐵劍이 충북 청주시 오송읍 생명과학단지의 마한계 움무덤에서 출토된 것, 그리고 석촌동 고분군에서는 선비계의 금제 귀고리가 출토된 예 역시 백제 건국 세력의 계통을 암시해 주는 물증이 된다고 해석한다. 청주 봉명동 출토 청동 마탁馬鐸과 철복鐵鍑의 존재 역시 요령성 북표시 출토의 것과 유사한 것으로 북방계, 유목계 유물임이 분명하다고 한다. 김해 대성동 29호묘와 47호묘, 양동리 235호에서 출토된 동복銅鍑 역시 부여와 연관지어 해석한다.

백제 지역에서 출토된 4세기 후반~5세기대 귀고리나 마구류 가운데 모용선비계 위신재와 마구류에서 선비계가 확인되었다는 것은 중요한 의미를 지닌다고 본다. 즉, 백제가 최소한 4세기 후반 이전부터 모용선비와 접촉했음을 뜻하는 동시에 양자 간의 지리적 인접 가능성을 암시해 준다고 해석할 수 있다. 그러나 위에서 언급된 고고 유물 중 어느 것도 양 문화간 유사성을 이야기 할 수는 있어도, 부여족과 백제의 어떠한 상호 연관성을 해석하기에는 그 근거가 없고, 출토 유물 또한 너무 단편적이다.

4. 백제와 부여의 계승성을 구체적 역사 사실로 증명하려는 노력보다는 백제인의 역사 인식 속에서 왜 부여를 시조나 조상의 나라로 끌어들여 국호나 건국 설화에 반영했는지에 대한 그 배경에 대한 고찰이 먼저 있었으면 한다.

일찍이 부여와 백제의 관계는 '남부여'라는 국호의 개칭과 제의 체계의 변화를 통한 부여족 전통의 강조라는 해석이 주목된다(김영심). 성왕 16년 사비 천도 이후 백제 왕실은 국호 개정을 통해 자신들이 부여계임을 재천명했다. 성왕이 남부여라는 국호를 채택한 것은 부여계의 정체성을 유지하려는 마지막 노력이었고, 제천행사를 통해 백제 왕실이 기원한 부여족 간의 전통을 재확인하고 결속을 다지기 위해 구태묘仇台廟를 설치하여 매년 봉사해왔다는 것이다.

이러한 노력이 백제의 지배체제에도 반영되어 백제 지배체제에서는 유목민 사회의 직제인 좌우현왕제左右賢王制 모습이 보이며, 지방제도로서 백제의 담로擔魯와 부여의 압로鴨魯처럼 유사한 제도가 나타났던 것으로 보인다.

백제는 부여를 계승하였나

이종수(단국대학교)

이번 쟁점 백제사의 주제인 백제 부여 계승론은 이미 학계에서 많은 논의가 있었음에도 불구하고 명확한 결론이 도출되지 않은 백제사의 난제 중에 하나이다. 부여사에 대한 체계적인 연구가 부족하다 보니 백제와의 계승 관계를 찾는 작업 역시 한계가 있다. 부여사 전공자의 한 사람으로서 이번 학술회의를 통해 부여의 역사와 물질 문화에 대한 정체성이 확립되고 백제와의 계승 관계에 대한 논의가 한 발 더 진전되기를 기원하는 차원에서 토론에 참여하게 되었다.

본격적인 논의를 전개하기에 앞서 먼저 학술회의의 진행이 오전에 주제발표, 오후에 집중토론으로 기획되어 있다. 오전의 주제발표는 문헌사 방면과 고고학 방면으로 나누어 부여의 관련 쟁점에 대한 발제가 이루어지고, 오후의 발제문에서 제기된 문제들과 백제의 부여 계승과 관계에 대해서 토론이 진행될 예정이다. 이와 관련하여 몇 가지 제언을 드리는 바이다.

첫 번째는 문헌사와 고고학 방면으로 나누어 발표를 하다 보니 쟁점 사항이 중복되는 현상이 나타나고 있다. 특히 부여의 기원과 강역범위 등은 역사학과 고고학 분야에서 모두 다루고 있다는 점에서 토론에서는 부여사를 시기별로 나누어 역사적 문화적 변화와 발전 양상을 함께 다루는 것도 좋을 듯하다. 두 번째 이번 학술대회의 쟁점이 백제의 부여 계승에 대한 논의임에도 불구하고 발제문에서 이에 대한 언급이 미약하다. 토론에서는 발제자들

이 이 부분에 대한 최근의 연구 성과를 세부적으로 보완할 필요성이 제기된다.(경희대 학술대회 자료 참조)

먼저 부여사 연구에 있어 몇 가지 쟁점을 시간적 순서에 입각하여 살펴보면

1) 부여 기원에 대한 문제이다. 즉 부여의 시조와 출자를 확인할 수 있는 건국신화인 동명신화에 얼마만큼의 역사성을 부여할 수 있는가에 대한 문제이다. 문헌사적인 방면에서의 검토와 고고학 방면에서의 검토가 요구된다. 고고학 분야 발제자는 부여 도성인 길림시일대의 경우 북방초원 계통 문화요소가 매우 적다는 점에서 부여 국가 설립의 주체를 서단산문화계통의 토착민들로 인식하고 있다. 그러나 이러한 물질 문화적 특징만으로 부여의 기원 혹은 출자를 북쪽이 아니라고 하기에는 당시의 문화 변화 양상에 북방초원문화가 미치는 영향이 크다는 것을 알 수 있다. 즉 북방초원 계통의 문화는 대략 기원전 4~3세기에 두 방향의 루트를 통해 부여 경역 일대로 유입되고 있다. 하나는 서요하 일대에서 대흑산산맥을 따라 동쪽으로 유입되어 길림합달령 지역까지 유입되고 루트가 있고, 다른 하나는 눈강 하류일대에서 제2송화강을 거슬러 올라가며 영향을 미치고 있는 루트가 있다. 길림시 일대의 경우 서단산문화의 중심지였기 때문에 그 전통이 오래 지속되고 있을 뿐이다. 또한 길림시일대의 부여 유적 중 기원 이전 시기로 해당하는 유적이 많지 않다는 점도 염두해 둘 필요가 있다. 즉 길림시일대가 부여 성립 초기에는 중심지가 아니었을 가능성도 배제할 수 없다.

2) 부여 성립 시점의 문제이다. 학계에서는 일반적으로 부여의 건국 시점을 기원전 3세말에서 2세기 초로 파악하고 있다. 이는 고고학적으로 포자연문화의 성립 시기를 기준으로 하고 있다. 문헌기록상으로는 사마천(기원전 145~85)의 『사기·화식열전』에 부여라는 명칭이 기록되고 있다는 점에서 2세

기경에는 이미 부여가 존재하고 있었던 것으로 볼 수 있다. 그러나 『삼국유사』의 북부여조에는 해모수解慕漱가 나라를 세웠는데, 그 시기는 전한前漢 선제宣帝 신작神爵 3년(기원전 59)이라고 기록하고 있어 이에 대해서도 논의의 필요성이 제기된다. 이러한 문제는 부여, 북부여, 동부여 문제와도 결부된 사항이라 할 수 있다.

3) 부여 경역범위의 문제이다. 부여는 성립 초기부터 그 경역범위가 2000여리에 이르렀다고 믿는 연구자는 많지 않을 것이다. 대부분은 도성을 중심으로 그 주변 일부에 한정되고, 점차 세력을 확장하면서 그 경역범위가 넓어졌을 것으로 판단된다. 부여의 경역범위가 가장 넓었을 전성기의 상황은 문헌에 남으로 고구려, 동으로 읍루, 서로는 선비와 접해 있고, 북으로는 약수가 있다고 기록되어 있다. 이를 토대로 계략적인 범위는 설정이 가능하나 성립기와 쇠퇴기 영역 범위에 대해서는 연구된 바가 없다. 앞에서 살펴 본 바와 같이 성립기의 중심지가 길림시일대였는지에 대한 논의가 필요하며, 전성기는 길림시 일대가 도성으로 사용된 것을 분명하지만, 서사근연 이후의 부여의 실체에 대해서는 체계적인 연구가 요구된다.

4) 부여 국가구조와 지방 물질 문화와의 관계이다. 부여의 사출도 제도와 지방과의 관계에 대한 검토가 요구된다. 사출도라는 지방지배 방식의 실체가 밝혀진다면 도성과 지방의 물질 문화의 차이점에 대한 이해를 쉽게 구할 수 있을 것이다. 즉 부여 문화의 실체가 도성을 중심으로 한 길림시 일대와 사출도를 중심으로 한 지역 거점 간에는 분명한 간극이 도출될 것이고, 이를 토대로 부여 문화의 실체를 규명할 수 있을 것이다.

5) 부여 토기의 분류에 대한 문제이다. 부여유적에서 출토된 토기는 적지

않다. 그러나 우리가 보고서를 통해 확인할 수 있는 유물은 수십 점에 불과해 이 자료를 토대로 형식 단계를 구분하기에는 어려움이 있다. 향후 자료의 보완이 이루어져야 할 것이다.

부여와 백제 : 신화에서 실체적 고고학 연구를 위한 몇 가지 제언

강인욱(경희대학교)

우리 역사에서 가장 가깝고도 먼 부여는 북방 유라시아 고고학에 관심이 많은 나에게도 무척 흥미로운 주제이다. 나에게 부여는 유라시아와 한국을 연결해주는 고리인 동시에 남한의 고대사에서 아직 제대로 맞추어지지 않은 마지막 퍼즐같은 주제이다. 때마침 부여와 백제의 계승의식이라는 관점은 부여와 한국 고대사를 관통하는 북방 정통신화에 대한 재검토를 하며 관련 연구를 촉발시킬 좋은 기회라고 생각한다.

부여는 여러 면에서 역설적인 나라가 아닐 수 없다. 부여는 북부여-고구려-백제로 이어지는 한국 고대사에서 구체적이며 광범위한 계승의식으로 문헌사에서 주목을 받아왔다. 그리고 많은 학자들은 동의하지 않지만 가야에서 부여계문화를 주장하는 고고학자의 견해까지 포함하면 한국 고대사에서 가장 거대한 위치를 점한다고 보인다. 하지만 고고학적으로 부여는 여전히 가장 기본적인 국가의 범위, 중심지 등 기본적인 문제에 여전히 논란이 많다. 또한 부여는 고고학적으로 보아도 거의 유일하게 지난 30여 년간 거의 자료의 증가가 없었다. 1987년 노하심 유적의 보고 이후 제대로 된 부여의 보고서나 자료가 여전히 부족하다. 중국 전역이 1990년대 이후 기하급수적인 발굴의 증가로 빅뱅시대를 맞이하고 있는 상황에서 유독 부여 지역만은 공백상태가 유지되고 있다.

하지만, 실제 고고학계에서 부여가 차지하는 비중과 그에 대한 연구는 너무나 초라하다. 그러던 중에 이번 토론도 그러한 문제에서 매우 시의적절하게 마련된 것 같다. 때마침 부여와 백제에 계승성과 관련하여는 최근에 출토된 청주 오송 철검에 대한 토론자의 견해도 발표문의 형태로 밝혔다. 나의 견해는 부여계 이민설과 토착기원설이라는 양립의 주장 대신에 당시 토착사회에서 부여계 신화의 도입이라는 점에 주목했다. 즉, 백제 지배층의 신화를 들어서 부여계를 백제가 3세기 후반에 부여신화를 본격적으로 도입하려면 갑자기 새로운 신화를 만들 수 없다는 점에 근거했다. 초기 백제부터 유입된 다양한 집단 중 하나였던 부여계가 개별집단은 자신들의 정체성을 유지했을 가능성을 제기했다. 그와 관해서는 토론회에서 많은 교시가 있을 것으로 기대하고, 북방 고고학의 차원에서 여러 문제에 대해서 몇 가지 토론문제를 제시하겠다.

1) 민족비정과 고고학의 문제

북방 지역에서 민족의 이름을 고고학 자료에 붙여서 파생되는 여러 가지 오해와 문제에 대해서는 많은 지적이 있어왔다. 부여 역시 마찬가지로 부여의 고고학적 문화는 삼국이나 다른 나라의 예를 비교하면서 부여의 고고학이 없다고 주장하는 것은 옳지 않다. 이러한 민족명을 붙이는 문화는 약 100여 년전 하얼빈과 그 주변에서 활동하던 러시아 고고학자들이 발해, 선비, 말갈, 금, 흉노 등의 유적을 발굴하고 그 문화를 민족과 결부짓는 것에서 시작되었다. 이에 대한 별 비판 없이 중국고고학계에서 차용한 것이 시작이다. 이러한 민족명의 문화는 역사적 해석을 목적으로 하는 중국 고고학의 접근법historiographic approach과 잘 맞기 때문이다.

토론자는 고고학은 민족을 증명하기 위해 존재하는 것이 아니라는 입장이다. 그리고 강역을 정확하게 규정할 수 있다고 생각하지도 않는다. 실제로 고고학을 통해 민족 또는 민족체ethnicity와 연관시키는 연구를 부정하는 견해가 많다. 인류학적 이론을 보아도 민족은 근대에 형성되었다는 서구의 연구는 전세계 학문에 큰 영향을 미친 미국 인류학계를 통하여 널리 확산되었기 때문이다.

문제는 실질적 대안이 없는 상태에서 이러한 원론적인 이야기는 고대의 연구에 별로 도움이 되지 않는다는 데에 있다. 사실 고대의 민족과 고고학에 대한 주장과 반론들은 다소 자의적이다. 비판을 하고 싶은 문제는 해당 민족의 변방지역을 중심으로 비판을 하면 된다. 반면에 민족체를 인정하려는 측은 해당 민족의 중심지에서 발견되는 고고학 유적을 강조하는 식이다.

이와 같이 원론적으로는 비판을 하지만 각론에 들어가면 자신들에게 적절한 자료만을 대상으로 하여 연구 또는 비판을 하는 체리 피커cherry picker와 같은 입장에서 논의가 이어지고 있다. 이제는 민족학과 고고학의 비정에 원론적인 비판보다는 발전적 대안이 필요하지 않을까 한다.

2) 신화와 고고학의 접점은 있는가

백제와 부여의 계승관련 기록을 기반으로 지나치게 계승의식만을 강조하거나, 남한의 관점으로만 바라보아 '계승=대량의 이민'으로 간주하여 전파론적 시각이나 만들어진 역사로 몰아가는 것 역시 부여의 계승의식에 대한 해결에 도움이 되지 않는다.

세계 어디든 마찬가지겠지만, 국가 형성 단계에 갑자기 신화가 창조되지는 않는다. 이 신화는 상당히 복잡한 누층적인 구조를 지닌다. 특히 소규모 집단에서만 쓰이던 신화나 소재가 추후 국가적인 것으로 채택되기 때문이다. 반면에 고고학자료는 특정한 시간과 공간에서 돌출적이며 개별적으로 등장한다. 즉, 신화와 고고학적 증거는 그대로 증명될 수 없으며, 다양한 연구방법론에 대한 고민이 필요할 것이다.

3) 남한의 고대국가 형성관으로 부여를 보는 것은 계속 유효한가

부여의 성립 및 발달에서 고고학적 성과는 지속적으로 모순되는 듯 보인다. 부여는 서기 2~4세기에 그 실체가 거의 사라진다. 부여가 실질적으로 고고학적으로 등장하는 시기는 700년 역사 중에서 길어야 200년 정도이다. 그런데, 이런 현상은 흉노에서도 보인다. 고고학이 밝히는 흉노도 멸망 직전 100년 정도이다.

또한, 부여의 발달과정은 한국의 여러 나라와 매우 다르다. 대부분의 고대국가는 부족연맹체 또는 소규모 집단에서 통합을 하여 영역국가로 진행된다는 것이 통설이다. 반면에 부여는 700여 년간의 역사에서 한번도 그러한 통합의 노력이 보이지 않는다. 이미 많은 지적이 있었던 것처럼 고고학적으로 정작 부여는 초기 이후에는 거의 유적이 확인되고 있지 않다. 이러한 변화는 대체로 읍루세력의 발흥과 맞물린다. 즉, 역사기록에 집중적으로 기록되는 서기 2~4세기의 부여를 어떻게 볼 것인가는 사실상 부여의 국가 구조에 대한 여러 문제를 해결할 수 있는 핵심적인 증거가 되지않을까 한다.

4) 현재 고고학 자료 수준에서 부여의 기원지를 밝히는 것이 가능한가

많은 연구자들의 노력에도 불구하고 부여의 발원지(북부여와 색리국) 문제는 과연 합리적인 수준의 고고학 자료가 있는가는 생각이 든다. 물론, 경화유적, 평양묘장, 최근의 삭리구 유적까지 중국에서 다양한 유적을 그 후보지로 지목하지만, 현재의 수준에서는 가설적인 수준에서 벗어나기 어렵다는 생각이다. 부여의 중심지인 송화강 유역 일대는 1990년대 이후 중국 고고학의 빅뱅시대에서 유일하게 거의 조사된 유적이 없다는 점을 상기할 필요가 있다. 아울러 동부여, 남부여, 북부여, 동옥저, 남옥저 등의 방위명이 붙은 다양한 실체를 고고학적 문화에 대입하는 것은 가설적인 논의로서는 수용될 수 있지만 증명은 어렵다. 당분간은 결론을 내리기보다는 유보하는 것이 어떨까 한다.

5) 옥저계문화와 부여의 구분

유은식 선생님의 발표에서 오상 백기 유적을 포자연문화로 포함시켰는데, 이 유적은 일반적인 부여 중심지에서는 북쪽으로 치우쳐져있다. 그리고 그 유물상은 부여보다는 옥저계에 가깝다고 생각할 수 있다. 사실 이 문제는 근본적으로 무엇보다 삼강평원의 봉림문화에서 목단강 유역, 장광재령 일대에는 옥저와 부여계의 토기문화는 확연히 구분되지 않는다는 것과 연관되어 있다. 이러한 형국을 어떻게 해석할지 궁금하다.

마지막으로 거시적인 안목에서 부여의 연구를 제안하고 싶다. 예컨대, 부여의 후손을 자처하는 백제나 고구려와 비슷한 예는 흉노에서도 찾아볼 수 있다. 전 유라시아에서 신라부터 불가리아에 이르는 지역에서 약 1천여 년간 12개 나라가 자신들을 흉노의 후예로 자처하며 국가를 세웠다. 이들에게 혈연적인 계통을 찾는다는 것은 의미도 없고 또 증명할 길도 없을 것이다. 좀 더 거시적인 안목과 접근법이 한국 고대사에도 도입된다면 새로운 연구의 퍼스펙티브가 제시될 것으로 기대한다.

연대	동아시아	중앙아시아	남아시아	동유럽
B.C.3th	흉노제국	북흉노(알타이, 카자흐)		
0	남흉노			
3 ACE	前趙(304년~329년) 北夏(=夏, 407~431)	涅槃匈奴(서기 4~5)		훈제국(4~5세기)
6 ACE	신라	에프탈(염달, 6~8세기)		불가르 훈족(Utigur-Kutrigur, 5~6세기)
9th			투르크 사히 왕조(7~9세기) 구자라 브라티하라(7~11세기	Caucasian Huns(6세기경, 다게스탄)
11th				

참고자료) 흉노의 후예를 자처한 유라시아의 여러 나라(Hyunjin Kim의 표 일부 수정)

종합토론 제1부

좌장 윤용구 : 안녕하십니까, 학술회의에서 사회를 맡은 윤용구입니다. 한성백제박물관 제17회 쟁점백제사 학술회의는 '백제는 부여를 계승하였나.' 라는 주제가 되겠습니다. 지난 2004년에 한국고대사학회에서 부여사를 가지고 학술회의를 한 이후 처음이 아닌가 생각됩니다. 늦게나마 한성백제박물관에서 이번 학술회의를 하게 된 것에 대한 시대적인 의미가 있다고 생각하고 있습니다.

1. 토론자 소개

먼저 토론에 참여하신 네 분의 토론자 선생님을 간단하게 소개해드리는 것이 순서인 것 같습니다. 발표자 이승호 선생님, 유은식 선생님, 그 옆에 첫 번째 한국교원대학교 송호정 선생님이 앉아계십니다. 송호정 선생님은 다 아시는 대로 우리 학계 고조선사 연구를 학문적으로 정립한 분이시고요. 고조선과 이웃한 부여사에도 일찍이 관심을 갖고 계셨습니다. 선생님 글에 따르면 고조선을 학위로 하기 전에 부여사를 가지고 박사학위를 해볼까 하는 그런 열망을 담아서 단행본을 제출하신 바 있습니다. 이승호 선생님 발표를 비롯한 부여사 전반에 주도적인 토론을 해 주실 것으로 믿어 의심치 않습니다. 그 옆에는 서울대학교 권오영 선생님이십니다. 다 아시는 바대로 백제 고고학에 기반을 두시고 최근에는 동남아시아뿐만 아니라 유라시아 전체 물질 문화에 대한 다방면의 시각과 의견들을 개진하고 계시고요. 최근 한겨레 신문에 '21세기 고대사' 라는 장문의 연재를 통해 선생님의 폭넓은 문화관을 들을 수 있었습니다. 종족과 영역, 정치체, 역사의 계승 의식과 같은 전통적인 주제에 대해서 선생님께서 새로운 관점을 많이 말씀해주실 것으로 기대하고 있습니다. 제 왼편으로 두 분의 선생님이 계십니다. 먼저 단국대학교의 이종수 선생님이십니다. 다 아시는 대로 이종수 선생님은 일찍이 길림대학교에 유학을 하셔서 우리나라에서는 최초로 부여 고고학을 가지고 학위를 하셨고요. 오늘 한성백제의 부여 고고학 또는 부여사를 중심으로 학술회의를 하게 된 계기 중에 선생님의 근 20년에 걸친 연구 업적들이 상당수 우리 학계에 소개가 되고 관심을 제고하는 데 중요한 기여를 하신 것으로 알고 있습니다. 부여 물질 문화에 대한 주된 토론을 이종수 선생님께서 맡아주실 것입니다. 바로 제 왼편에 경희대학교에 계신 강인욱 선생님이십니다. 부여 주변 옥저, 읍루를 비롯하여 유라시아 초원 일대의 청동기 시대부터 대체로 초기철기 시대에 이르기까지 광범위한 물질 문화에 대한 연구를 하고 계십니다. 권오영 선생님이 주로 동남아시아 남방을 중심으로 한 물질 문화에 대해 최근에 새로운 의견을 내시는 반면에 강인욱 선생님은 북방 초원지대의 다방면에 의견들을 제시해주시고 계십니다.

오늘 토론은 오후 1시부터 6시까지 5시간에 걸쳐 진행됩니다. 중간에 20분 정도 휴식 시간을 갖겠습니다만, 그래도 4시간 반 이상 긴 토론을 이어가야 할 것 같습니다. 그럼 두 분의 발표자와 네 분의 연구자들을 믿고 진행을 해보도록 하겠습니다.

2. 부여와 주변의 지형

먼저 오늘 발표에서 부여와 그 주변에 관한 많은 지명이 언급됐는데요. 부여 주변 지역의 지형을 잠깐 보고 토론을 시작하겠습니다. 화면의 지도〈그림 1〉는 동해 쪽에서 촬영한 위성지도를 보정한 것입니다. 가운데 우뚝 솟은 백두산에서 북쪽으로 흘러가는 송화강이 있고, 대흥안령 북쪽에서 내려오는 눈강을 만나 동쪽으로 흐르다가 흑룡강하고 합류해서 바다로 들어갑니다. 백두산에서 북쪽으로 흐르는 것을 제2송화강 또는 북류 송화강으로 부르고요. 다시 동쪽으로 가는 것을 동류 송화강 혹은 제1송화강이라고 합니다. 부여는 송화강과 눈강 사이의 이른바 송눈평원을 중심으로 하고 서북

〈그림 1〉 부여 주변 지형(경북대학교 고고인류학과 박천수 교수 제공)

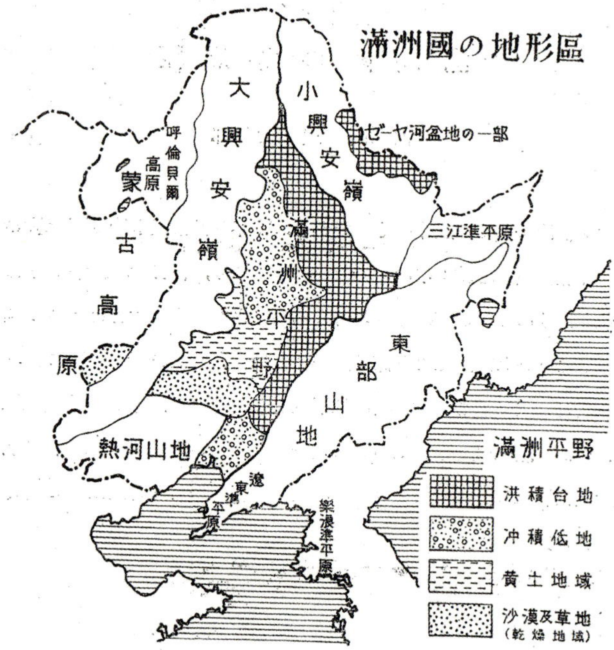

〈그림 2〉 부여 주변의 토양과 지형(秋岡武次郎, 1935,「滿洲國の地形區」『地理学評論』11-6, p.50, 圖1)

으로 대흥안령, 동북으로는 소흥안령, 동남으로는 장광재령을 포용하는 장백산맥, 서남으로는 옌산산맥으로 둘러 싸여 있습니다. 『삼국지』 동이전에서 말하는 동이에서 가장 넓고 평탄하다는 기록을 실감 있게 볼 수 있습니다.

다음 사진을 하나 더 보도록 하겠습니다. 토론 사회를 준비하면서 부여 주변의 지형도를 구해보려고 애를 썼습니다만, 겨우 만주국 시기에 작성된 화면의 지도〈그림 2〉를 찾았습니다. 보시는 대로 대흥안령과 소흥안령, 그리고 동남 방향으로 동부산지라고 하는 장백산의 큰 산줄기가 있습니다. 토양을 보면 길림시 주변은 홍적대지, 서북으로 눈강 유역의 충적대지 그 남쪽으로는 일부 황토지대가 있습니다. 흥미로운 것은 대흥안령 남단을 넘어가는 사막지대가 동서로 길게 형성되어 있다는 것입니다. 아까 이종수 선생님도 보았다는 말씀을 들었습니다. 그러고 보면 지형적으로 서북과 동북으로 대흥안령, 소흥안령, 동남으로는 장백산맥, 그리고 서남의 사막지대 사이에서 농업을 중심의 생업경제를 영위한 부여의 주민들이 살았다는 하겠습니다. 앞서 발표된 유적 관련하여 이야기된 한서문화, 이쪽에 서차구, 경화지구 등은 송눈평원의 변두리에 자리한 곳이 되겠습니다.

3. 부여 관련 단행본 소개

오늘 주제와 관련하여 간행된 논저인데요, 맨 좌측이 송호정 선생님의 '처음 읽는 부여사'〈그림 3〉입니다. 그 다음이 이종수 선생님의 박사학위 논문이 바탕이 된 '송화강 유역 초기철기문화와 부여의 문화 기원'〈그림 4〉이라고 하는 책입니다. 그 우측은 2007년에 동북아역사재단에서 펴낸 '부여사와 그 주변'〈그림 5〉입니다. 오른쪽 끝에 역시 동북아역사재단에서 2018년에 펴낸 '초기 백제사의

〈그림 3〉 처음 읽는 부여사

〈그림 4〉 송화강 유역 초기철기 문화와 부여의 문화 기원

〈그림 5〉 부여사와 그 주변

〈그림 6〉 초기 백제사의 제문제

제문제'〈그림 6〉라는 이름의 논문집입니다. 이 책의 주된 필자는 김기섭 관장님과 권오영 선생님이셨습니다. 그즈음 중국학자를 중심으로 부여, 고구려 계통의 주민들이 관구검의 공격, 그리고 280년대 모용씨의 공격에 밀린 세력이 옥저 지역에 백제를 건국하였다가 추가령지구대를 거쳐서 한강 유역으로 이동하였다는 식의 여러 연구가 나온 것에 따른 대응이었습니다. 그 책에 권오영 선생님께서 이미 오늘 논제와 같은 장문의 의견을 제출하였습니다. 오늘 '백제는 부여를 계승하였나.' 하는 이 도발적인 제목에 답은 "맞다, 틀리다" 밖에 없습니다만, 이 논의에 전제로서 부여사는 어떻게 전개되었고, 또 그 물질 문화는 얼마만큼 기록과 부합할 수 있는지 긴 토론을 시작하겠습니다.

4. 기록에 나오는 부여의 존재 및 고조선과 부여의 관계

이승호 선생님께서 북부여, 동부여 그리고 부여 왕권과 국가구조, 쇠퇴 요인과 후기 부여의 중심지 문제, 마지막에 부여와 백제의 관계까지 다섯 개의 논제로 일목요연하게 정리해주셨습니다. 이를 순차적으로 살펴보되 유은식 선생님의 내용을 비교하며 논의를 진행하도록 하겠습니다. 그럼, 송호정 선생님 이야기를 먼저 듣는 것으로 시작해보도록 하겠습니다. 부탁드립니다.

송호정 : 부여사 책을 제가 2015년도에 낸 것 같은데요. 그래서 오늘 이 자리에 오게 된 것 같습니다. 토론자로 와서, 발표문의 정리된 내용들을 보면서 쟁점이 되는 부분에 대한 제 나름대로의 견해들이 마땅치

않아서 사실 어떤 얘기를 해야 되나 걱정하고 있었고요. 긴 토론 시간이 잡혀있을 때 사회자님이 말을 많이 하셔서 제가 발언할 기회가 별로 없기를 바랐는데요. (웃음) 처음에는 말씀을 잘하셔서 오랜 시간을 끌어주시고, 잘하고 계신다. 라고 생각했는데 저보고 첫 마디를 열라고 해서 많이 당황스럽습니다.

제가 박사논문을 고조선으로 썼는데, 마지막 4장 내용이 고조선의 국가적 성격, 지배 체제였는데 그것도 자료가 없었기 때문에 쉽지 않았습니다. 보통 개설서나 교과서에서는 위만 단계의 고조선이 중계무역을 했고 관리들은 전부 상相을 칭했다고 하면서, 관료제도의 존재와 『한서』 지리지에 나오는 내용이기는 하지만 8조 법금이라는 법률이 있다는 것들로 봐서 어느 정도 초기 국가 형태를 가지고 있는 것으로 이해가 되는데요. 그 정도의 내용만 가지고는 장의 내용을 채울 수 없어서 두 가지를 더 찾아봤습니다. 하나는, 위만조선과 동시기에 부여가 존재하고 있었는데, 부여와 고조선의 관계는 어땠을까. 이 부분하고, 다음으로 위만조선이 성립할 때 같은 시기에 중국의 관리인 찌에우 다趙佗가 남월을 세우게 되는데, 남월의 지배 체제하고 위만조선의 지배 체제를 비교하는 시도를 해보았습니다. 그러나 부여와 고조선과의 관계를 설명할 수 있는 내용이 거의 없었어요. 그래서 부여의 법률체계가 위만조선의 8조 법금하고 비슷하다는 이야기를 했고요. 고조선의 후기 단계 유물이나 낙랑의 나무곽무덤에서 나오는 유물 중에 흉노라든지 유목민과 관계되는 몇몇 유물들을 주목하고, 또 문헌에 흉노와 위만조선이 연결되어 있다는 기록을 종합하여 어떤 형태로든지 고조선이 부여하고 연관이 있었을 것이라는 정도의 이야기를 하였습니다. 사회자 질문에 대한 답은 이 정도밖에 할 수 없고요.

제가 모두에 이야기를 풀었으니까 한말씀 더 하겠습니다. 부여사에 대해 학교에서 강의를 할 때 이런 이야기를 많이 합니다. 제가 있는 학교가 사범대이다 보니 교과서 이야기를 많이 하거든요. 그런데 교과서를 보면 초기국가〈그림 7〉라는 용어를 쓰지 않고 '여러

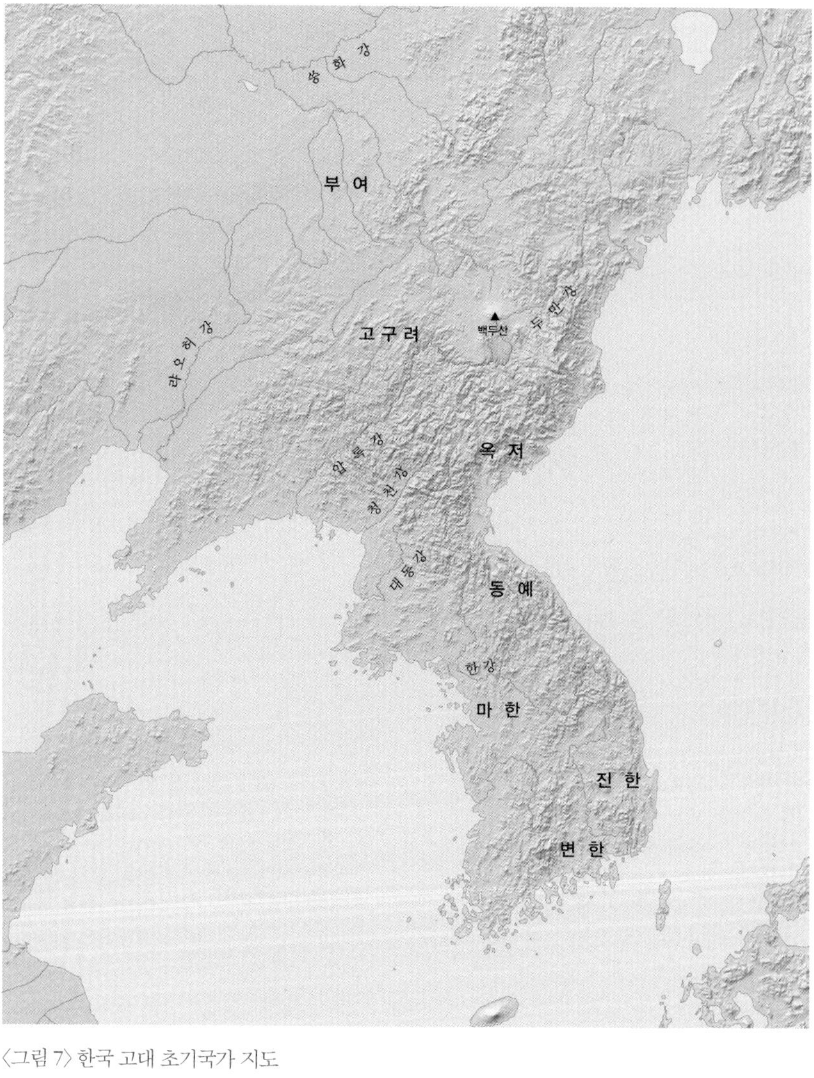

〈그림 7〉 한국 고대 초기국가 지도

나라들' 이렇게 씁니다. 옛날에는 '고조선을 뒤이어 일어난 여러 나라들' 이런 제목으로 썼는데, 이는 역사적 사실과 맞지 않습니다. 위만조선이 있을 때 부여도 같이 있었거든요. 기록에는 부여가 기원전 2세기경 『사기』나 『한서』 화식열전에 등장을 하지만, 그전 기원전 3세기에도 존재하고 있었습니다. 사실은 고조선 후기 단계에 해당되는 위만조선 시기에 부여도 명백히 국가로서 존재하고 있었습니다. 그런데 고조선은 B.C. 108년에 멸망하지만, 부여는 문자명왕 4년 494년에 멸망하고, 가야는 562년에 멸망하는데 두 나라가 비슷한 시기에 존재하고 있었습니다. 그런데 요즈음 가야사 연구는 많이 이루어지지만 부여의 경우는 그렇지 못합니다.

부여도 5세기 말까지 한반도 북쪽에 있었고, 엄연히 우리 고대사로서 중요한 역사를 차지하고 있었기 때문에 연구가 필요합니다. 현재 부여사는 교과서에 초기 고구려와 삼한, 옥저, 동예의 내용과 함께 서술되어 있습니다. 그런데 부여가 송화강 유역에 있었고 영고라는 풍습이 있었다는 정도로 소략하게 쓰고 말거든요. 분명 부여는 옥저나 삼한처럼 풍습만 소개될 정도의 국가가 아니라는 이야기를 하고 싶습니다. 이후 논의 중에 나오겠지만 부여 역사의 후대로의 계승 내용을 보면, 부여는 고구려를 세운 주몽이 동부여 출신으로 나오고요. 그다음에 백제의 경우도 부여에 원류를 대고 있습니다. 그다음에 신라나 가야지역에서 나오는 동복 등의 유물을 부여계통으로 볼 수 있는데, 그것을 부여 것으로 봐야되는지는 따져봐야겠지만, 어쨌든 부여 지역에서 나오는 유물들이 신라, 가야지역에서도 나오는 점은 주목됩니다. 대조영도 발해를 건국하고 부여를 계승했다고 주장하고 있는데, 부여 이후의 모든 고대 국가의 원류에 부여가 직간접으로 관계가 있다는 점에서 부여사에 대한 연구가 절실히 필요합니다. 그런 측면에서 오늘 이런 자리들이 다시 한 번 만들어졌다고 보는데, 10년 전에 부여사 학술대회를 하고 나서 이후 진전된 논의들이 많지 않아서 얘기가 반복될 수 있지만 더 많은 이야기가 됐으면 합니다.

마지막으로 질문하신 고조선과 부여의 관계 내용은 제가 사실 어제 사회자님과 통화를 하고 잠깐 생각해 보았는데, 현재 상황에서는 어떤 문헌자료나, 고고학 자료도 유사성을 찾을 수 있는 것들이 없기 때문에 질문했던 부분에 답하기는 좀 어렵습니다. 다만 제가 가지고 있는 대안이라는 것은 우리가 초기국가에 대한 글을 쓸 때 생각을 달리해야 한다. 그러니까 저는 이렇게 생각하거든요. 일반 사람들은 물론 전공자들조차도 우리 역사상 첫 국가인 고조선에는 관심이 굉장히 많이 있습니다. 그리고 부여는 고조선 다음 단계의 국가이고, 발전 단계도 삼한이나 옥저, 동예하고 같다고 생각을 하고 있는데 그렇지가 않습니다. 전성 시기에 부여는 고조선과 같은 시기에 등장을 해서 고조선의 동북쪽에 있었으므로 같은 초기국가로 봐야 될 것입니다. 그래서 고조선, 부여, 옥저, 동예, 삼한을 같이 묶어서 한국 역사상의 초기국가 역사로 접근을 하면, 고조선이나 삼한, 초기 고구려 등의 역사와 문화에 대한 연구 성과와 부여사를 같이 연결시켜서 이야기할 수 있는 부분들이 많이 있지 않을까 이런 생각을 해봅니다.

좌장 윤용구 : 네, 감사합니다. 부여는 고조선보다는 중국 기록에 조금 늦게 나타나는데요, 부여 지역은 청동기시대 서단산 문화에 기반하여 그 뒤 여러 문화의 융합을 거쳐서 이른바 포자연식, 최근에는 동단산 문화 이렇게 부른다고 말씀을 하셨는데요. 그것에 대한 여러 말씀과 연구상의 고충을 아울러 들었습니다.

5. 유라시아 대륙 전체 문화에서 부여의 문화사적 의미

물질 문화부분을 조금 설명을 하려면 역시 유라시아 대륙의 전체적인 문화의 흐름을 보지 않고서는 부여가 갖고 있는 위치를 잘 이해할 수 없다고 봅니다. 시작할 때 올려놓은 사진이 여전히 떠있습니다. 대흥안령 남단에서 적봉 쪽으로 넘어가는 데는 긴 협곡이 형성되어 있고요. 이 루트를 따라서 부여뿐만 아니라 초원에 있는 세력들도 서로 교통이 쉬웠고 훗날 물길이 북위에 조공을 보낼 때도 이 루트를 따라서 간 것으로 알고 있습니다. 그래서 한국 고대 문화와 초원 문화를 연결하는 일종의 관문 역할을 하는 것이 부여 지역이라고 할 수 있습니다. 이런 점에서 강인욱 선생님께 부여 문화 또는 부여가 지닌 유라시아 대륙 전체의 문화사적 의미에 대해서 말씀을 듣는 것이 순서인 것 같습니다.

강인욱 : 사실 부여나 백제는 제가 약하다고 느끼는 부분입니다. 제 평생 학문적인 관심은 '나는 압록강만 넘어가면 다 하겠다'였는데, 드디어 오늘은 압록강 남쪽까지 내려와서 영광입니다.

먼저 간단하게 고조선과 부여의 관계에 대해 말씀드리겠습니다. 아까 말씀하신 송호정 선생님은 기원전 3세기대까지 부여 형성을 올리고 계시고 또 이승호 선생님도 기원전 2세기 초반까지 보십니다. 그런데 문헌을 제외하고 고고학적으로 봤을 때 커다란 문화 변동은 기원전 4세기에 주목하자고 말씀드리고 싶습니다. 제가 예전에 고조선에 대해서 발표를 했을 때[1] 상당히 재미있는 현상을 발견

1 강인욱, 2018, 「초기 고조선 네트워크의 형성과 비파형동검문화」『한국고고학보』 106, 46-75쪽.

했습니다. 바로 기원전 4세기대를 중심으로 중국 북방에 엄청나게 큰 변동이 일어난다는 점이죠. 바로 이때에 흉노가 등장합니다. 물론 흉노의 고고학 유적들은 주로 기원전후 1세기 대에 몰려 있습니다. 사실 동아시아 편년의 가장 큰 문제가 편년이 몰려 있다가 공백이 됐다가 하는 식으로 되어 있지요. 한국도 (국가 형성 관련 유적은) 기원전 1세기 이전으로 올라가기 어렵지요. 흉노도 마찬가지입니다만, 역사 기록을 보면 묵특 선우나 아버지 두만 선우가 기원전 4세기 대에 등장합니다. 이때에 실제로 중앙아시아에서 사카 문화가 신강성을 통해서 중국 서북 진나라 쪽으로 엄청나게 밀려들어옵니다. 바로 그 사람들을 대표하는 마가원馬家塬이라고 하는 유명한 유적도 나오고 있습니다. 그런데 초기 흉노가 발생할 때는 중국이 영역화를 시작하는 시기이기도 합니다. 만리장성이 본격적으로 쌓여진 시기가 바로 기원전 4세기대입니다. 이러한 중국의 영역화와 함께 중국 북방에서 유목 지역과의 충돌이 본격화되는 게 바로 기원전 4세기 대입니다. 그리고 이것은 중국 북방 장성 일대를 넘어서 고조선, 나아가서 옥저까지 이어지고 있다는 것을 제가 2년 전에 논문에서 밝힌 바 있습니다.[2]

부여는 이따가 다시 얘기를 드리겠습니다. 먼저 더 동쪽에 있는 북옥저부터 이야기하겠습니다. 연해주의 니콜라예프카라는 성터에서 보통 우리가 부여계라고 부르는 안테나식 동검과 전국시대 위나라의 동전인 원전계통인 '칠원일근'〈그림 8〉이라고 하는 화폐가 발견되었습니다. 이 '칠원일근'은 칠원 지역에서 만들어진 1근짜리 화

2 강인욱, 2018, 「기원전 4~ 3 세기 초기 옥저문화권의 성장과 대외교류」『한국상고사학보』 99, 71-100쪽.

폐라는 뜻으로 그 지역이 진나라로 바로 합병되기 전 잠깐 쓰였던 화폐인데, 그게 바로 연해주에서 발견되었거든요. 이거는 중원 밖에서 발견된 최초의 '칠원일근'이기도 하고 명도전이나 반량전 같이 양이 많아서 전세기간이 오래되었다고 보기도 어렵습니다. 즉, 이 유적은 기원전 4세기 말 정도로 편년할 수 있습니다. 또 다른 유물이 백두산 근처인 중국 장백현 팔도구에 나왔습니다. 진나라랑 싸웠던 조나라의 승상인 인상여의 과〈그림 9〉가 고구려식 적석총에서 나왔습니다. 역시 근처에는 간구자干溝子 유적〈그림 10 · 11〉도 있습니다. 그들의 전반적인 활동연대는 물론 기원전 3세기에서 2세기대까지 갑니다만 저는 기본적인 커다란 문화의 흐름은 이미 기원전 4세기대에 시작이 되었다고 생각합니다. 이때에 연나라 세력이 동쪽으로 엄청나게 밀고 오면서 동쪽으로 거점, 즉 중국에서는 장성유적이라는 유적들이 나옵니다. 저는 그것을 장성이라고 보지 않고 요새라든지 거점으로 봅니다만, 여하튼 그러한 거점 중심의 포인트가 확산되기 시작합니다. 똑같은 시기에 부여는 물론 자료가 많지는 않습니다만 서황산둔 유적과 같이 서단산 문화에서 변화하는 양상을 보여주고 있습니다. 저는 문헌에 기록된 연대를 올리자는 것은 아닙니다. 하지만 문헌사에 표현되는 커다란 변동을 증명하는 물질 문화가 변화하는 포인트는 약간 빠른 게 맞지 않겠는가라고 보고 있습니다. 아까 앞에서 관련해서 유

〈그림 8〉 위나라 칠원일근(桼垣一釿) 동전

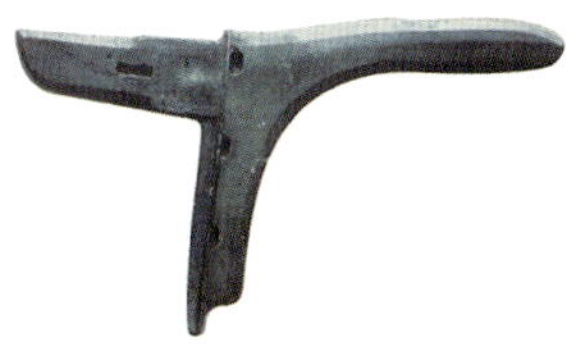

〈그림 9〉 길림성 장백현 출토 조(趙) 혜문왕(惠文王) 20년(기원전 279년) 승상 인상여(藺相如)의 과(戈)

〈그림 10〉 길림성 장백현 간구자(干溝子) AM2 적석총 주묘단 해부

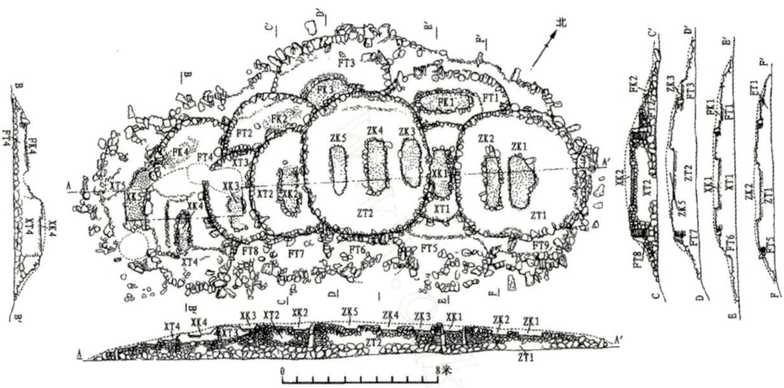

〈그림 11〉 길림성 장백현 간구자(干溝子) AM2 적석총 평 · 배면도

은식 선생님도 서단산 문화를 말씀하셨는데요. 기본적으로 맞을지는 모르겠지만 서단산에서 부여는 한 단계 건너뛰어서 점프하는 느낌입니다. 그 중간에 한 번 커다란 문화의 변동을 설명해줄 수 있어야 되고요. 저는 그렇게 본다면 고조선이 철기문화로 바뀌었을 때에 변동하는 거대한 시점에서 결코 부여도 예외일 수는 없다고 생

각합니다. 그렇다면 그들은 아마 제 생각에는 연진燕秦의 영향이라고 할 수 있겠죠. 연진 거점들의 흔적은 현재 부여의 서쪽 정도까지밖에 나오고 있지 않고요. 이룡호二龍湖 유적같은 것을 보면 기원전 2세기 이상 올라가기는 어렵습니다. 여하튼 아직 유적이 덜 나왔지만 일단은 오픈마인드로 본다면 중국의 전국시대 말기 영역화와 장성의 축조 그리고 그에 따른 유목민들의 커다란 변동과 연관지을 수 있지 않을까 합니다. 아마 옥저하고 부여같은 경우는 영역적으로 중국이 진출할 수는 없었을 것이고 결국 무역이라든지 다양한 교류의 포인트를 얻기 위해서 갔었던 것으로 볼 수 있습니다. 왜냐하면 지금 말씀드렸던 인상여의 동과 이외에도 여불위의 창 등 이주민의 증거 대신에 상당한 고가품의 위신재만 간헐적으로 나오고 있는 형상이기 때문입니다. 고조선 같은 경우는 모피 무역이라고 하는 커다란 매력 포인트가 (중국에게) 있었겠지요. 하지만 부여는 아직까지 그러할만한 정확한 근거는 없습니다. 다만 가능성 정도는 이야기할 수 있겠고요.

마지막으로 부여와 고조선에 대한 관련성에 대해서 얼마 전에 부여의 금동 가면이 나왔거든요. 부여의 금동 가면〈그림 12〉하고 유사한 것이 고조선의 유적으로 생각되는 기원전 5세기 때 정가와자 유형의 유적인 탑만촌에서 발견된 청동 거푸집에 새겨진 청동 장인들의 얼굴〈그림 13〉이 있습니다. 상당히 유사한 두 유물을 통하여 고조선과 부여에 연결점이 나올 수 있지 않을까 합니다. 그 부분은 저보다는 옆에 계시는 이종수 교수님께서 금동 가면 쪽으로 해서 고조선과 부여의 연관성을 조금 더 말씀드릴 수 있지 않을까 생각합니다.

좌장 윤용구 : 네, 선생님 고맙습니다. 금동 가면 부분은 이야기할 시간을 따

〈그림 12〉 부여의 금동 가면(여순박물관 소장품)

〈그림 13〉 중국 요령성 심양 탑만촌 청동 거푸집 얼굴

로 드리는 것으로 하고요. 저 사진을 유심히 봐주시기 바랍니다. 부여 지역은 아까 말씀드린 유라시아와 동이 지역과의 중간 관문 역할을 하고 있으면서 또 하나는 이른바 초원의 유목문화와 농경지대에 중간 역할도 하고 있습니다. 흉노, 동호, 선비, 오환 계통의 유목민족들이 늘 부여 서쪽에 있었고요. 동남쪽으로는 옥저, 읍루, 부여보다는 아무래도 문화적으로 치우쳐있어서 조금 후발주자이기는 합니다만 또 남쪽에 고구려 지역이 산간지역에 위치하고 있어도 사실 부여보다는 문화적으로 대외교섭의 능력에 있어서 지형학적으로는 불리한 위치에 있습니다.

아까 유은식 선생님의 부여의 물질 문화를 정리하시면서 주변의 문화로 눈강 유역의 한서 문화, 요하 상류 서남쪽에 있는 서차구 대가산 문화를 설명하셨습니다. 최근 오강원 선생님의 정리된 글을 보니까 단순한 고분군은 아닌 것 같고 500여기에 달하는 대고분군인데 거의 90% 이상이 이미 처참하게 도굴된 상태였고, 10기 정도에 지나지 않았다는 점에서 유적의 성격을 이해하는데 어려움을 살펴볼 수 있었다는, 그런 말씀을 들었습니다.

6. 부여의 기원과 서단산 문화의 성격

하지만 부여의 기반이 되는 서단산 문화는 좀 더 많은 조사가 되었습니다. 이에 대해 많은 연구를 해 오신 이종수 선생님께 서단산 문화의 성격이라든가 범주 또는 변화 양상에 대해서 말씀을 듣도록 하겠습니다.

이종수 : 네, 단국대 이종수입니다. 제가 사실 2018년도 국립공주박물관에서 오늘 학술회의와 비슷한 '백제 원류로서의 부여 문화'란 주제로 특강을 한 적이 있었습니다. 그 당시에 공주시장님부터 지역의 향토사학자분들이 다 참석하셨는데, 나중에 특강을 들으시고 다 실망하고 가셨어요. 왜냐하면 그분들은 저의 특강에서 백제의 부여 계승성에 대한 해답을 기대하고 오셨는데, 저의 결론은 '백제와 부여는 물질 문화적으로 계승성이 확인되지 않는다'였습니다. 그 이후로 공주나 부여에서는 저를 찾지 않으십니다. 당시에 어떻게든 백제와 부여를 연결시켰어야 했는데, 그러지 못했던 기억이 있습니다. 그래서 사실 이번 기회에 두 나라의 계승성을 찾아볼 수 있는 좋은 기회가 왔다고 생각하고 많은 준비를 하였는데, 결국은 자료의 부족으로 인해 아직 확실한 근거를 찾아내지는 못하고 있어 안타까울 뿐입니다.

서단산 문화의 성격과 범주 혹은 변화 양상에 대해 간략하게 설명

드리면, 먼저 서단산 문화의 문화 내용은 판석으로 제작된 석관묘와 장방형 수혈 주거지, 호와 관을 중심으로 한 서단산형 토기를 특징으로 하고 있습니다. 문화 내용상으로 보면 고조선의 물질 문화인 요동 지역의 비파형 동검 문화 혹은 미송리형 토기 문화와 유사하다고 할 수 있습니다. 그래서 일반적으로는 고조선의 문화권에 포함되는 것으로 파악하고 있습니다. 서단산 문화의 변화 양상은 기원전 5세기경까지 길림시 일대〈그림 14〉를 중심으로 안정적으로 유지되다가 기원전 4세기경이 되면 새로운 문화 유형들이 출현하면서 점차 쇠퇴하고 있습니다. 그렇다고 서단산 문화가 부여와 전혀 관계가 없는 것은 아니구요. 기본적으로 부여 기저문화의 틀을 이루고 있는 것이 사실입니다. 다만 부여 문화의 성립 과정에서

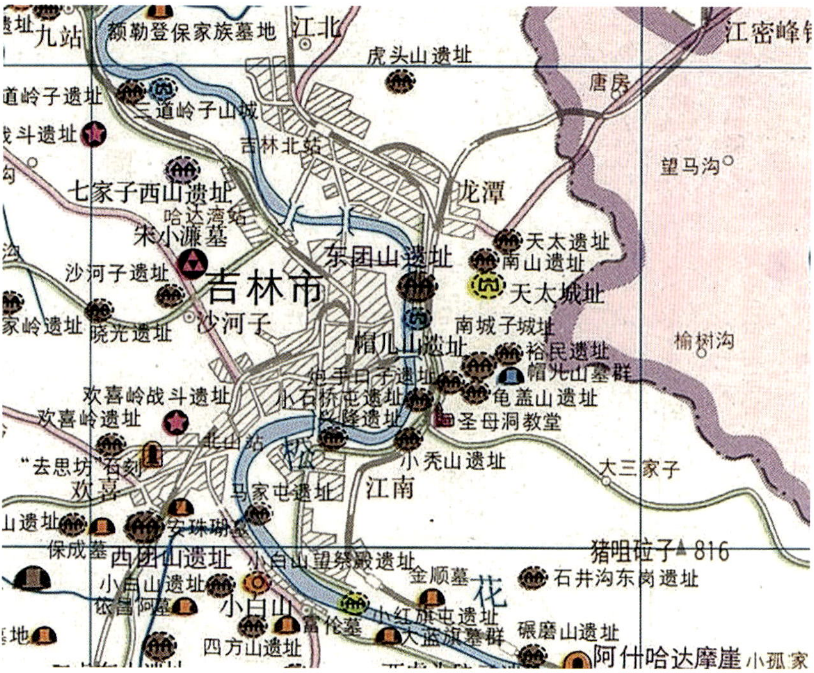

〈그림 14〉 길림시 서단산 유적과 동단산 유적 등 위치도

새로운 물질 문화가 유입되고 있는데, 이와 관련하여 기원전 4세기대를 중심으로 동북아 지역의 문화 변천 상황을 간단하게 정리해 보도록 하겠습니다.

아까 강인욱 교수님께서 말씀하셨던 것과 같이 기원전 4세기경부터 동북아지역은 물질 문화적으로 굉장히 심한 변화가 나타나고 있습니다. 당시 남서쪽 방향에서는 중국 연의 철기 문화가 요서 지역을 거쳐 동북 지역에 급격하게 유입되고 있구요. 다른 하나는 북동쪽 방향으로 북방 초원 지역의 유목 문화가 서서히 요동성과 길림성 동남쪽, 흑룡강성 동쪽으로 영향을 미치고 있습니다. 그래서 일반적으로 북위 탁리국의 소재지로 추정되는 눈강 하류 유역의 물질 문화 내용이 굉장히 중요합니다.

이 지역의 문화 양상을 살펴보면 신석기시대에서부터 초기철기시대 즉 기원전 4세기경까지 지속적으로 요서지역과 교류가 이루어지고 있습니다. 하가점상층문화와 백금보 문화〈그림 15〉 간의 직접적인 교류로 인해 서단산 문화의 중심지인 길림시 일대보다 훨씬 일찍 북방 초원 계통의 문화 요소가 유입되고 있습니다. 그래서 빨리 보면 기원전 6세기경에 이미 이 지역의 유적들에서 북방 초원 계통의 문화 요소가 나타나고 있습니다. 이런 과정을 거치면서 기원전 5세기경에 백금보 문화를 이어 새롭게 한서 Ⅱ기 문화로 발전하고 있는데, 그 문화 내용에는 굉장히 많은 북방 초원 문화 계통의 요소들이 들어있습니다.

이러한 한서 Ⅱ기 문화는 점차 그 문화적 영향력을 송눈평원의 남쪽으로 확대시키고 있는데, 그 전파 경로는 두 방향으로 정리할 수 있습니다. 하나는 송눈평원에서 요하평원 쪽으로 내려와서 길림 합달령 쪽으로 영향을 미치는 라인을 들 수 있습니다. 길림 합달령

〈그림 15〉 탁리국(고리국) 유적으로 알려진 흑룡강성 조원(肇源) 백금보(白金寶) 유적(ⓒ이장웅)

지역의 경우 기원전 3~2세기경 기존의 석관묘를 대체하여 대개석묘라는 대형 무덤들이 출현하고 있는데, 이런 무덤들의 매장습속 즉 다인장과 화장, 무덤 바닥에 자작나무 껍질을 까는 풍습, 압형호 등의 부장 유물은 모두 한서 Ⅱ기 문화의 영향으로 볼 수 있습니다. 다른 한 갈래는 눈강 하류와 동류 송화강(제1송화강)과 북류 송화강(제2송화강)을 따라 문화 요소가 전파되고 있습니다. 동류 송화강 유역의 경우 망해둔 유형과 경화성지 등에서 그 흔적을 확인할 수 있구요. 북류 송화강의 경우 전가타자 유적과 북령·왕가타자 고분군 등에서 한서 Ⅱ기 문화의 영향을 확인할 수 있습니다.

자료의 부족으로 인해 아직까지 한서 Ⅱ기 문화의 문화 내용을 명확하게 규정하기에는 어려움이 있습니다. 다만 최근에 관련 유적에 대한 발굴조사가 많이 이루어지고 있어 조만간에 그 실체를 명확하게 밝혀낼 수 있을 거라 생각됩니다. 제가 여기 오기 전에 잠깐 한서 Ⅱ기 문화 자료를 인터넷에서 검색해 봤더니 이미 관련 논문들이 수십 편 발표되어 있었습니다. 이후에 이들 자료를 정리해보면 한서 Ⅱ기 문화의 실체가 어느 정도는 밝혀질 거라 생각됩니다. 그리고 한서 Ⅱ기 문화의 영향은 여기에서 끝나는 것이 아니라 삼강평원, 즉 읍루 지역까지 커다란 영향을 미치고 있습니다. 이로 인해 기원전 3~2세기경이 되면 서단산 문화의 중심지인 길림시 일대를 제외하고, 나머지 지역은 모두 새로운 문화 유형으로 바뀌게 됩니다. 결국 길림시 일대도 기원전 2세기 초에 기존의 서단산 문화를 대체하여 부여의 고고학 문화인 포자연 문화가 새롭게 출현하고 있습니다.

좌장 윤용구 : 네, 감사합니다. 부여의 기원을 설명하기 위해서 기반 문화에

대하여 긴 시간을 할애하고 있습니다. 송호정 선생님께서 관련한 보충 말씀이 있으신 것 같아서 말씀을 듣겠습니다.

7. 부여의 영역과 국가 형태

송호정 : 다른 건 아니고요. 저도 토론 내용을 따라가기가 어려울 정도로 너무 전문적이어서요. 지금 이승호 선생님이 부여사 문헌 정리할 때도 앞부분에 중요한 쟁점으로 나왔고 그다음에 유은식 선생님 정리 부분에서도 나온 건데, 초기 부여 문화의 범위 즉 부여의 영역을 어떻게 설정을 하고서 이야기를 하느냐 인데요. 쉽지 않습니다. 참 어렵기는 하지만 이 정도는 전제로 하고 시작해야 되지 않나 하는 차원에서 제가 중간에 끼어든 건데요. 문헌에 보면 부여의 위치에 대해서는 현도군에서 1천리 정도 떨어져 있는 것으로 되어 있는데, 대체적으로 길림성 지역으로 추정을 하고 있습니다. 부여의 건국설화에 보면 북이北夷 탁리국이라고 나옵니다. 그런데 (건국설화를 보면) 흑룡강성 서북쪽에 해당되는 지역에서 엄호수라고 하는 강을 건너게 되고 그다음에 부여라고 하는 나라가 세워지게 됩니다. 현재의 행정구역이나 지형을 보면 엄호수라고 하는 강은 건국설화이기는 하지만 어느 정도 역사성이 있다고 보이며, 제1송화강으로 봐야할 것 같고요. 제1송화강을 끼고 그 위쪽 어딘가에 북이北夷 탁리국 또는 북부여라고 볼 수도 있는 지역에서 동명왕 세력이 내려와서 길림성 지역에서 부여국이 시작되는 것으로 기록되어 있습니다. 따라서 대체적으로 길림성 흑룡강성을 부여의 문화적 범위 또는 세력범위로 놓고 이야기를 해야 되는 것 같습니다.

지금 이종수 선생님 이야기도 결국에는 초기 부여 지역으로서 이야기되는 북이 탁리국이나 북부여로 이야기되는 백금보-한서라고 하는 지역의 문화가 길림 일대의 서단산 문화 지역으로 내려오면서 이것이 후기 단계 백금보-한서Ⅱ기 단계로 발전하고, 서단산 문화 후기 단계로 가면 서로 비슷한 형태로 융합이 되는 모습들이 보이거든요. 그렇다면 대체적으로 흑룡강성의 서북쪽까지 포함하고 길림성 일대를 (범주가 넓기는 한데) 부여의 영역으로 볼 수 있을 것 같습니다. 부여의 구체적인 영역 범위는 제1송화강을 북쪽 경계로 해야 될 것 같아요. 흑룡강까지 범위를 넓히기에는 너무 넓고요. 오른쪽 동남쪽은 장광재령과 합달령이라고 하는 큰 고개가 있습니다. 그리고 읍루하고 북옥저 지역이 자연스럽게 경계가 되고요. 서남쪽은 휘발하라고 하는 지역을 경계로 해서 고구려와 접하고 있었다고 보입니다. 대개 그 영역 범위 안에서 나오는 고고학적인 문화들을 가지고 부여의 초기 단계나 후기 단계의 특성을 이야기해야 될 것 같습니다.

전문적인 유적 명칭들이 토론 내용으로 오고 가고 하니까 저도 헷갈려서 정리 차원에서 말씀을 드렸는데요. 이렇게 하더라도 문헌에 나오는 북부여라든지 북이 탁리국 문제는 쉽게 해결은 안 됩니다만, 그 내용들은 각자의 견해와 함께 의견들을 좀 더 나누면 어떨까 싶습니다.

좌장 윤용구 : 네, 부여의 기원이야기 하다가 탁리국 이야기로 자연스럽게 넘어가면서 영역과 관련된 북부여, 동부여의 문제까지 언급을 해주셨습니다. 본격적으로 넘어가기 전에 강인욱 선생님께 잠깐 추가 말씀을 듣겠습니다.

강인욱 : 아마 시간은 길어도 다시는 돌아오지 않을 것이기 때문에 말씀드리

겠습니다.

첫 번째로 아까 초기 부여를 이야기할 때는 연대를 올릴 수 있다고 했습니다. 다만 그것이 꼭 부여라는 국가는 아니더라도 형성 과정의 하나로도 볼 수 있겠지요. 다만 현재 우리 학자들끼리 통일되지 않은 중요한 문제가 있습니다. 아까 유은식 선생님께서 발표하실 때 부여의 문화라고 하셨거든요. 이승호 선생님 발표에도 나왔지만 우리는 기본적으로 부여가 하나의 문화로 이루어진 국가라는 생각은 많이 안합니다. 왜냐하면 부여 자체가 사출도도 있고 다양한 부족연맹체로 이루어졌기 때문이죠. 그렇다면 부여의 문화는 한 개가 아니라 여러 개가 될 수 있거든요. 그런데 아까 유은식 선생님이랑 잠깐 이야기도 해보고 발표를 들어보니까 유은식 선생님은 길림시 일대에 있는 부여 중심부만을 부여 문화로 보고 싶다는 그러한 견해를 피력하셨어요. 물론 저는 그것도 충분히 존중할 수 있는 부분이기는 하지만, 이것을 부여 국가권에 있는 다양한 문화로 볼 것인지 아니면 부여 중심지의 문화로 볼 것인지를 처음에 이야기하지 않고 논지를 전개한다면 서로 많은 말이 엇갈릴 것이라는 생각이 듭니다.

두 번째 중요한 문제로 다양한 문화들이 유입되고 있다는 것에 대해서 이종수 교수님도 동의를 하셨는데요. 다만 북방 초원 문화라는 것이 결코 하나가 아니고 엄청나게 복잡하다는 것을 말씀드리고 싶습니다. 그래서 몽골 쪽에 있는 흉노의 북방 초원 문화인지 그리고 중국 북방에서 일정 정도 중국화가 된 초원 문화인지 상당히 세분되어 있습니다. 아무래도 저는 그 지역의 전공자이다 보니까 자꾸 북방 문화라고 말씀들을 하시면서 한반도의 수십 배 되는 땅을 한 데 뭉뚱그려서 보시는 것이 아닌가 합니다. 부여도 애매모호한

데 북방 문화까지 그래서 더 애매한 것이 아니겠는가 하는 생각을 해봤습니다.

마지막으로 제가 드리고 싶은 말씀으로 저희가 지금 부여를 언급하는데 하나의 커다란 실체를 빼먹고 있다는 겁니다. 계속 얘기가 나왔지만 고고학적 방법론에만 의존하고, 만약에 부여라는 기록을 아예 모르는 상태에서 (부여와 관련된 고고학적) 자료들을 본다고 하면 과연 우리는 이것을 국가라는 단계로 상정할 수 있을까 하는 기본적 질문을 드리고 싶습니다. "국가는 언제부터였을까? 그 영역은 어디였을까?"하는 문제를 많이 이야기합니다. 실제로 고고학이나 인류학적으로 다양하게 국가의 형성 과정을 보여주는 다양한 현상들이 있습니다. 그런데 그러한 현상들이 부여에서는 명확하게 보이지 않기 때문에 저희는 선험적으로 부여를 규정하고 들어갑니다. 그런데 이거는 일반적인 고고학적 방법론에서 쓰는 방법이 아니에요. 보통 고고학은 귀납적으로 들어가죠. 물론 서양의 인류학 같은 경우는 모델링을 하고 들어가지요. 마크 바잉턴의 저서도 그런 방법을 시도합니다만, 사실 쉽게 들어가지 않거든요. 국가라고 이야기하기 전에 과연 부여는 그 국가체계를 어디에서 배워오고 또 어떠한 국가를 지향했는가라고 저는 그 점에 대해서 먼저 개념 규정을 할 필요가 있지 않겠는가 생각합니다. 다시 말하면 우리는 막연하게 모든 고대국가는 똑같은 패턴으로 전개되었다고 하는 생각들을 가지고 있는 것 같아요. 부족연맹체였다가 강력한 고대국가를 형성한다는 생각이지요. 그런데 만약에 부여의 형성에 대하여 제 견해에 동의하신다면 기원전 4~3세기 때 이미 국가로서의 커다란 발걸음을 떼었다고 볼 수 있지요. 과연 그때의 부여는 어디에서 국가라는 것을 배울 수 있었을까요? 어디에서 그들은 국가라는 체계를 보고 왔을까요? 고조선일까요? 세 가지 선택이 있습니다. 고조선, 흉노 아니면 중국이겠죠? 근데 현재로서는 중국과 비교할 수 있는 크리테리아(척도)는 전혀 보이고 있지 않습니다. 따라서 저희도 지금 고조선을 얘기했고요, 앞으로 토론이 될지 모르겠지만, 저희는 커다란 실체를 빼먹고 있습니다. 바로 흉노라고 하는 몽골을 중심으로 해서 대흥안령까지 이르는 선비까지 어떻게 보면 포괄을 했던 거대한 유목제국입니다. 우리는 흉노를 제대로 감안하지 않고 그냥 국가의 성립을 이야기하고 있는데요. 개인적으로 저는 부여가 이러한 부족연맹체의 성격으로 마지막 망할 때까지도 유지하고 우리가 생각하는 한국의 고대국가로 가지 않았던 핵심적인 이유는 이들이 처음으로 지향했던 국가의 모습이 우리가 선험적으로 규정하는 (강력한 중앙 집권) 국가가 아닐 수도 있다는 가능성도 열어두었으면 좋겠습니다. 그리고 우리는 바로 옆에 있는 북방 초원을 많이 이야기하면서 흉노의 국가와 사회체계가 부여와 관련되어 있을 가능성에 대해서는 외면해왔기 때문에 기원을 이야기할 때 한 번 더 그런 점에 대해서 고려하시는 게 어떨까 합니다. 이상입니다.

8. 부여 동명신화와 고고학 자료

좌장 윤용구 : 제가 오늘 시간이 많아서 상당히 느슨하게 진행을 해왔는데요. 약간 사회자의 권한을 발휘해야 될 시점이 온 것 같습니다. 부여의 기원과 관련해서 물론 백제와 부여라고 하는 저희한테 주어졌습니 다만 사실 전 세계 초기 정치체의 리더들의 탄생 또는 출현에 관한 설화든, 신화를 보면 하늘에서 내려오거나 어디 멀리서 오거나 하는 경우가 대부분입니다. 이는 한국고대 신화만이 아니고, 초원지대의 흉노, 선비, 오환의 영웅 탄생설화가 모두 비슷합니다. 『삼국

지』 오환신비전에 보면 초원에서 가장 중시하는 영웅은 흉노의 묵특입니다. 이후 선비 단석괴라는 인물이 그 명성을 이어갑니다. 그는 서역의 돈황에서부터 동쪽으로 요동까지 동서 1만 2천리, 남북 7~8천리의 대제국을 이룩하였습니다. 그런데 그 단석괴 탄생설화가 사실은 동명설화나 주몽설화하고 기본 화소는 똑같습니다. 특히 탁발선비의 탄생설화에서는 영웅의 어머니의 존재가 부각됩니다. 마치 부여의 설화에는 왕을 따르는 시종이 임신한 것으로 되어 있지만, 주몽신화로 넘어오면 하백, 유화의 신모神母적 성격이 강조되는 것과 같습니다. 아무튼 부여의 문화는 기본적으로 초원과 비슷하고, 중국 문화에 의해서 복합되는 양상을 보여주고 있습니다. 이런 점에서 부여의 중심지 물질 문화만을 대상으로 부여 문화를 보는 것이 타당한지 의문도 듭니다. 이런 점에서 물질 문화를 유형화하고, 영역과 문화권을 설정하는 것에 대해서 비판적인 의견을 제시해왔던 권오영 선생님의 의견을 듣기로 하겠습니다.

권오영 : 좌장 선생님께서 다 좋은 말씀하셔서 저도 동의합니다. 몇 분 만에 끝낼까요?

좌장 윤용구 : 선생님 뜻대로 하셔도 될 것 같습니다. 한 5분 정도.

권오영 : 예전에 비해서 이런 문제를 접하는 우리 학계의 수준이 정말 심화됐다는 생각이 들어요. 그것을 우리가 고대사 고고학 교육을 시킬 때 초등학생 위인전에 나오는 내용과 중학교 중등교육과 대학교 이후의 교육과 전문 학술교육의 내용이 다를 수밖에 없는 것처럼 당연히 위인전이라면 탁리, 고리, 색리에서 부여로, 부여에서 고구려

로, 고구려에서 백제로 쭉 이야기 해주겠죠. 근데 조금 더 우리가 심화된 연구를 한다면, 저는 옆에 송호정 선생님이 계셔서 반대하기가 조금 껄끄럽기 하지만, 또 그래야 재미있으니까요. 저는 기본적으로 윤용구 선생님 말씀하신 것처럼 대개 건국신화, 건국설화의 내용은 거의 비슷한 내용에 주인공도 거의 비슷하기 때문에 탁리, 색리, 고리에서 부여로 왔다가 부여에서 고구려, 고려로 갔다. 결국은 탁리, 색리, 고리나 고구려인데, 그리고 이 동명왕과 주몽을 엄격히 구분해서 부여는 동명이 되고 고구려는 주몽으로 나눠보기도 하고, 하지만 또 고구려의 주몽은 동명성왕이 되고 계속 악순환이 되는 연결 구조에서 벗어날 수가 없거든요. 결국 이 문제는 이러한 일광에 감응되는 영웅의 탄생이라고 하는 것은 어떤 특정한 국가, 특정한 민족의 건국신화가 아니라, 지금 윤용구 선생님 말씀하신대로 널리 퍼져있는 것이다. 라고 생각하는 것이 옳다고 생각을 하고, 그다음에 조금 전에 강인욱 선생님도 말씀을 하셔서 저도 거의 비슷한 생각인데, 부여라는 국가가 형성되고 난 이후에는 부여 사람들의 동질성이 강해지겠죠. 그리고 부여라고 하는 그 문화도 뭔가 우리가 그려볼 수 있는 모습이 잡히겠지만, 훗날 부여라는 국가가 될 지역 그 종족들의 아직 부여라는 국가가 되기 전의 물질 문화의 내용이 부여라고 불릴 수 있게 하나의 범주화된다고 생각하는 것은, 절대 그럴 수 없다고 생각합니다. 왜냐면 신석기, 청동기 시대 이후에 중국 동북 지방 초원 지대에, 그 넓은 지역에 얼마나 다양한 종족과 다양한 문화가 발전했겠어요. 그러다가 외부인들에 의해서 아니면 스스로에 의해서 이런 정도는 부여라고 부른다든지, 이런 정도는 옥저라고 부른다든지 그렇게 하다가 그 중간 단계에는 경계도 분명하지 않겠죠. 내가 옥저인지, 동부여인지 모르는 사람도 있을 것이고 경우에 따라서는 알자스-로렌Alsace-Lorraine처럼 왔다 갔다 하는 경우도 있을 것이고 결국 그것은 국가가 형성되고 난 이후에 조금 더 안정될 것이란 말이죠.

그래서 너무 긴 얘기는 할 수 없지만 저는 탁리국을 부여의 기원이라고 해버리면 어떤 문제가 발생하느냐? 그러면 또 탁리국의 기원은 또 어디냐? 끊임없이 우리는 이 문제에 들어가기 때문에 역시 부여의 기원을 얘기할 때는요. 송 선생님, 미안합니다. 서단산 문화로부터 이어지는 길림 지역에서, 지금 포자연 문화 사이 중간에 갭이 있다는 얘기들은 다 하시는데, 그 갭을 어떻게 생각해줘야 합니다. 아니면 마음 편하게 또다시 외부에서 들어오는 영웅들을 끌어와 버리면, 또 나중에 이야기 나오겠지만 백제도 마찬가지죠. 중부 지역의 중도 유형 문화에서 한성백제로 이어지는 흐름을 중요시하는 고고학자들이 있는 반면에, 문헌적으로 부여 혹은 고구려에서 점프해 들어오는 유이민을 중요시하는 고대사학자가 있단 말이죠. 결국 구조가 똑같아요. 하여튼 정리하자면 영역과 종족이라고 하는 것이 시기가 올라갈수록 선을 그을 수 있는 뚜렷한 것은 아니고, 결국 그것은 결과적인 것이 아니냐. 그랬을 때 우리가 기원을 따지기보다는 그 지역 각각의 고유한 문화의 발전 양상을 보는 것이 효과적이라는 생각입니다.

좌장 윤용구 : 네, 알겠습니다. 이미 두 분의 발제자 선생님께서 색리국 또는 탁리국 그다음에 그와 관련된 한서 문화 그다음에 경화 유형에 있는 최근 중국학자들의 의견에 대해서 이미 논쟁을 정리해주셨고요. 유은식 선생님께서는 물질 문화 측면에서 길림 지역하고의 연관 관계를 현재의 자료상으로는 찾기가 어렵다는 사실은 현재 자료

상태로서는 단정적인 말씀을 주셨어요. 그리고 이승호 선생님께서는 사실 고고학 자료를 본인이 논거를 삼고 계시는 것은 아니고 논쟁을 정리하신 입장이고 그런 측면에서 말씀을 해주셨는데요. 이 부분에 대해서 길게 더 토론을 할 수는 없을 것 같습니다. 그리고 한서 문화의 경우에는 이종수 선생님 말씀에 따르면 최근에 새로운 자료들이 많이 출현해서 현재까지의 문화의 성격하고는 조금 단절을 시켜야 될 부분이다. 하는 부분을 현재로서 이야기하기가 단정을 짓기는 어렵다는 말씀을 하셨습니다.

9. 북부여, 동부여 문제

부여 주변지역에 물질 문화 중에서 비영역 또는 영역이 아닌 지역으로 설명하는 것 중에 서차구 부분이 있는데요. 자연스럽게 부여, 북부여, 동부여 이 문제로 넘어가면서 서차구 문제를 다시 다뤄보도록 하겠습니다. 이승호 선생님께서 기존 연구를 정리하고 본인의 견해를 제출하셨습니다. 이에 대해 송호정 선생님께서 말씀해 주시기 바랍니다.

송호정 : 부여사 책을 내긴 했는데… 제가 1995년도부터 한 2년 정도를 공부를 했습니다. 이를 바탕으로 당시 국사편찬위원회에서 신편한국사 책(4권)을 낼 때 부여사 원고가 네 꼭지였는데, 그것을 제가 모두 정리하게 되었습니다. 그 이후에 심도 있는 연구는 안 됐지만 책을 내면서 부여사와 관련된 쟁점이 될 수 있는 중요한 부분들을 나름대로 정리를 하려고 노력했습니다. 그러나 많은 쟁점들을 해결 못하고 용두사미처럼 마무리할 수밖에 없었던 이유는 제가 정리하고자 하는 방향이 고구려사를 전공하시는 분이 바라보는 부여사 시각

하고 너무나 달랐기 때문이었습니다.

말을 제가 돌렸습니다만, 부여사의 가장 중요한 주제는 하나의 사료에 등장하는 북부여, 동부여, 부여라고 하는 이 세 개의 부여를 어떻게 볼 것이냐. 이건데요. 현재 고구려사를 전공하는 분들은 북부여하고 부여를 같은 국가로 봅니다. 즉, 부여는 고구려의 북쪽에 있다고 해서 북부여라고 불렀다는 거고요. 동부여는 285년에 모용외의 침입에 의해서 의려가 자살을 하고 의라가 이끄는 부여의 세력들이 옥저 지역 두만강 유역에 가서 잠시 있다가 서진의 도움을 받아서 복국을 한 뒤에 남은 잔여 세력들이 세운 국가로 봅니다. 410년 영락대왕 20년에 동부여를 친 기록이 광개토왕비문에 나오는데, 이때 나오는 동부여도 두만강 유역에 있는 부여로 이해를 하는 것이 현재 고구려사를 전공하는 사람들의 입장입니다. 그러나 고구려사를 전공하는 분의 부여에 대한 입장, 즉 부여는 북부여와 동부여로 구성되어 있었고, 동부여는 285년 이후에 세워진 국가라고 하는 이런 인식에서 접근을 하면 부여사의 체계적 이해는 매우 어렵습니다.

중국의『위서』에는 동부여, 북부여라는 명칭이 없습니다. 처음부터 끝까지 부여로만 기록되어 있습니다. 우리 문헌에만 동부여나 북부여가 등장하는데요. 가령『삼국유사』에 보면 부여는 북부여와 동부여로 기록되어 있습니다. 이런 기본적인 인식은 대개 장수왕대에 만들어졌다고 고구려사 전공자들은 보고 있습니다.『삼국유사』에서는 북부여가 부여인데 이들이 분가해서 동부여가 세워진 것으로 되어 있고요.『삼국사기』고구려본기의 동부여 기록은 동명왕본기에 유화부인의 사당을 모셔놓은 곳으로 동부여가 나오고, 그다음 내용부터는 동부여라 하지 않고 부여로 기록하면서 그 왕위가 부루, 금와, 대소로 이어진다고 하고 있습니다.

결국, 『삼국사기』의 기록을 보면 동부여는 부여라 할 수 있습니다. 동부여 기록에 부여 왕위가 그대로 다 이어지고 있습니다. 한편 410년 광개토왕비문의 고구려에 의한 동부여 정벌 기록에는 부여가 동부여로 나오는데 그것은 부여에 대한 정벌 기록으로 보아야 합니다. 그 바로 다음 문장에서는 광개토왕이 재위 기간 동안에, 412년에 죽기 전까지 64개의 성과 1,400개의 촌을 점령했다고 합니다. 그렇다면 그 앞에 기록된 백제를 친 내용, 신라를 친 내용은 광개토왕이 그 나라의 왕성을 공격했다는 것으로 보아야 합니다. 고구려의 동부여 공략 기록도 결국은 고구려가 길림지역에 있는 부여

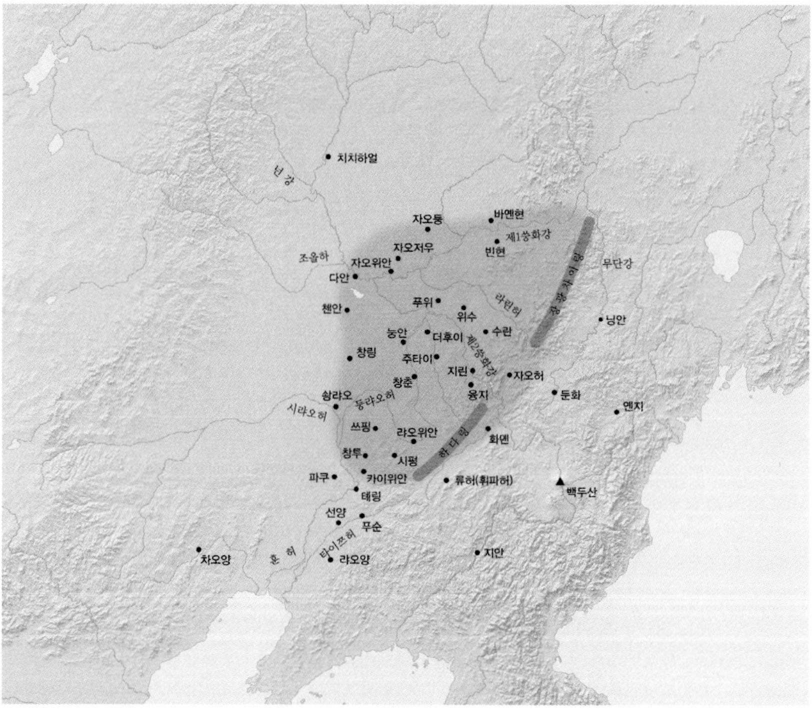

〈그림 16〉 서기 3세기경 부여 전성기 영역 추정 지도

의 왕성을 친 것으로 볼 수 있을 겁니다.
그리고, 부여의 후기 왕성이 어디냐 이런 논란이 있을 수 있는데, 제가 보건대 410년 고구려의 동부여 공격 기록은 부여의 왕성을 친 겁니다. 그렇게 본다면 질문하신 동부여와 부여를 어떻게 보느냐 하는 문제는『삼국사기』기록과 광개토왕비문을 근거로 같은 실체로 봐야 된다. 이것이 제가 드릴 수 있는 이야기입니다. 그러나 이런 생각은 현재 고구려사를 전공하시는 분들의 논리에서 보면 충돌되는 부분들이 많기 때문에 이후에 더 고찰이 필요합니다.
최근 고구려사를 전공하시는 분들 가운데 동부여의 위치를 두만강 유역으로 보지 않는 분들이 많이 있습니다. 두만강 유역은 이미 태조왕 이전부터 고구려의 영역으로 서술되어 있고 태조왕대에는 두만강 유역에 책성이라는 것을 설치합니다. 우리가 동옥저를 남옥저, 북옥저로 나누어 볼 때 남옥저는 이미 6대 태조왕 이전부터 고구려의 영역이었고, 북옥저 또한 독자적인 문화를 계속 가지고 있었거든요. 거기에 부여가 건국될 상황들이 안 되기 때문에 두만강 유역을 동부여의 위치로 비정하기가 어렵다는 것이지요. 만일 285년 이후에 두만강유역에 동부여가 있었다면 고구려의 영역은 어떻게 지도를 그려야 될까요? 당시 3세기는 소수림왕 때인데 두만강 유역은 이미 고구려영역으로 봐야 되는 것이죠. 그 당시 길림 지역에 있는 부여의 상황을 보면, 346년에 고구려가 공격을 해서 서쪽으로 잠시 수도가 옮겨가죠. 고구려의 공격으로 수도가 옮겨갔지만 그 부여는 언젠가는 복국을 했다고 봅니다. 제 개인적인 생각일 수 있는데, 후기 부여 수도가 농안이든 어디든 그곳에서 끝까지 있었다고 보지는 않습니다. 346년에 연 가까이에 옮겨간 부여는 언젠가 다시 복국을 해서 길림지역에서 부여라고 하는 나라의 명맥을 유지했고, 410년에 광개토왕의 침공으로 고구려의 속국처럼 지내다가 494년에는 더 이상 국가의 명맥을 유지할 수 없었기 때문에 항복을 한 것으로 이해를 하는 것이 합리적이라 생각합니다.

좌장 윤용구 : 네, 쉽지 않은 주제인 것 같습니다. 사실 고구려사 쪽에 이미 송호정 선생님 말씀하신 바와 같이 많은 고구려사 연구자들이 광개토왕비를 다루면서 동부여 문제를 한 번씩은 다 언급들을 하신 편이고요. 그래서 그 부분은 앞으로도 논쟁이라면 논쟁이 또는 견해의 합일점을 찾기는 문헌상으로는 쉽지 않은 주제고요. 생각을 바꿔야 되는데요.

우선 제가 이승호 선생님 발제문에 한 가지 의문이 있는데요. 선생님은 북부여가 고구려든, 백제든 공격을 받아서 연 지역으로 일단 옮겨간 뒤에 그 지역과 원래 있던 지역이 하나는 북부여가 되고 하나는 동부여가 된다는 그런 말씀이신가요?

이승호 : 네, 그렇게 바라보는 견해가 방금 송호정 선생님께서 정리해주신 견해입니다. 제 견해는 아니고요. 송호정 선생님께서 말씀하시는 것은 346년 이전 어느 시점에 길림지역에 있던 부여가 백제라고 표현된 어느 세력에게 공격을 받고 잠깐 "서사근연"이라는 표현에서 알 수 있듯 서쪽으로 이동하면서 길림시에 남아있는 부여세력이 자연스럽게 동쪽에 있는 부여가 됐다.

좌장 윤용구 : 구별이 돼서.

이승호 : 네, 그래서 동부여라고 불리게 되었다고 보시는 게 송호정 선생님

견해고요. 저는 다르게 바라보고 있습니다.

좌장 윤용구 : 그런데 이제 내용을 들으면 말씀은 이해가 가는데 광개토왕비문은 414년에 만들고 지금 "서사근연"은 346년 이전에 발생했던 일이잖아요. 그런데도 거의 한 60년 가까이 지난 뒤에 작성된 광개토왕비문에 여전히 북부여와 동부여가 양립되어 있다고 하면 일단 기록상으로는 참 쉽지 않은 접점이 있어요. 그 부분은 논쟁을 계속한다고 해결 될 일은 아닌 것 같고요. 다만 이제 285년에 부여가 모용씨한테 1차 침공을 받고 옥저로 이주한 기록이 있거든요. 관련해서 지금 두 분의 패널이 한 분은 동옥저, 북옥저와 관련한 물질 문화 부분에 대한 설명과 논의가 있어요. 먼저 강인욱 선생님 의견을 부탁드립니다.

10. 부여와 옥저의 물질 문화

강인욱 : 네, 저희가 처음에 나올 때만 해도 5시간이니까 야구보다 길다고 생각해서 느긋하게 마음 먹고 있었는데 상당히 회전이 빠릅니다. 먼저 제가 옥저 쪽을 계속하고 주시하고 있고, 얼마 전에는 저는 두막루라고 보는 삼강평원 지역의 봉림문화 등에 대해서 연구를 했기 때문에 부여와 옥저의 물질 문화가 어떻게 차이가 나는가에 관련해서 이 문제를 접근해볼까 합니다.

먼저 제가 말씀 드리고 싶은 점은 고대사에서 주로 논의하는 북부여, 동부여, 남부여 같은 다양한 부여에 대한 것입니다. 그런데 그런 다양한 부여가 과연 고고학적으로 증명이 될 수 있는가하는 문제입니다. 그리고 하나하나 문헌을 자세하게 분석하면 검증될 수 있는 문제인가입니다. 저는 무척 회의적입니다. 왜냐하면 저는 이것을 흔히 '스캐너의 원리'로 설명합니다. 원본이 흐릿한 사진은 스캐너를 좋은 것으로 바꿔도 원본 이상 나올 수가 없다는 뜻입니다. 과연 우리가 현재 가지고 있는 자료의 수준에서 북옥저, 동옥저, 남옥저, 부여, 북부여를 밝힐 수 있을까요? 예컨대 북부여라고 하면 모든 사서에 나온 북부여가 모두 하나의 나라를 지칭하는 것도 아닌 것 같습니다. 즉 고고학적으로 특정한 문화가 분류된다면 대략적으로 그것에 대입되는 사서에 등장하는 실체로는 '북부여' 정도가 있다고 이야기는 할 수 있을 것 같은데요.

먼저 하고 싶은 말은 현재 부여 지역성에 대한 전반적인 고고학적 상황을 스케치하듯이 본다면 상당히 재미있는 현상을 발견할 수 있습니다. 부여와 옥저는 토기상이나 철기상으로 봤을 때 특히 동쪽은 거의 차이가 없을 정도로 유사하다는 점입니다. 마치 두 집단 사이는 경계가 없이 일련으로 두만강까지 이어지는 양상을 보이기 때문에 현재 부여, 동부여, 북옥저, 이들이 구체적으로 어떻게 비정이 될지 모르겠지만, 등에 비정되는 지역을 포함한 넓은 지역인 북쪽의 삼강평원부터 시작해서 목단강 유역, 장광재령, 두만강 유역까지는 거의 문화차이가 없고 토기상의 차이가 없을 정도입니다. 이와 관련해서 송호정 선생님께서 두만강은 이미 고구려한테 복속이 되어 있었기 때문에 동부여로 보기 어렵다고 말씀하셨는데요. 두만강 유역 같은 경우는 물론 1세기, 2세기 때부터 책성이 설치되면서 문헌상으로는 그들은 고구려상으로 되어 있습니다. 하지만 제가 고고학적으로 본 바로는 거기에 고구려 유물이 전혀 없습니다. 고구려 계통이라고 하는 유적은 거의 발해의 성립시기와 이어지는 고구려 후기의 성지 유적 정도입니다. 그것을 제외하면 어떠한 (전형적인) 고구려 유물이 나오고 있지 않습니다. 기본적으로 두만강 책성 일대는 처음에 북옥저 크로노프카 문화였다가 나중에 읍루 폴체/올가 문화가 내려오는 양상을 보여주고 있습니다.[3]

즉 여기서 또 다른 재밌는 점을 말씀드리고 싶습니다. 고고학적으로 봤을 때 동부여, 북부여, 남부여는 정확히 비정할 수 없는 게 사실입니다만, 더 중요한 것은 '서부여'가 없다는 것입니다. 서부여를 부여의 서쪽이라고 상정해본다면 말한다면 아마 서차구나 노하심과 같은 너무나 확연하게 초원 경향이 강한 문화에 해당될 것입니다. 반면에 동쪽에 있는 여러 부여들(동부여, 북부여, 남부여)에서 옥저까지는 상당히 문화가 유사하기 때문에 무 자르듯이 분리할 수 없습니다. 따라서 문헌에 나오는 다양한 부여의 이름을 그대로 분리하려 노력하기보다는 고고학적 문화권으로 놓고 탄력성 있게 해석하는 게 맞지 않을까 하는 생각입니다. 이상입니다.

좌장 윤용구 : 네, 알겠습니다. 지금 말씀을 들어보니까 쉽지 않네요. 길림시 주변 문화상하고 주변하고는 동질성을 찾기 어렵다고 하는 발제의 말씀도 있으셨고 그걸 떠나서 지금 장광재령 너머에 연해주 방향으로 두만강 하류지역으로 통하는 남북의 산림지대에 있는 기본적인 토기상은 동질성이 보인다는 이런 말씀을 하셨어요. 그런데 그것과 관련해서 권오영 선생님 2분을 말씀하셨는데 5분 드리겠습니다.

권오영 : 강인욱 선생님이 제가 할 애기를 많은 부분하셨기 때문에 제가 2분만 하겠습니다. 오늘 제가 하다보니까 자꾸 제 옆에 계신 송호정 선

3 강인욱, 2018, 「고고자료로 본 백산말갈과 고구려의 책성」『동북아역사논총』 61, 42-79쪽.

생님하고 부딪치고 멀리 있는 강인욱 선생님하고 의견이 통하는데 사실 제가 고구려사 연구자들에게 하고 싶은 이야기인데 고구려에서의 지방지배방식이 다르다는 것은 다 인정하잖아요. 어느 지역 요하 일대가 다르고, 한강유역이 다르고 다 다른데 그러면 연변지역도 당연히 다를 수밖에 없죠. 연변지역에 대한 고구려의 지배방식이 어땠을지. 즉, 옥저지역. 연변지역을 가보면 거기는 유적들이 옥저 것인지, 고구려 것인지 심지어 동부여인지, 발해인지 이 자체가 헷갈리는 경우들이 많아요. 그래서 저는 이 연변지역, 두만강 지역, 옥저지역이 고구려의 영토였기 때문에 부여의 잔여세력이 거기에 웅거할 여지가 없다고 하는 것은 그 당시 영역개념을 완전히 질서정연하게 속속들이 다 지배한다고 보면 모르지만 그것을 충분히 가능한 일이라고 생각하고 또 하나는 후대의 일이지만 통일신라가 보덕국을 운영하는 것을 보더라도 얼마든지 자신의 영역에 중앙이 아닌 지방 내에 위협적이지 않은 세력들 아니면 오히려 그 지역 주민들을 통제할 수 있는 방법으로 그런 것을 쓸 수 있기 때문에 제가 뭐 북부여, 동부여 문제를 깊숙이 들어갈 여지는 아니지만 그 부분만큼은 조금 여유를 두고 봐야지. 지금처럼 선을 딱 그어서 "고구려 영토 내에 너희는 못 들어온다." 이런 것은 아닌 것 같다. 그 정도로만 말씀을 드리고요.

하나만 추가하자면 이승호 선생님이 이 문제를 계속하시려면 언젠가는 부딪쳐야 하는 문제가 여기서부터 시작해서 김해로 갔다고 하는 그런 주장들이 있기 때문에 지금 보니까 여기서는 전혀 안 다루시고 있는데 언젠가는 그분들에게 공격을 받을 것을 대비해서 준비를 하셔야 한다. 그런 부탁입니다.

좌장 윤용구 : 네, 송호정 선생님 더 하실 말씀 있으세요?

송호정 : 사실은 저의 이야기를 단서로 해서 중요한 말씀들을 해 주셨습니다. 다 동의하고요. 강인욱 선생님 말씀하고 권 선생님 말씀에 동의하는 차원에서 한말씀 드립니다.

지금까지 저희가 부여라고 하는 국가의 실체에 대해서 조금씩 접근해 가면서 이야기를 한 거라면, 제가 전공한 분야인 고조선의 경우도 사실 많은 분이 비파형동검에 매달리는데 정리가 쉽지 않아요. 그런데 비파형동검문화로 표현되는 그 시기는 고조선사로 보면 전기, 초기 단계에 해당되거든요. 그래서 초기 단계, 전기 단계의 고조선 문화나 고조선사를 이야기를 할 때는 비파형동검을 가지고 이야기 하지만 전성시기의 고조선은 저는 후기에 있다고 봅니다. 고조선 후기는 철기를 쓰고 세형동검을 쓰는 단계인데 위만조선 시기이고, 이 후기 단계와 전기의 문화를 구분해서 봐야 합니다. 저에게 고조선의 문화가 뭐냐고 물어보면 저는 앞 단계, 뒤 단계의 문화가 다르다고 봐요. 그래서 그런 부분들을 명확히 해야 하는데, 부여 문화의 경우도 보면 제가 문헌에 입각해서 말씀을 드리기는 했는데, 고고 자료와 종합적으로 보면 흑룡강성 서북쪽까지도 포괄하는 광범위한 범위가 부여의 형성과정에서 이야기가 되어야 된다는 겁니다. 중심지는 결국에는 길림 지역 일대인데, 그 지역에서 서단산 문화를 계승한 초기철기 문화가 결국에는 부여 문화의 특성을 이룹니다. 그래서 권오영 선생님 말씀대로 선주민문화로서 서단산 문화를 계승해서 그 이후에 부여의 문화가 어떻게 특성을 형성하는가 이런 부분에 집중을 해야 된다는 말씀에 100% 동의하고요.

앞으로 부여 이야기를 풀어갈 때는 길림 지역에서 형성되었던 한대 이후에 형성된 부여 문화의 특성들이 뭔지를 좀 더 명확하게 정리하고 그것들이 주변으로 어떻게 확산해 나가고 한반도 남부지역까지 어떤 영향을 줬는지, 이러한 이야기가 되어야지 저희들이 이후에 얘기될 부분들이 풀리지 않을까 생각합니다.

결국에는 한국 고대의 정치체나 국가사를 이야기할 때는 최종적인 해석은 (고고학적인 다양한 그런 현상들을 충분히 고려는 해야 하지만) 기본적으로 문헌상의 내용을 가지고 결론을 내릴 수밖에 없는 거예요. 제가 앞에서 부여사의 흐름을 단정적으로 이야기했는데, 동부여하고 북부여를 어떻게 봐야 되는가. 이 문제는 결국에는 문헌자료를 놓고 해석할 수밖에 없다. 이런 생각이 들었습니다.

제가 요즘에 조금 주목해서 봤던 것이 광개토왕비문의 410년 기록인데, 아무리 생각해도 두만강 유역에 있는 부여를 치려고 광개토왕이 직접 가지는 않았을 거라는 생각이 듭니다. 광개토왕비문에 그 부여는 동부여로 표현이 되어 있거든요. 그렇다면 410년 동부여 공략 기록을 광개토왕이 부여의 왕성을 직접 친 것으로 해석을 한다면 저와 같은 생각들이 가능하지 않을까 생각합니다. 그리고 고고학적인 측면에서 말씀하신 부분들에 대해 저는 100% 동의를 하는데요. 고고학적 자료들은 문헌하고 연관이 전혀 안 되는 것들이 있어서 그런 부분들을 적절하게 사료와 연결시켜서 해석하고, 기존에 고구려사를 전공하시는 분들의 시각하고 충돌되지 않는 범위 내에서 부여사 이야기를 풀어나가도록 고민을 좀 더 해야 할 것 같습니다.

좌장 윤용구 : 북부여, 동부여 문제는 마무리를 하고 다음 논제로 넘어가야 할 것 같습니다. 이승호 선생님 하실 말씀이 있으시리라고 짐작이 됩니다만 일단 이따가 시간이 되시면 다시 기회를 드리는 것으로

먼저 말씀을 드리도록 하고요.

11. 부여의 왕권과 국가 형태

북부여, 동부여 이야기는 부여의 중심지와 주변 지역에 대한 논의가 되겠습니다. 자연스럽게 부여의 왕권과 국가구조의 문제로 넘어가게 되는데요. 아까 송호정 선생님께서 부여사를 중심에 놓고 부여사를 이해했으면 좋겠다. 부여를 중심에 놓고 하는 그 표현 그리고 아울러 권오영 선생님께서 고구려사 연구자들에 대한 의견, 고구려를 너무 지나치게 초기부터 광대한 영역을 계획적으로 지배한 듯한 그런 표현들인데요. 이런 것이 부여사를 위축되게 이해하는 그런 요인이 된 것이 아닌가 하는 생각을 앞서 두 분 말씀을 들으면서 하지 않을 수가 없습니다.

이승호 선생님이 제시해주신 논제인 북부여, 동부여 문제를 넘어서 왕권과 국가구조 그런 부분으로 넘어가겠습니다.

그래서 아까 국가 형태 관련해서 강인욱 선생님이 일단 말씀을 꺼내셨기 때문에, 사실 오늘 학술회의에 또 다른 계기 중에 하나가 2018년에 하버드 대학에 계시는 마크 바잉턴 선생님의 영문으로 된 부여 단행본이 사실은 국내 학계에 아직 온전하게 그분의 생각이 전달은 되어 있지 않습니다만, 그분의 번역된 표현대로 하면 부여의 국가형태가 2차 국가, 흔히 말하는 'secondary state'인데요. 어제 이성주 선생님께 그 말씀을 드려봤더니 'secondary state'는 모턴 프리드가 처음 제안한 것인데, 전세계 정치 형태를 비교 분석하여 고안한 것으로 그 개념이 명료한 것은 아니라는 말씀을 들었습니다. 오늘 이승호 선생님께서 부여의 국가 구조, 여러 가지 구조적인 측면을 말씀해주셨어요. 그러나 국가 형성 문제를 비교사적으로 어떤 위치를 차지할 수 있는 것인지 하는 문제를 강인욱 선생님께 의견을 듣도록 하겠습니다.

강인욱 : 일단 제가 먼저 왜 북방 유라시아를 연구하는 사람이 하던 거만 하지 왜 부여까지 연구하는가라고 하실지 모르겠는데요. 제가 부여에 대한 본격적인 관심을 가지게 된 것은 러시아에서 유학할 때 흉노를 접하면서 부터입니다. 한국에 돌아와서 다시 흉노의 연구를 하면서 부여를 보는 순간 북흉노하고 유사하다는 생각을 많이 했습니다. 흉노는 원래 유목을 하고 정착민들이 생산하는 물건들을 주변에 있는 중국이나 다른 정착민들과 트레이드를 하며 생활하던 사람들이었습니다. 후에 중국과 전쟁을 하고 충돌이 생기면서 흉노안에 자기들의 성지를 만들어서 정착민들을 자신들의 세력 밑에 둡니다. 다시 말하면 한 국가에 두 개의 생계 경제가 공존하는 상당히 불안한 체제가 만들어진 것입니다. 그게 북흉노입니다. 그래서 흉노가 갑자기 멸망을 하는 것처럼 보이지만, 사실 갑자기 멸망하는 것이 아니라 이미 그전에 고고학적으로 징조가 보입니다. 유목과 정주라는 두 개의 생계 경제 체제를 갖고 있으니까 상당히 취약했다가, 나중에 중국의 침략과 남흉노의 반란으로 멸망합니다. 사실 저는 더 중요한 게 남흉노의 반란이라고 생각합니다. 이들이 1국가 다체제이기 때문에 자기 체제 내에서 하나가 반발을 할 경우에는 일순간에 무너집니다.

여기에서 한번 부여를 보겠습니다. 부여는 자연 지리적 환경으로 볼 때 상당히 개방적으로 초원과 접해 있습니다. 아까 서차구 얘기도 나왔습니다. 서차구를 오환으로 비정하시는 분들도 있지만, 이거 하나는 분명합니다. 서차구에 나오는 청동기 초원 동물 양식과 흉노의 동물 양식은 거의 똑같습니다. 반면에 노하심은 그만큼 유사하지는 않습니다. 그동안 흉노에서만 나온다고 생각했던 동물 허리띠 버클들이 서차구에서 집중적으로 나오고 있습니다. 많은 유물들은 섞어 놓으면 자바이칼의 (흉노유적)에서 나왔다고 해도 믿을 정도로 가깝습니다. 그러니까 부여는 개방된 상태로 초원 지역과 접해 있기 때문에 자연스럽게 1국가 2체제가 될 수밖에 없었던 구조가 아니었던가 합니다. 실제로 부여는 처음부터 강력한 영역국가로 지향했던 증거가 제가 알고 있는 한은 없습니다, 적어도 고고학적으로요. 문헌도 없고요. 이들은 처음부터 공존체제를 지향했습니다. 아까 윤용구 선생님이 모두에서 말씀하신 것처럼 열린 공간에서의 발전한 부여 사회가 취할 수 있었던 가장 적합했던 체제가 아니었나 생각을 합니다. 흔히 우리는 반농반목이라고 이야기를 합니다. 사실 이거는 주의해서 써야 할 말인 게, 절대로 한 집단이 농사와 목축을 동시에 할 수는 없기 때문입니다. 다시 말하면 누구는 농사만 짓고 누구는 목축을 하는 식으로 서로 이질적인 집단이 따로 있고, 그들을 하나의 헤드쿼터에서 관장을 하는 시스템이 되어야 하거든요. 그렇다보면 그들을 모두 관장하는 부여 국가의 입장에서 본다면, 이들에게는 상당히 강력한 신화체계와 선민의식에 근거한 국가 이데올로기, 그리고 위신재들을 공급해줄 수 있는 국가체제를 갖추어야 합니다. 즉 우리가 알고 있는 고대 국가가 국력을 키우는 방법에 대해서 저와 마크 바잉턴의 차이가 나옵니다. 마크 바잉턴은 'secondary state'라고 해서 강력한 방어체제를 구축하었다고 보는 일반적인 국가 이론이죠. 그렇게 국력을 키워서 부여를 만들었다고 보지만, 저는 그렇게 보지 않습니다. 처음부터 부여의 핵심은 서로 이질적인 사람들을 하나의 국가에 공존하는 체제를 만드는 것입니다. 서로 완벽하게 다른 생계 경제가 같이 있다면 이 사람들을 하나로 묶을 수 있는 핵심은 절대로 그들을 하나의 통합된 문화로 만드는 것이 아닙니다. 바로 북흉노가 만들어놓은 국가의 모습이 그러합니다. 북흉노 안에서도 정착민과 유목하던 귀족들 사이는 문화적으로 완전히 다릅니다. 그들을 하나로 묶었던 것은 바로 (신화와 같은 이데올로기를 제외하면) 위신재와 교역에 따른 이득입니다. 서로 다른 생계 경제가 하나의 국가로 묶일 때는 보통은 그러한 교역이 가장 핵심적인 의미가 되지 않았을까 싶습니다. 즉, 부여는 강력한 영역을 지향하지 않았고 다양한 생계 경제를 하나로 묶는 최소한의 시스템과 경제적인 이득을 취했습니다. (강력한 중앙집권 대신에) 교역이 중심으로 하는 국가가 되었을 것이다는 것이 저의 생각입니다. 이런 식으로 자연스럽게 제 이론을 설명할 수 있을 것 같습니다.

아까 제가 모두에 이야기를 했지만 북부여건, 동부여건, 남부여건 그냥 부여건 저는 크게 본다면 하나의 거대한 정착에 기반을 둔 사람들로 볼 수 있지만, 반면에 서부여는 없다고 말하지 않았습니까. 서쪽에 서차구, 노하심을 비롯해서 그러한 목축을 하던 사람들은 상당히 이질적이었을 것이라고 생각합니다. 그래서 그들을 하나로 묶기 위해서 강력한 신화체제도 동원되었을 것이다.

그리고 제가 2부에서 자세히 다시 말씀을 드리겠습니다만, '왜 동아시아 각국들은 부여의 신화를 따왔을까?'라는 질문에 대한 답을 한마디로 정리하면 이렇습니다. '부여 신화를 채용하는 게 자기 통치에 유리하니까'가 정답 아닐까요? 설마 (지배계급이) 실제로 부여에서 내려왔다 한들 그것을 입 밖에 내서 불리하다면 내놓지 않겠죠. 이렇게 (부여 신화를 채용한 각 나라는) 자기에게 도움이 되기 때문에 그러한 신화 체계를 개발했을 가능성이 크고 저는 그것이 지금 보이는 다양한 위신재들의 네트워크로 증명되지 않는가 하는 생각을 합니다.

관련해서 마이크를 안 주실 것 같아서 말나온 김에 후기 부여 쪽에 대해서 말씀드릴까 합니다. 후기 부여를 한마디로 정리한다면 저는 '페이퍼컴퍼니'같은 존재였다고 생각합니다. 저는 이것을 중국의 주周나라에서 좋은 예를 볼 수 있을 것 같습니다. 그래서 중국도 예컨대 춘추전국시대가 돼도 마지막 주나라 종실은 진시황이 진나라에 망할 때까지 낙양에 조그마하게 남아서 상징적으로 성 하나를 가지고 존속했습니다.

그럼 그동안에 고구려나 다른 사람들은 (페이퍼컴퍼니 같이 허울만 남은) 부여를 왜 건드리지 않았느냐? 아까 말한 것처럼 이들이 건설해놓은 신화체계라는 것을 쉽게 깰 수가 없었기 때문에 그랬던 것이 아닌가 싶습니다. 중국도 마찬가지입니다. 주나라는 춘추시대를 지나 전국시대가 되는 약 700년 동안 명맥만 유지할 수 있었던 것은 그 명맥을 유지시키는 게 다른 제후국들에게 도움이 되었을 것이기 때문입니다. 다시 말하면 부여 자체가 일종에 박제화된 상징적인 국가로 남지 않았을까 싶습니다.

그렇게 본다면 저는 문헌사를 잘 모릅니다만, 아는 범위 내에서 몇 마디를 드리겠습니다. 적어도 광개토왕비 같은 경우 410년 경에 만들어졌습니다. 410년이라고 한다면 이미 부여는 백제건 고구려건 여러 나라에서 이미 신화상으로 그들의 선조로 박제화(=상징화)가 되어 있는 상태라고 할 수 있습니다. 즉 저는 부여를 실체적 부여와 상징화된 부여의 모습을 나누어서 당시의 관점에서 보면 부여 국가 구조가 조금 더 명확하게 보이지 않을까 생각합니다. 즉 부여는 실제 존재했던 부여보다 훨씬 더 과장되고 더 크게 그려질 수밖에 없었던 그런 태생적인 위치였다고 생각하고 싶습니다. 고고학자의 주제넘는 이야기였습니다. 이상입니다.

좌장 윤용구 : 네, 기대했던 것 이상의 센 발언을 해주셨습니다. 자연스럽게 지금 국가형성과 관련된 어떤 계기라든가 동기 또는 그에 따르는 국가의 모습이 기존에 우리가 생각하는 고대국가의 형성과는 다르다는 말씀을 강조하시는 뜻으로 그리고 또 부여라고 하는 간판이 아주 오랫동안 박제화가 되었지만 유용성이 있는 콘텐츠였다고 하는 그 말씀을 은연중에 하고 계신 것으로 생각이 듭니다.

부여의 국가 형태나 국가 형성과 관련된 부분에 대해서 마크 바잉턴의 최근 견해를 이야기할 필요가 있다고 생각합니다. 지난 주 경희대에서 발표한 글에서도 신화에 관해 쓰고 있는데, 신화의 해석은 국내에서도 다 이야기했던 부분이지만 '부여'와 '부여 문화'라는 콘텐츠의 장점이 있었다고 하는 것, 그것이 주변에 있는 국가들이 계속해서 계승 형태로 재생산되었다는 부분은 주목할 내용입니다. 『삼국지』 오환선비전을 읽다 보면 초원에 새로운 대인이 출현하면 비교를 흉노 묵특하고 선비 단석괴와 비교하곤 합니다. 고구려 왕궁을 이은 비슷한 모습을 하는 경우 위궁位宮이라고 부르고 백제에서도 근近자를 붙여서 근구수, 근초고 이런 표현을 하고 있잖아요. 장황한 말씀을 드렸습니다. 국가 형태와 관련해서 송호정 선생님하고 이승호 선생님 5분씩 발언 기회 드립니다.

송호정 : 짧게 말씀드리겠습니다. 부여의 국가적 위상에 대해서 이승호 선생님 박사논문을 읽어보면서 제가 의문을 제기했던 적이 생각나네

요. 그런데 이승호 선생님은 발표하실 때도 느꼈겠지만 왕위 계승이 적장자 계승이 계속 이어지는 이런 부분들을 강조하고 있어요. 그래서 부여 왕권의 위상이 나름대로 높았고 비록 흉작이 있을 때 왕이 교체되고는 했지만 부여를 고대국가로서 어느 정도 지배 체제가 자리 잡힌 국가로 보고 싶어 합니다. 그러나 부여사를 놓고 보면 저는 가야하고 비슷하게 봐야 되지 않는가라고 생각합니다. 가야의 경우도 562년까지 굉장히 오랫동안 왕조를 유지하지만 그 나라가 낙동강 건너의 신라하고 소백산맥 너머의 백제 사이에 끼어있고, 이러한 지리적인 위치의 기본적인 한계 때문에 연맹 상태에 머물렀습니다.

부여의 경우도 『삼국지』 위서 동이전에 초기 고구려보다도 더 선진적인 국가로 쓰여 있지만, 국가적 성장 과정에서 아래로부터 올라오는 고구려와 서쪽의 선비족 사이에 끼어있어서 결국에는 국가가 성장을 제대로 못했다고 하는 기록들이 있어요. 그래서 결과적으로는 집권국가의 단계까지는 가지 못하고 삼국 초기단계 부部 중심의 지배 체제 단계에서 머물렀다고 보는 것이 무난하지 않나. 이런 생각을 하게 되고요.

하나만 더 말씀을 드리면, 『삼국지』 위서 동이전을 보면 중국 동북쪽에 선진적인 국가로서 오환하고 선비에 대한 내용이 자세하게 나옵니다. 그다음에 동이의 국가로서는 부여가 가장 선진 국가로 등장을 합니다. 부여는 3세기 중엽까지 외세에 의해서 한 번도 파괴된 적이 없다는 기록도 나오고, 군사력이나 경제력, 문화 이런 것들이 대단히 수준 높았음을 알 수 있습니다. 그러나 불행하게도 그 이후의 기록들이 자세하지 않습니다. 3세기 중엽 이후 부여사와 관련하여 알 수 있는 내용이 없고, 단지 346년 『자치통감』 기록하고, 410

년 광개토왕의 부여 정벌 기록밖에 없습니다. 그러나 계속 얘기한 것이지만 광개토왕비문의 기록처럼 부여가 광개토왕이 죽기 3년 전에 직접 군대를 동원해서 칠 정도의 국가라면 어느 정도의 국가적인 위상이 있었다고 생각을 합니다. 그러나 그것을 어떠한 성격의 나라로 보느냐. 하는 문제가 있습니다.

우리 고대국가의 전체 흐름에서 볼 때 『삼국사기』를 쓴 김부식의 경우는 부여가 고구려, 백제, 신라에 준하는 발전된 국가 단계까지는 못 갔다는 시각에서 쓰고 있는데, 그러한 시각에서 부여사를 봐주는 것이 맞지 않나 싶습니다. 강인욱 선생님의 의견에 제가 굳이 반박하고 싶지는 않지만, 후기 부여 단계를 집권화된 고대 국가로 보는 것은 광개토왕비문 기록과 비교를 해볼 때 문헌을 전공하는 사람 입장에서는 그렇게 보기는 어렵다고 생각합니다.

어쨌든 모두에 했던 이야기인데, 저는 후기 고조선 단계, 위만조선하고 부여, 옥저, 동예, 삼한 그다음에 초기 고구려, 초기 백제, 초기 신라 이 국가들은 같은 국가적 성격을 가진 단계로 보는 것이 좋을 것 같습니다. 우리가 일반적으로는 초기국가라는 용어를 쓰는데, 고조선부터 부여, 삼국 초기국가들을 모두 그러한 틀[초기국가]에서 봐주면 무난하지 않나 생각합니다.

좌장 윤용구 : 네, 감사합니다. 아까 강인욱 선생님의 의견에 대해서 송호정 선생님은 그런 측면보다는 부여가 지정학적으로 강력한 동서의 세력들 북쪽, 서쪽에 선비의 여러 세력들 그다음에 동남쪽에 고구려의 압박 틈바구니에서 통합된 힘을 키우기에는 가야와 같은 분산된 조직으로 있었던 게 아닌가 하는 그런 의견을 조심스럽게 전해주셨고요. 후기 부분도 우리가 현재로서는 자료가 부족해서 단정적으

로 표현을 하기는 쉽지 않다는 말씀을 주셨습니다. 마찬가지로 이승호 선생님께도 5분을 드립니다. 말씀해주시기 바랍니다.

이승호 : 감사합니다. 먼저 부여의 국가형성과 관련해서 말씀을 주셨으니까 그 부분부터 시작하겠습니다. 사실 이 문제에 대해서는 저도 이미 학계에서 제시되고 있는 기왕의 논의나 견해를 많이 참고할 수밖에 없었는데요. 결국은 청동기문화를 베이스로 했던 서단산 문화가 이후 초기철기문화의 영향 속에 포자연 문화로 전환되고 그것이 부여국의 성립으로 나아갔던 것이 아닌가. 송호정 선생님을 비롯한 여러 선생님께서 그렇게 지적하신 적이 있으셨는데요. 저도 공부를 할 때는 그러한 학계의 논의를 많이 참고해서 논의를 풀어냈습니다. 그런데 지금 부여의 국가적 성격과 관련해서도 여러 가지 논의가 있습니다만, 결국 원부여라고 해야 할지 아니면 프로토 부여라고 해야 할지, 저는 그러한 초기 부여의 세력 범위는 길림시 주변을 크게 벗어나지 않았을 것으로 보고 있습니다. 즉 부여라는 어떤 그들만의 강력한 정체성을 바탕으로 일차적으로 결집한 세력 집단이나 그들이 주도하였을 국가 성립 과정은 결국 길림시 주변을 크게 벗어나지 않는 범위 안에서 전개되었을 것으로 보고 있습니다. 예컨대, 이런 점에서 초기 부여의 영역은 동쪽으로 많이 가도 교하를 넘지 않을 것으로 생각합니다. 하지만 이렇게 중앙에 부여라는 국가가 성립하고 나서부터는 시간이 흐르면서 점차 서로 간에 종족이나 문화를 달리하는 다양한 주변 세력들이 부여라는 깃발 아래 모이게 되면서 지금 우리가 문헌 기록에 보이는 부여, 실체가 있는 듯 없는 듯한 부여, 그러한 연맹체적 국가가 형성이 되었다고 저는 부여의 국가형성 과정을 이해하고 있습니다. 그렇게 박사학위논문

에서도 정리를 했습니다.

두 번째로 송호정 선생님께서 왕위 계승이나 왕권 문제와 관련해서 지적을 해주셨습니다. 사실 송호정 선생님은 제 박사학위논문 심사위원이기도 하셨고 결국은 선생님을 제 견해로 설득하지 못하고 지적도 많이 받았습니다만, 그럼에도 불구하고 선생님께서는 이를 견해의 차이라고 보시면서 제 생각을 외면하지 않으시고 오히려 더 많은 가르침을 주셨습니다. 그래서 그때 정말 열심히 공부했던 기억이 있습니다. 그런데 저도 사실 처음에는 욕심 같아서는 부여의 왕권도 강했고 국가체제도 굉장히 집권적이었을 거야라고 생각을 했지만, 박사학위논문을 써가는 과정에서 송호정 선생님 지적도 받고, 이종수 선생님의 가르침도 받고 하면서 견해를 수정하게 되고 제 나름대로의 부여상도 다시 그리게 되었습니다. 결국 부여 국가의 연맹체적 성격을 인정하게 되었다는 것인데요. 이질적인 다양한 세력이 부여라는 깃발 아래 연맹체적 형태로 묶여있었다고 지금은 보고 있습니다. 그런데 이렇게 본다면 그들을 하나로 묶는 원동력이 무엇이었을까. 결국은 그 중심에 어떤 강력한 중앙 권력이란 것은 존재했을 것이다 이렇게 보아야 합니다. 그들의 지배 방식이 지방을 직접 지배한다거나 혹은 거기에 지방관을 파견하고 거점을 구축하고 그런 식의 지배방식은 분명 아니었지만, 어쨌든 중앙에 강력한 리더십이 존재하지 않으면 그 넓은 영역에 산재하는 다양한 종족 집단들이 어떻게 하나로 묶일 수 있었을까 하는 생각을 했던 것이고요. 그래서 학위논문에서는 시조신화의 기능을 강조하고 대규모 회합과 제천 및 심판이 이루어졌던 영고도 주목하고, 또 중앙권력을 기축으로 전개된 교역의 기능도 강조한 바 있습니다. 특히 대외교섭에서 배타적 교섭권, 외교권이라고 할까요? 이것을 가지고 중국의 전한, 후한과 직집 교섭을 주도하면서 부여 왕권은 그러한 집권력을 계속적으로 보유하고 유지하고 강화해나갔다고 보고 있습니다. 그리고 어떤 강력한 왕권 혹은 중앙권력이 존재한다는 것과 그 국가의 성격이 연맹체적 형태라는 것은 서로 구분해서 볼 필요가 있다는 게 제 생각입니다. 학위논문에서도 그렇게 정리하였는데, 물론 송호정 선생님의 가르침을 받고 나름대로 제 견해를 수정해가며 정리한 것입니다.

그밖에도 사실은 제가 동부여 얘기를 너무 하고 싶어서 그러는데 조금만 시간을 더 주시겠습니까? 발표문을 처음 정리할 때 웬만하면 본인의 견해는 제시하지 말고 다양한 주장을 소개하는 선에서 정리해달라는 요청을 받아 사실 이 발표문이나 오늘 발표에서도 동부여에 대한 저의 견해는 자세하게 제시하지 않았습니다. 그런데 만약에 토론이 이렇게 정리가 돼서 녹취가 되면 오해가 생길까봐 간단히 제 생각을 말씀드립니다. 개인적으로 저는 동부여에 대해서 주몽이 출자한 부여를 동부여라고 이해하고 있고, 고구려와 동부여가 국가 성립기부터 같이 공존했다고 보는 입장에 있습니다. 그 부분을 꼭 말씀드려야 할 것 같아요. 그러한 동부여가 『삼국사기』 기록대로 대무신왕 시대에 고구려와의 전쟁에서 타격을 받고 점차 쇠퇴해가다가 태조왕 시대가 되면 결국 고구려에게 부용되거나 병합되거나 이러한 과정을 거쳤을 것으로 보는 것이 저의 견해이고요. 그렇게 『삼국사기』 기록에 전하는 그대로의 역사상을 베이스로 두고 저는 동부여를 이해하고 있습니다. 그 다음에 285년 옥저 지역에 피신한 부여 세력에 대해서도 말씀을 주셨는데, 그 부분에 대해서는 저도 논문에서 썼지만, 어쨌든 그 당시 서진의 동위교위와 고구려, 부여가 모두 모용선비의 확장세에 긴장하며 그들의 동향을 주시하고 있었을 것이라고 보아야 할 것 같습니다. 그리고 그러한 상황에서 285년 부여가 기습적인 모용선비 공격에 무너지고 부여의 지배층이 집단으로 옥저 지역에 이주하는 그런 급박한 상황 전개를 고구려가 몰랐을 리는 없다는 것이죠. 북옥저 지역에 대한 고구려의 지배방식이 긴밀했든 아니었든 간에 그러한 국제 정세를 고구려가 분명히 주시하고 있었다고 보는 것이 자연스럽고, 특히 당시 옥저 지역으로 넘어온 부여 세력이 고구려를 사이에 두고 서진 동이교위에게 사자를 보내 구원을 요청하는데, 그러한 과정이 고구려를 배제한 채 이루어지기는 어려웠을 것이라고 봅니다. 그렇다면 부여인들이 북옥저 지역에 이주해서 안착하고 서진과 교섭하는 과정까지 이 과정에서 고구려의 협조나 지원이 있었을 것이라고 보는 게 자연스럽다는 것이 제 견해고요. 그렇기 때문에 북옥저 땅에 부여인이 새롭게 국가를 만들 수 있는 여지는 없다고 생각하는 것입니다.

그리고 마지막으로 부여사를 바라보는 데 있어서 동부여, 북부여 문제 관련해서 고구려사 시선에서 바라볼 수밖에 없는 부분이 있는데, 그것은 결국 모두루묘지에 대한 해석 때문입니다. 북부여, 동부여를 바라볼 때 414년에 건립된 광개토왕비문과 함께 5세기 전반에 작성됐을 것이라고 추정되는 모두루묘지에 전하는 북부여의 역사상을 인정한다면 북부여는 곧 길림시 일대의 부여이고 이것과 동부여는 그대로 별개의 정치체로 바라보는 것이 옳다. 현재 자료상으로서는 그렇게밖에 볼 수 없다. 이것이 제 생각입니다. 이상입니다.

좌장 윤용구 : 네, 동부여도 그렇고 북부여도 그렇고 조금 합리적인 생각을

정리하면 또 사료가 안 맞는 게 있고 쉽지 않습니다. 저희가 이제 1부 토론을 마감할 시간이 10분 정도 남았습니다. 지금 국가 형태 이야기를 하면서 강인욱 선생님은 평원에 결집이 처음부터 그것을 영역국가를 의도하지 않았을 가능성을 말씀하였습니다. 나아가 다원적인 대외교역권을 통해서 재부를 나눌 수 있고, 그런 존재로서 신화 체계의 형성까지 새로운 시각을 말씀해주신 것으로 생각되고요. 송호정 선생님은 가야하고 비슷한 처지에 있었던 고대국가로 나아가지 못한 그런 한계를 갖고 있는 부분을 지적해주셨습니다. 어느 경우든 좀 더 검토해야 될 측면이 있다고 보고요. 다만 저희가 안정적으로 믿을 수 있는 기록은 『삼국지』 동이전입니다. 부여전을 작성한 중국의 입장은 부여와 고구려를 아주 대조적으로 써놨어요. 부여사람들은 선량하고 착하고 도둑질도 안하고…. 고구려는 흉악하고 먹을 것이 부족하여 도둑질을 잘하고 하는 표현을 쓰고 있는 거예요. 결국은 당시에 중국이 고구려와 부여를 바라보는 잣대가 달랐다고 보이고요. 부여는 유목민족과 동이의 여러 나라들 사이에 끼어있으면서 중간에 중국이 의도하는 차단의 역할을 할 수 있는 지정학적 위치를 갖고 있어서 중국의 입장에서 봤을 때는 포섭 대상 1번입니다. 중국의 어떤 분할과 조정이 부여에 강력한 왕권과 영역국가로 나아가지 못하는 장애 요인이지 않았을까 하는 생각도 듭니다.

사실은 국가 형태와 관련해서 물질자료 연구하는 이종수 선생님께서도 부여라고 하는 국가체에 대해서 사실은 오랫동안 고민을 해오신 것으로 알고 있습니다. 그래서 그런 것을 쓰신 것은 많이 못 봤습니다만, 국가 형성 부분에 대해서 이종수 선생님도 말씀을 한 번 해주시면 1부 토론을 마감할 수 있을 것 같습니다.

이종수 : 감사합니다. 1부에서 한 번 얘기하고 딱 잘려서요. '한마디도 못하고 끝나나.' 이렇게 생각하고 있었습니다. 사실 부여 고고학 관련 자료가 너무 미흡하다 보니 현재로서는 국가체제 시스템 이런 부분까지 깊이 있게 다루기는 쉽지 않았고요. 특히 앞에서 말씀하신 동부여, 북부여, 부여 문제는 정말 저도 풀고 싶은 숙제 중의 하나였고, 박사논문 쓰고 난 이후의 과제로 남겨놨는데 아직도 풀지 못하고 있습니다. 아마도 죽을 때까지도 제일 풀기 힘든 과제 중에 하나가 아닌가 생각하고 있습니다.

저는 사실 부여의 국가 형성과 관련해서 '동명은 왜 길림시에 부여를 건국하였을까?'라는 의문이 먼저 들었습니다. 동명이 탁리국에서 탈출하여 길림시 일대로 온 이유가 분명히 그 원인을 분석하는 것이 당시 부여의 기원과 국가 형성 과정을 파악할 수 있는 열쇠라고 생각하였습니다. 이미 앞에서 서단산 문화가 마지막까지 지속되었던 지역이 바로 길림시 일대였다고 말씀드렸습니다. 이 길림시 지역은 아마도 서단산 문화의 중심지로 가장 강력한 세력이 존재했을 가능성이 굉장히 높습니다. 그렇기 때문에 서단산 문화의 영향이 늦게까지 지속되었던 것으로 볼 수 있고요. 기원전 2세기경이나 되어서야 새로운 고고학 문화인 포자연 문화가 출현하고 있습니다.

이러한 물질 문화의 전환 과정을 역사적 사건과 결합시키는 작업은 조심스러울 수 밖에 없는데요. 사실 일주일전에 경희대에서도 부여 금동 가면과 관련하여 발표를 하는데 당시 학술회의 총평을 해 주신 조인성 교수님께서 '예전에는 문헌사 전공자들이 고고학 자료를 단편적으로 가져와서 쉽게 사용했는데, 최근에는 고고학 전공자들이 문헌자료를 너무 쉽게 단편적으로 사용하는 것 같다'라는 말씀을 하셨는데, 가슴 한 편으로 뜨끔했습니다. 그래도 그 유혹이 너무 달콤해서 버리기가 어렵습니다.

저 나름대로의 가설을 설정해 보면, 분명히 서단산 문화의 중심지인 길림시 일대는 강력한 정치체가 존재했을 것인데, 이 세력 집단을 문헌 기록의 예왕 남려와 연결시키고 싶은 생각이 있습니다. 『사기』와 『한서』에 의하면 예군 남려 세력은 28만 인구를 가진 굉장히 큰 세력이었고요. 위만조선의 압력으로 기원전 128년에 한에 투항하자 이 지역에 창해군을 설립하였다는 기록이 전하고 있습니다. 그런데 그 당시 동북지역에 28만의 인구를 가질만한 고고학 문화는 극소수에 불과합니다. 아마도 서단산 문화의 중심이었던 길림시 일대에 가장 큰 정치체가 존재했을 가능성이 높은데, 학계에 계신 분들은 이와 관련해서 관심을 안 갖고 계시더라고요. 그러니까 길림시 일대가 서단산 문화의 중심지였다고만 생각하지, 그곳에 강력한 정치 세력이 존재했을 가능성에 대해서는 누구도 관심을 갖고 있지 않다 보니, 결국은 이것을 놓치게 되는 상황이 오게 된 겁니다.

당시 서단산 문화의 중심지인 길림시 일대에 살고 있던 예군 남려 세력이 남쪽으로 내려가 창해군을 설립하면서, 기존의 길림시 일대는 자연히 공지가 되고 그러다 보니 눈강 하류쪽에 거주하던 세력 중 일부가 동명을 지도자로 하여 공지인 길림시 지역에 부여를 세우게 된 것으로 파악할 수 있습니다. 이런 예는 후대의 물길에서도 확인되고 있습니다. 3세기 이후 부여의 국력이 급속도로 쇠약해 지자 동북쪽에 살던 물길이 점차 남하하여 부여를 압박하고 결국 부여를 패망시키고 있습니다. 이들의 남하로 길림시 일대는 이후 물길의 후예인 속말말갈의 생활터전이 되고 있습니다. 이밖에도 북쪽에서 살던 종족이 남하하여 새롭게 터전을 잡은 예는 후대에도 굉장히 많이 확인되고 있습니다. 발해의 경우도 흑수말갈이 발해

멸망 이후에 남하하여 금나라를 세우고 있지 않습니까?

지금까지 드린 말씀은 정제되지 않은 저 개인만의 견해임으로 너그럽게 이해해 주시고, 이후로 서단산 문화를 영유한 집단의 실체와 동명이 길림시 일대에 부여를 건국하게 된 이유를 찾는 연구가 심도 있게 이루어진다면 부여의 국가 형성 과정을 파악하는데 많은 도움이 될 거라 생각합니다.

좌장 윤용구 : 고맙습니다. 한 1~2분 남았습니다만 이것으로 1부 토론은 일단 마무리를 하도록 하겠습니다. 저희한테 주어진 시간 중에 절반을 사용했고요. 아직도 2시간여 시간이 남았습니다. 2부에서는 오늘의 논제인 부여와 백제의 문제 또 백제사 안에서 부여를 계승하고 계승한 구체적인 행위로서 몇 가지 이야기들이 있는데요. 그건 순수한 백제사의 영역이 있습니다. 이 부분은 오늘 참석자 중에 백제사 전공자가 없기 때문에 논의하는 데 제한이 있습니다. 일단 계승 관계 부분에 대해서 논란이 되고 있는 부분 그런 부분을 중심으로 해서 마지막 토론을 이어가도록 하겠습니다. 장시간 고생하셨습니다. 잠시 쉬도록 하겠습니다.

종합토론 제2부

좌장 윤용구 : 제17차 쟁점백제사 종합토론 2부 토론을 진행하도록 하겠습니다. 현재 시간이 3시 40분인데요. 저희한테 주어진 시간은 오후 6시까지 2시간 20분 정도가 허락되어 있습니다. 이어서 계속 토론을 이어가도록 하겠습니다.

다 아시는 대로 저는 고고학은 문외한이고요. 오늘 토론을 위해서 이러저러한 선생님들의 글을 보고 무슨 토기 얘기도 하고 무슨 문화 얘기도 했습니다만, 저는 그냥 토기 보면 '토기구나.' 하는 정도의 안목밖에 갖고 있지를 않아서 고고학 연구자의 말씀을 온전하게 이해하고 토론을 이끌어 가고 있다고 생각하지 않습니다. 양해 말씀을 드렸습니다.

1. 부여의 물질 문화

저희가 본격적으로 부여의 쇠퇴, '쇠퇴'라고 표현을 해도 될지 모르겠습니다만, 먼저 부여의 물질 문화 부분을 주최 측의 의견대로 본인의 생각보다 여러 견해를 그야말로 깔끔하게 정리하신 유은식 선생님께 다시 한 번 감사 말씀을 드리도록 하겠습니다. 유은식 선생님께 질문 말씀과 그에 대해서 이종수 선생님의 추가 보충 말씀

〈그림 17〉 유수 노하심 출토 동복

〈그림 18〉 흉노 보르한 톨고이 출토 동복

을 듣고 싶습니다. 유은식 선생님께서 지금 부여의 물질 문화로 토기류, 금속류 유물들, 철검, 마구류, 농공구, 귀걸이, 귀걸이는 보통 귀걸이하고 골무 모양, 바느질할 때 쓰는 골무를 낀 듯한 그러한 모양, 아까 뭐라고 표현을 하셨는데 제가 잘 표현을 이해를 못했습니다. 하여튼 골무 비슷하게 생긴 그러한 장식품들 말씀에 이어 동복에 대한 말씀도 하셨는데요. 철복은 없고 동복만 있는지, 그것도 좀 궁금하기도 하고 그렇습니다. 그런데 토기를 제외하고 나머지 금속류, 그리고 한식 유물 예컨대 동경, 칠기 같은 것은 제외하신 것 같아요. 그래서 토기 외에는 마치 다 외래품인 듯한 착각을 불러일으키게 됩니다. 그래서 부여의 국가구조나 사회 성격을 이야기하는 데 물질 문화가 중요하다고 이야기 한다면 그 출토되는 유물들이 토기를 제외하고 거의 외래품이라든가 아니면 외래에서 수입된 것을 자체생산하든가 이렇게 돼버리면 국가의 어떤 문화의 성격을 이야기하는 데 굉장히 좀 왜곡된 생각도 할 수 있겠다는 생각이 들었습니다. 그래서 선생님께서 선별하는 기준, 그리고 여기서 제외한 내용들 그다음에 이러한 유물들이 물론 초원에서도 보이고 중국에서도 보이는 유물입니다마는, 그 부분에 대해서 선생님께서 어떤 생각을 갖고 계시는지 보충 말씀을 해 주시면 선생님의 글을 이해하는 데 많은 도움을 받을 수 있지 않을까 생각이 들었습니다.

유은식 : 일단 부여 물질 문화를 잘 보여주는 발굴 자료는 노하심 유적 밖에

없습니다. 노하심의 금속기 유물들은 크게 중원계 유물과 북방계 유물로 나눠집니다. 잘 아시겠지만 중원계 유물은 동경이나 곡봉형 대구 그리고 오수전 같은 화폐들이 출토되고 있습니다. 철기도 중원계 계통일 것 같습니다. 북방계 계통은 동복이나 마구류, 이식 등이 있습니다. 그래서 윤용구 교수님께서 말씀하셨듯이 금속기로 봤을 때는 재지계 유물들이 없는 걸로 보이는 것 같습니다. 그런데 이런 유물들의 원계통은 중원이나 북방 지역에서 찾을 수 있겠지만 부여 지역에서 정형화된 유물이 있습니다.

예를 들면 이식 같은 경우에는 부여의 노하심이나 모아산 유적에서도 확인되고, 그 주변지역의 한서 문화와 서차구 유형의 유적에서도 출토되고 있습니다. 분포 정형 및 형태의 정형성을 본다면 부여에서 주변 지역으로 확산되었을 가능성이 있다고 생각됩니다.

마구는 워낙 출토 범위가 넓고, 형태도 유사하기 때문에 부여에서 정형화되었다고 보기 어려우며, 부여에서 주변 지역으로 확산되는 모습도 보이지 않습니다.

동복〈그림 17 · 18〉 같은 경우에는 거슬러 올라가면 당연히 북방계인데요. 흉노 또는 선비 지역에서 부여 중심 지역으로 1차 유입되었고, 부여 중심 지역에서 서란 전창 교장 유적과 우의현 봉림성지 등으로 재차 파급된 것으로 이해할 수 있습니다. 유물은 이 정도로 말씀드리도록 하겠습니다.

좌장 윤용구 : 그러면 북방계든 중원계든 들어온 유물들이 부여 안에서 약간의 형식이나 그 내용들이 정형화되는 그런 측면도 있다는 말씀이시고, 일부 유물은 굳이 나눈다면 분명하게 현지에서 제작했을 것 같은 것들은 정형화된 것들은 아무래도 현지 제작이라고 보면 될까요?

그러면 마찬가지 질문으로 부여의 물질 문화를 오랫동안 봐오신 이종수 선생님께서 유은식 선생님께서 지금 거론하고 있는 주요 유물들에 대한 것에서 혹시 이러이러한 것들은 보충 또는 성격을 달리 보는 부분에 대해서 말씀을 해 주셨으면 좋겠습니다.

이종수 : 토기는 유은식 선생님 전공이시니까 저보다도 세부적으로 잘 보셨고, 해석도 잘하신 것 같습니다. 그리고 전반적으로 부여 계통의 토기가 동쪽으로 계속 영향을 미친다고 하는 부분들에 대해서도 정확한 판단이라고 생각됩니다. 발표문에 기술하신 선생님의 견해에 동의를 하고, 다만 한 가지 이 부분만은 다시 생각해 봤으면 좋겠다는 생각이 들어 말씀드립니다. 일반적으로 우리가 부여의 고고학 문화가 뭐냐? 라고 물으면 '포자연 문화' 라고 대답합니다. 그럼 포자연 문화의 실체 즉 문화 내용이나 성격이 어떻지? 라고 물으면 대답하기가 굉장히 어렵습니다. 왜냐하면 포자연 유적의 유구 내용이나 출토유물로는 부여의 물질 문화를 설명하기에 너무 부족합니다. 아까 유은식 선생님이 말씀하셨지만 포자연 전산 유적 상층에서 포자연식 토기와 철기가 처음 확인되었기 때문에 포자연 문화라 명명하게 되었습니다. 그러나 사실 포자연 전산 유적의 주체는 청동기시대 서단산 문화이고요. 포자연 문화에 해당하는 유물은 서단산 문화 주거지인 F4 내부 퇴적층 중 상층에서 나온 포자연식 토기와 철기류 일부가 전부입니다. 그래서 그동안 이것만을 가지고 부여 문화 전체를 대표하는 명칭으로 사용하기에는 부족하다는 견해들이 많이 제기되었고요. 길림대 임운 교수님의 경우 '동단산 문화'로 명명하자고 주장하셨고, 저도 '동단산 문화' 혹은 '모아산 문화'로 하는 것이 좋을 것 같다는 의견을 제시한 바 있습니다. 그럼에도

불구하고 학계에서는 지금까지 포자연 문화라는 명칭을 계속 사용하고 있는데, 분명한 것은 초기 철기시대인 기원전 2세기대에 출토되었던 문화상하고 길림시에서 가장 부여 물질 문화의 정형성을 보여주는 기원전후한 시점부터 3세기 때까지 문화상은 전혀 다르다는 겁니다. 그래서 이것은 좀 구분해서 봐야 할 필요성은 분명히 있다고 생각합니다.

다음으로 부여 문화의 변화 양상을 간략하게 말씀드리면, 성립기 즉 포자연 전산 유적 상층으로 대표되는 기원전 2세기초경에는 북방 초원 계통의 문화적 영향보다는 길림 합달령 주변의 보산 문화 혹은 양천 유형이라고 불리는 고고학 문화의 영향이 큽니다. 특히 보산 문화는 기원전 4세기, 빠르면 기원전 5세기까지도 보는데요. 대략 기원전 4~3세기 정도에 기존의 토착 문화 전통에 중원 계통의 문화 요소 그리고 북방문화 요소들이 막 유입되기 시작합니다. 대표적인 예로 무덤은 토착적인 대석개묘가 사용되고, 장제는 북방 문화 요소인 다인장과 화장이 이루어지고 있습니다. 부장 유물에서는 연식 철기가 들어가 있고요. 이러한 문화 변화 양상이 결국 서단산 문화 주거지를 그대로 사용하고 있던 길림시 일대에 영향을 미쳐 포자연 전산 유적 상층에 나타나게 됩니다. 그리고 전형적인 북방 문화 요소들은 기원전 1세기 전후에 본격적으로 들어온다고 보시면 됩니다. 그래서 저는 길림시 일대를 중심으로 부여 문화의 정형성이 확립된 것은 우리가 일반적으로 생각하는 기원전 3~2세기 초가 아니라, 기원전 1세경에 들어서야 비로소 전형적인 부여 고고학 문화가 확립되고 이러한 문화 요소들이 점차 주변으로 전파되어 한동안 동북아의 선진 문화 역할을 담당했다고 말씀드릴 수 있습니다.

좌장 윤용구 : 약간의 견해 차이도 드러나고 있습니다. 포자연 초기의 문화상하고 포자연식 문화라고 하더라도 3세기대의 토기 문화하고는 차이가 있을 수 있다는 것, 그리고 길림 지역에 어떠한 정형화된 그러한 우리가 흔히 말하는 부여식 토기들이 정형화되는 것은 3세기가 아니라 실제로는 연대가 올라갈 수 있는 부분이 있다. 재미있는 말씀이라고 생각이 들고요.

부여 물질 문화와 관련해서 강인욱 선생님에게 귀동냥으로 들은 바에 따르면 노하심 유적의 유물들도 우리가 알고 있는 것보다는 훨씬 더 많은 문화상에 있는 유물들이 있는데 사실은 보고가 거의 안 됐다든가 이런 이야기를 많이 들었습니다. 강인욱 선생님, 도움 말씀을 좀 해 주셨으면 좋겠습니다.

강인욱 : 저도 사실 유은식 선생님께서 피땀 어리게 부여계라고 하는 유물들을 긁어 모아서 정말 정리 잘하셨다고 생각이 듭니다. 그런데 다만 제가 여기서 문제를 제기하고 싶은 게 상당수 부여계라 말씀하시는 게 정말 부여계라고 볼 수 있는가입니다. 예컨대 부여계라고 지정하신 유물의 용어를 다 바꿔서 '흉노계 동복, 마구' 이렇게 이야기해도 어느 누구도 반박할 수 없을 정도로 흉노계와 가깝습니다. 예컨대 동복도 흉노에서 나왔고요. 마구나 마면은 흉노의 것과 전혀 차이를 못 느낄 정도입니다.

다만 여기서 부여계라고 통칭하신 것 중에서도 흉노계하고 다른 것들도 있을 것입니다. 여기서 재미있는 게 물론 길림 모아산 목곽묘는 비록 보고가 아주 엉성하게 되었지만 일부 사진이나 공개된 것 보면 중국제 비단이라든지 아니면 칠기가 출토되었습니다. 사실 그런 것들을 부여 유물로 볼 수도 있거든요. 물론 중국에서 왔다고 하는 것을 감안해야겠지요. 그런데 문제는 이겁니다. 과연 우리가 흉노 계통이라고 유물을 붙인 게 맞는 건지 흉노 계통이지만 부여를 거쳐서 오는 게 맞는 건지 하는 겁니다. 그런데 저는 개인적으로는 부여를 거쳐서 왔다고 하는 명확한 네트워크가 증명되지 않는다면 일단은 대체로 유라시아에서 포괄적으로 흉노 문화권이라는 틀에서 논의해야한다고 생각합니다. 물론 그 다음에 세부적인 과정들은 각 지역별로 세분되겠습니다만, 유라시아 전역으로 보면 공통적인 흉노계 유물의 확산 과정으로 볼 수 있다는 생각입니다. 그런데 이것을 처음부터 부여계로 규정을 해버리시면 나중에 혼동이 올 수도 있습니다. 예컨대 102페이지 6번에 있는 철사같이 꼬아서 만든 금제 귀걸이 있지 않습니까? 예컨대 이런 것들은 러시아 알타이 산악지대에서 이미 나왔습니다.[4] 꽤 많이 나와서 저도 한 20년 전에 책 내면서 소개했던 적이 있었거든요. 그때도 러시아 학자들은 노하심과 똑같은 게 나왔다 언급을 하면서 흉노의 이동으로 해석했습니다. 북흉노가 서쪽으로 이동할 때 그들의 흔적들이 실제 남습니다. 유물과 토기, 심지어 토기 가마도 같이 나오기 때문에[5] 이것은 흉노 계통이라고 보통 이야기를 합니다. 물론 저는 여기서 '남한에 나온 유물들은 흉노의 것이다.'는 주장을 하는 것이 아닙니다. 부여계라고 우리가 말을 한다는 것은 정말 조심해서 하나하나 개별적으로 우리가 그 계통을 파악해야 하지 않을까 생각합니다. 예컨대 철부는 흉노 것이 아닙니다. 철부는 북쪽에서 저는 읍루 쪽과 상당히

4 몰로딘, 강인욱 역, 2000, 『고대 알타이의 비밀』, 학연문화사, 66쪽.

5 러시아 알타이 산악지역 유스티드 토기 가마 유적을 말함(강인욱, 2003, 「고고학으로 본 흉노의 발생과 분포」『문화재』 36, 105-156쪽).

관련이 많은 것으로 즉, 폴체문화와 관련이 있다고 이야기할 수 있습니다. 또 하나 여기에 빠진 게 있는데 만약에 동복이나 마구를 부여계로 보신다면 부여에서 발견되는 철촉과 장검류와 철모를 어떻게 보시는지요? 사실 그것들도 다 흉노계거든요. 또 빠진 게 있습니다. 바로 동물 장식입니다. 장방형으로 된, 아주 역동적인 동물형 허리띠 버클이 있습니다. 그것은 서차구〈그림 19 · 20〉에도 나오고 노하심에도 나왔거든요. 그것도 여기에서 빠져있어요. 이렇게 말씀드리는 게 말꼬리를 붙잡자는 게 아니라 북방계로 통칭하지 말고 하나하나의 원류를 따져가면서 그들의 정확한 것을 규정한 것이 맞지 않을까 하는 생각이라 그런 겁니다. 왜냐면 이게 좀 이따 기회되면 제가 사진을 보여 드리겠습니다마는 흉노계 유물들이 확산되는 양상은 부여로만 오지 않습니다. 선비나 자바이칼이나 흑룡강 북쪽으로까지 선비라는 이름의 다양한 문화들로 전파가 되거든요. 그래서 이것을 특정한 어떠한 주민의 전파로 규정할 것이 아니라

〈그림 19〉 서풍 서차구 출토 흉노식 허리띠 버클(ⓒ강인욱 촬영)

〈그림 20〉 서풍 서차구 유적(철령시 박물관)

거대한 유라시아 흉노계 문화가 확산되는 그 시점에서 그중에 하나의 중간 기착지가 부여였다는 거시적인 안목도 들어간다면 더 좋지 않을까 하는 생각입니다. 이상입니다.

좌장 윤용구 : 감사합니다. 이 부분은 이따가 백제와 부여의 어떤 물질 문화를 비교할 때도 무엇이 부여라는 얘기를 할 때 아마 또 되뇌어질 것 같은 느낌이 우선 들고요.

이미 단행본을 내실 때 송호정 선생님께서 물질 문화를 한번 정리하신 바가 있었는데요. 지금 말씀하시는 것에 대해서는 어떤 소감이신지 듣고 싶습니다.

송호정 : 유은식 선생님이 정리를 하셨듯이 부여의 물질 문화로 대표적인 것이 포자연식 문화라고 중국 고고학계에서 정리를 하고 있습니다. 그런데 그 부분을 정리하면서도 무덤으로서는 노하심〈그림

〈그림 21〉 유수 노하심 유적 전경

〈그림 22〉 유수 노하심 유적 1호 무덤 발굴 상태

〈그림 23〉 유수 노하심 유적 출토 갑옷 복원품

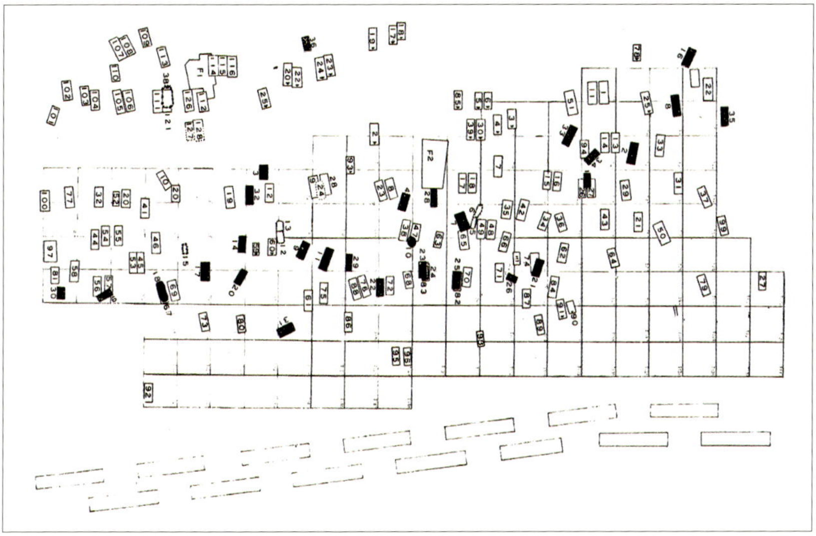

〈그림 24〉 유수 노하심 묘장 분포도(상층묘장 중층묘장)

〈그림 25〉 유수 노하심 M165, M106 평면도

1 쌍이도호(雙耳陶壺) 2 소도관(小陶罐) 3 · 4 · 5 도두(陶豆) 6 곽(钁) 7 · 8 환수도(環首刀) 9 환수추(環首錐) 10 모(矛) 11 철도(鐵刀) 12 마노주(瑪瑙珠) 13 금이식(金耳飾) 14 전낭(箭囊) 15 철대잡(鐵帶卡) 16 · 20 신수패식(神獸牌飾) 17 호심경(護心鏡) 18 루공신수패식(鏤空神獸牌飾) 19 동병철검(銅柄鐵劍) 21 단패형동포(單貝形銅泡) 22 동환(銅環) 23 · 24 마함(馬銜) 25 · 26 도두(陶豆) 27 직복관(直腹罐) 28 금이식(金耳飾), 이진(耳瑱) 29 마노주(瑪瑙珠) 30 동환(銅環) 31 환수도(環首刀) 32 환수추(環首錐) 33 · 34 동완식(銅宛飾) 35~37 곽(钁) 38 철편(鐵片) 39 삽(鍤) 40 쌍패형동포(雙貝形銅泡) (1~24 : M105 / 25~40 : M106)

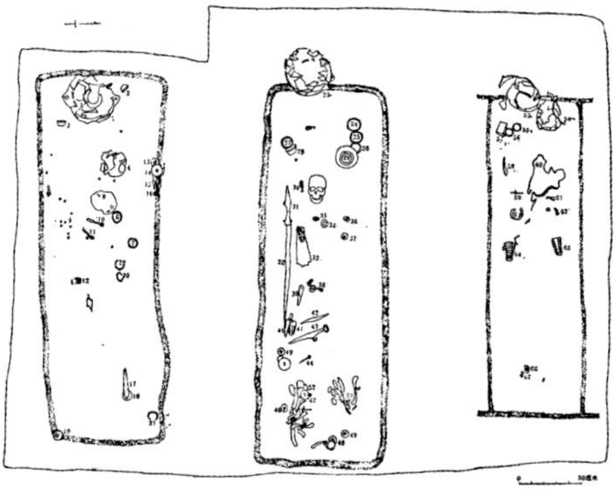

〈그림 26〉 유수 노하심 M44, M54, M55 평면도
1 쌍이도관(雙耳陶罐) 2 · 3 · 6 · 7 도배(陶杯) 4 소도호(小陶壺) 5 마노주(瑪瑙珠) 8 · 9 이진(耳瑱) 10 환수도(環首刀) 11 환수추(環首錐) 12 · 20 · 21 · 22 동완식(銅腕飾) 13 · 14 · 18 · 19 절약(節約) 15 촉(鏃) 16 동환(銅環) 17 당로(當爐) 23 쌍이도호(雙耳陶壺) 24~28 도배(陶杯) 29 소도관(小陶罐) 30 은이식(銀耳飾) 31 모(矛) 32 철검(鐵劍) 33 전낭(箭囊) 34~36 동환(銅環) 37 · 45 · 46 · 48 · 49 절약(節約) 38 대구(帶鉤) 39 려석(礪石) 40 · 42 소철도(小鐵刀) 41 철잡(鐵卡) 43 환수도(環首刀) 44 환수추(環首錐) 47 · 52 동식(銅飾) 50 · 51 마함(馬銜), 표(鑣) 53 · 54 쌍이도호(雙耳陶壺) 55 · 56 도배(陶杯) 57 곽(钁) 58 소철도(小鐵刀) 59 추(錐) 60 마노주(瑪瑙珠) 61 · 62 금이식(金耳飾) 63~65동완식(銅腕飾) 66 절약(節約) 67 단패형동포(單貝形銅泡) (1~22 : M44 / 23~52 : M54 / 53~67 : M55)

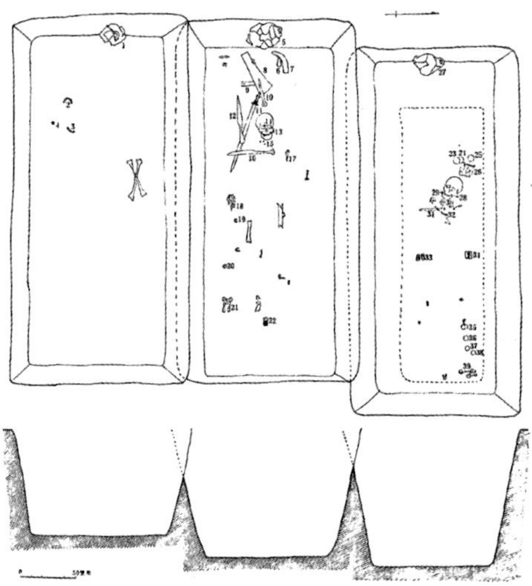

〈그림 27〉 유수 노하심 M114, M115, M116 평·단면도
1 쌍이도호(雙耳陶壺) 2 · 3 동천(銅釧) 4 마노주(瑪瑙珠) 5 쌍이도호(雙耳陶壺) 6 곽(钁) 7 겸(鎌) 8 전낭(箭囊) 9 장철기(長鐵器) 10 · 16 환수도(環首刀) 11 동병철검(銅柄鐵劍) 12 모(矛) 13 · 14 유금이식(鎏金耳飾) 15 마노주(瑪瑙珠) 17 · 18 촉(鏃) 19 · 20 동환(銅環) 21 마함(馬銜) 22 철대잡(鐵帶卡) 23 · 24 · 25 도배(陶杯) 26 도관(陶罐) 27 쌍이도호(雙耳陶壺) 28 · 29 금이식(金耳飾) 30 마노주(瑪瑙珠) 31 환수도(環首刀) 32 환수추(環首錐) 33 · 34 동완식(銅腕飾) 35~38 절약(節約) 39 마함(馬銜) (1~4 : M114 / 5~22 : M115 / 23~39 : M116)

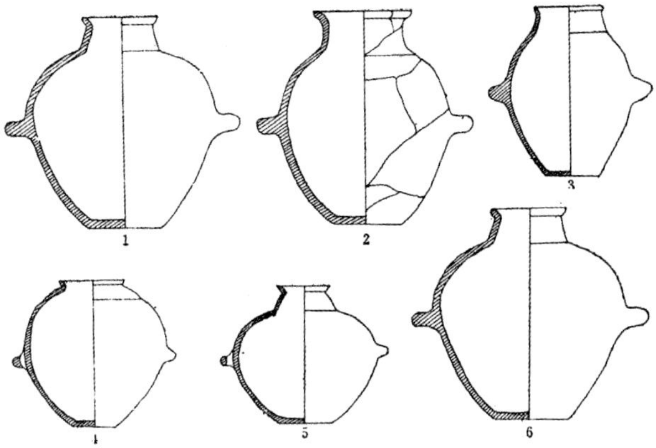

〈그림 28〉 유수 노하심 쌍이도호(雙耳陶壺)
1 I식74:9(1/4) 2 II식49:1(1/8) 3 III식6:23(1/12) 4 VI식93:11(1/12) 5 V식44:42(1/16) 6 IV식27:6(1/10)

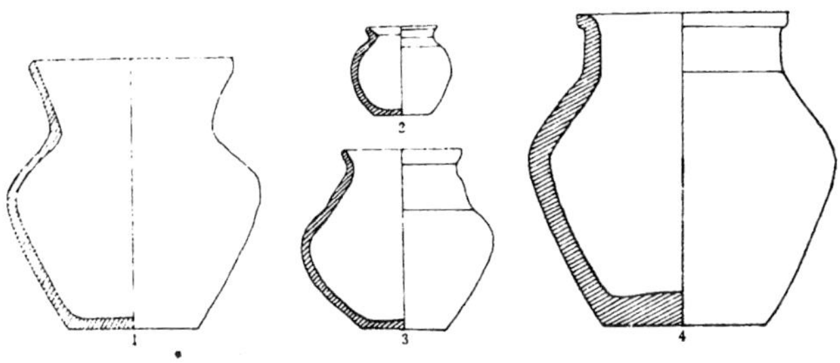

〈그림 29〉 유수 노하심 소도호(小陶壺)
1 I식92:2(1/4) 2 IV식25:2(1/8) 3 III식27:4(1/6) 4 II식105:2(1/4)

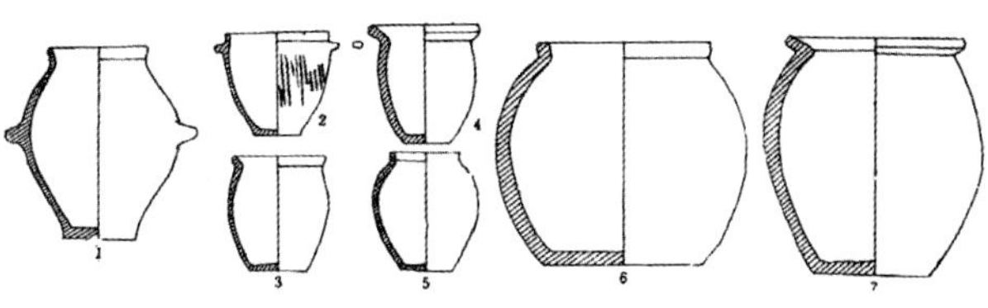

〈그림 30〉 유수 노하심 쌍이도관(雙耳陶罐), 소도관(小陶罐)
1 I식쌍이도관19:1(1/12) 2 II식쌍이도관44:5(1/16) 3 I식소도관65:1(1/8) 4 II식소도관88:3(1/8) 5 IV식소도관62:3(1/16) 6 III식소도관107:2(1/4) 7 V식소도관104:2(1/4)

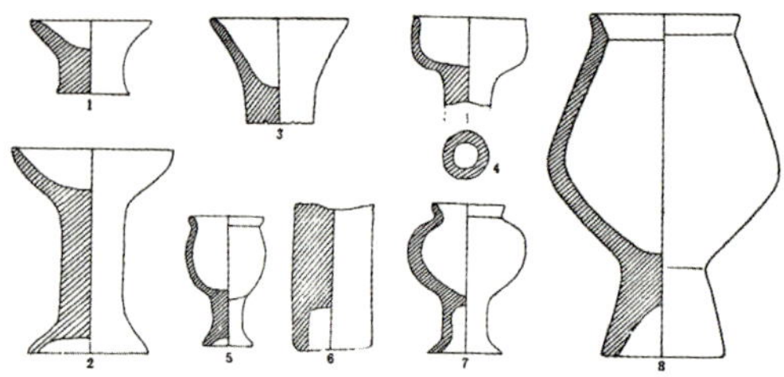

〈그림 31〉 유수 노하심 도두(陶豆)
1 I식105:4 2 I식3:1 3 II식122:2 4 III식5:2 5 IV식48:1 6 두파90:1
7 IV식22:5 8 IV식115:28(5-1/8 나머지-1/4)

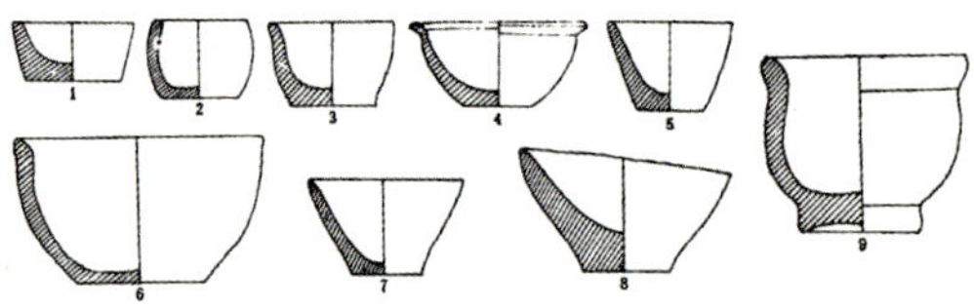

〈그림 32〉 유수 노하심 도배(陶杯) 도완(陶碗) 도충(陶盅)

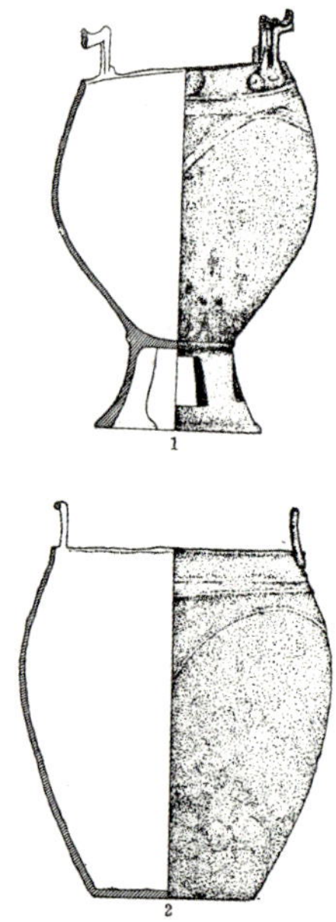

〈그림 34〉 유수 노하심 동복(銅鍑)

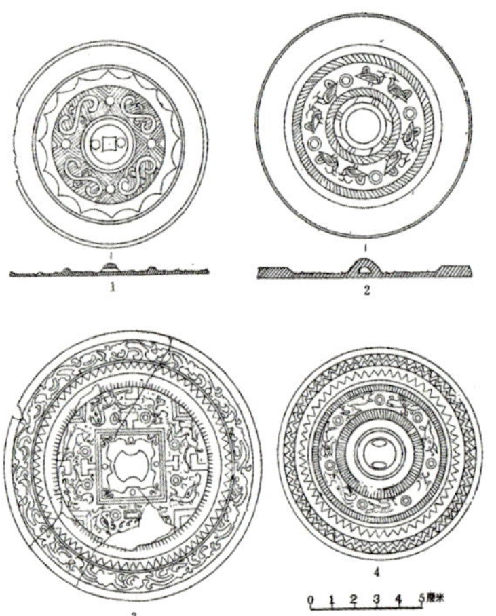

〈그림 33〉 유수 노하심 동경(銅鏡)
1 사유사반문경(四乳四蟠紋鏡) 67:31 2 사유팔조문경(四乳八鳥紋鏡) 97:18 3 사신규구경(四神規矩鏡) (지표수습) 4 칠유칠수문경(七乳七獸紋鏡) 56:39

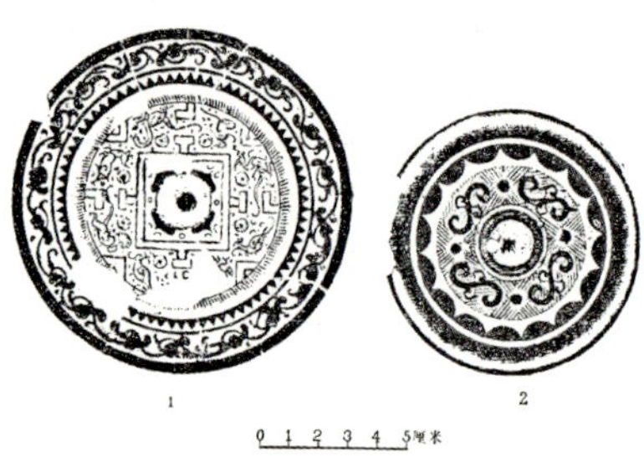

〈그림 35〉 유수 노하심 동경(銅鏡)
1 사신규구경(四神規矩鏡)(지표수습)(1/2)
2 사유사반문경(四乳四蟠紋鏡) 67:31(1/2)

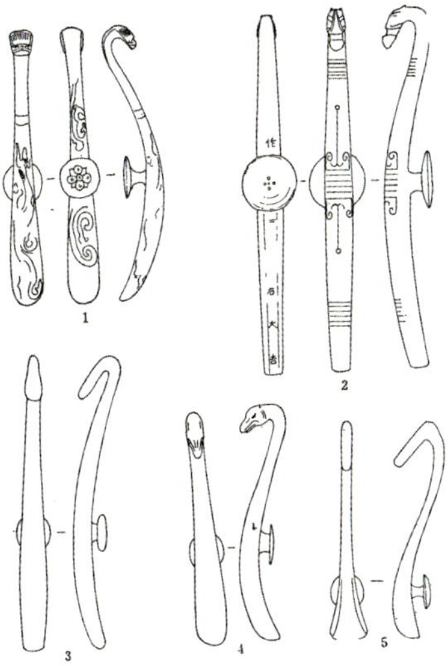

〈그림 36〉 유수 노하심 대구(帶鉤)

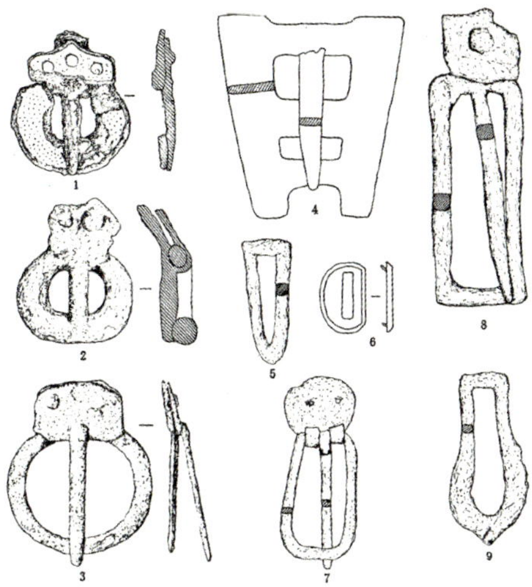

〈그림 37〉 유수 노하심 대잡(帶卡)

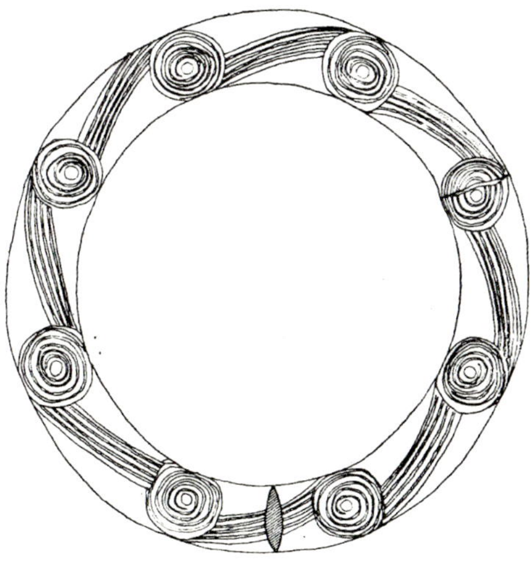

〈그림 38〉 유수 노하심 와문동환

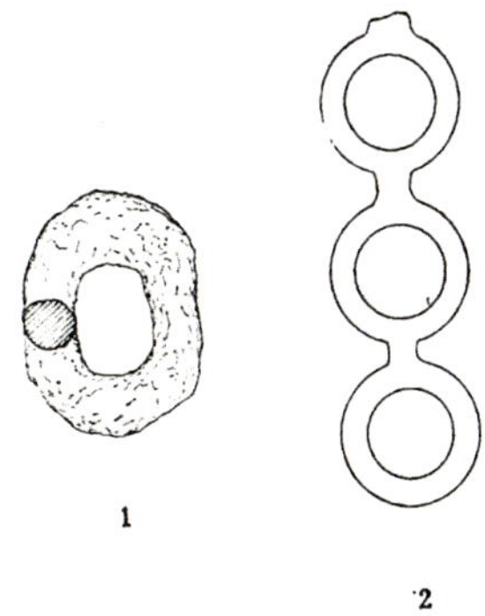

〈그림 39〉 유수 노하심 철환(鐵環) 동련환(銅連環)

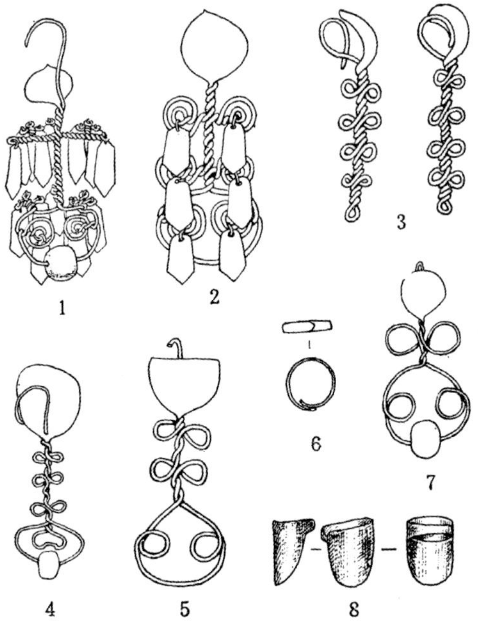

〈그림 40〉 유수 노하심 금이식(金耳飾)
1 대엽이식(大葉耳飾) 2 대엽이식(大葉耳飾) (지표수습) 3 팔환(八環) 4 육환(六環) 5 사환(四環) 6 환형이식(環形耳飾) 7 양환(兩環) 8 호편형이식(弧片形耳飾)

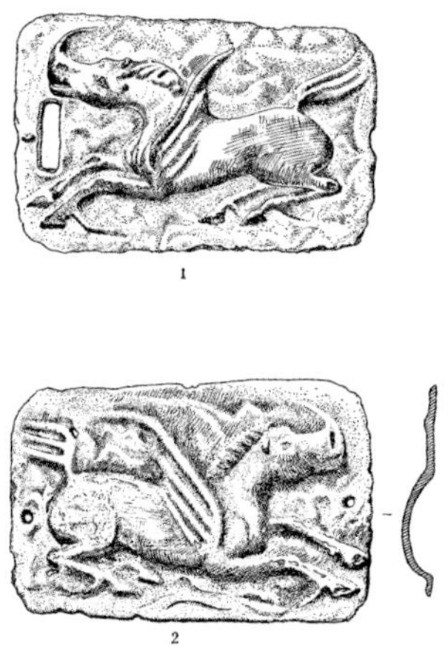

〈그림 41〉 유수 노하심 방형신수유금동패식(方形神獸鎏金銅牌飾)

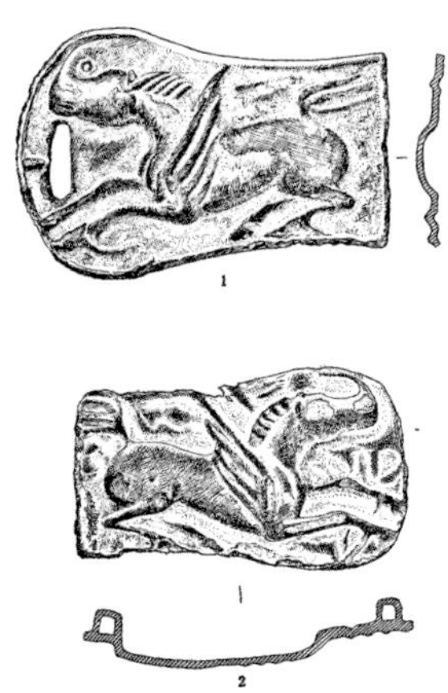

〈그림 42〉 유수 노하심 호변방각신수유금동패식(弧邊方角神獸鎏金銅牌)

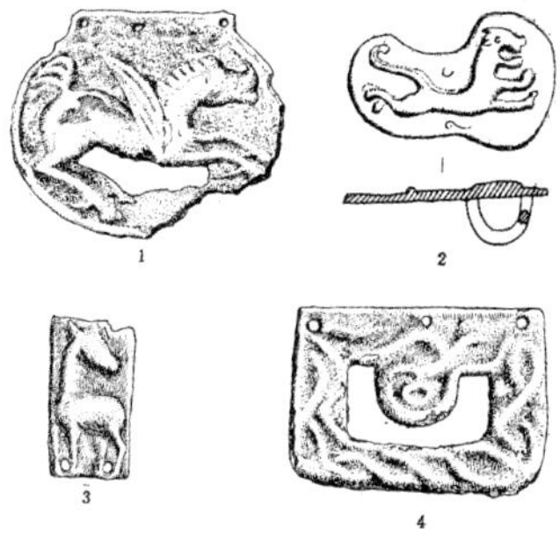

〈그림 43〉 유수 노하심 패식(牌飾)
1 누공신수유금동패식(鏤空神獸鎏金銅牌飾) 2 호문유금동패식(虎紋鎏金銅牌飾)
3 녹문유금동패식(鹿紋鎏金銅牌飾) 4 권곡문유금동패식(卷曲紋鎏金銅牌飾)

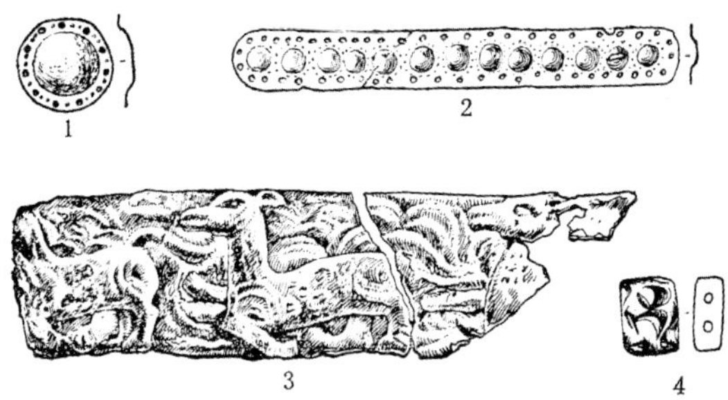

〈그림 44〉 유수 노하심 편식(片飾) 식건(飾件)

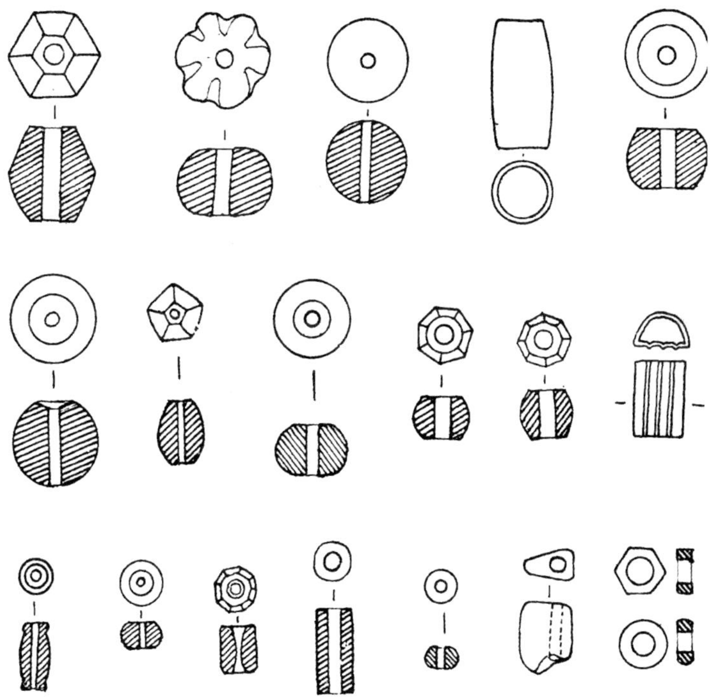

〈그림 45〉 유수 노하심 주(珠) 관곶식(管串飾)

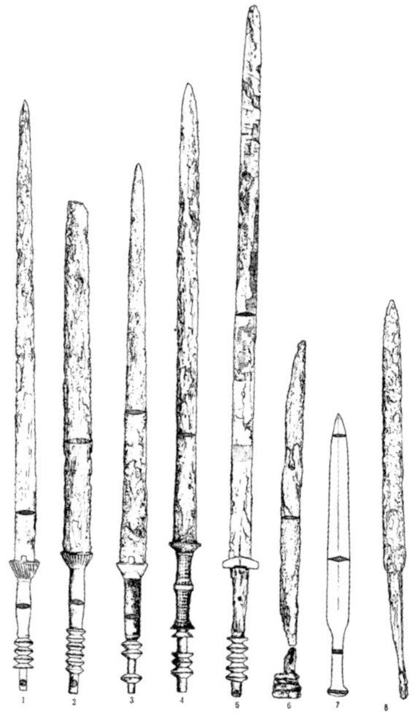

〈그림 46〉 유수 노하심 검(劍)

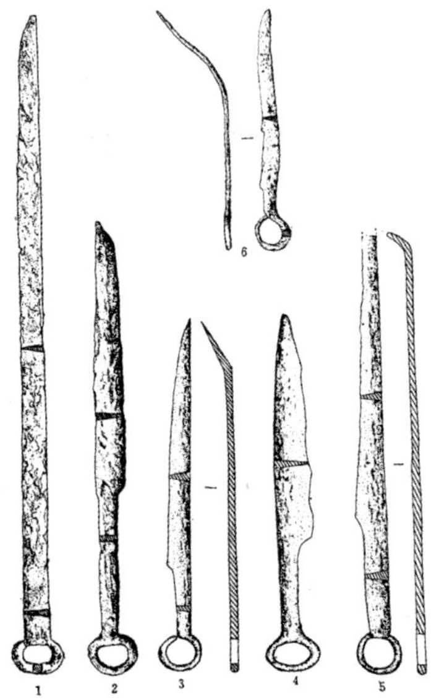

〈그림 47〉 유수 노하심 철도(鐵刀)

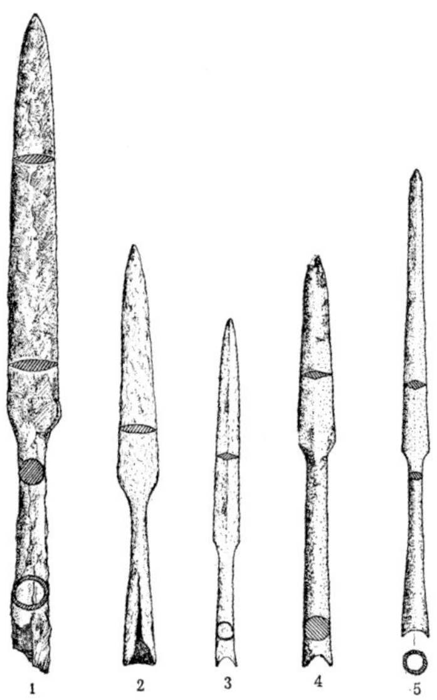

〈그림 48〉 유수 노하심 모(矛)

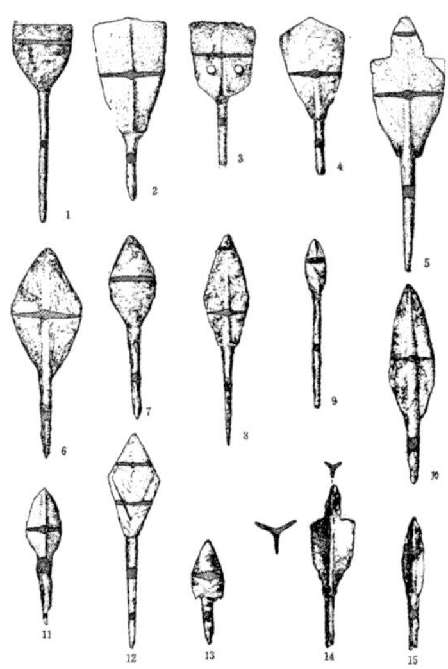

〈그림 49〉 유수 노하심 촉(鏃)

21~49〉이 대표적이기 때문에 노하심 유적을 부여 대표문화로 들은 것 같은데, 현재 이렇게 발굴보고서가 나와 있고요. 노하심 유적 · 유물에 대한 연구가 국내 학계에서도 논문들이 좀 있지만, 아직까지도 노하심 문화에 대한 연구가 잘 안 되어 있다고 볼 수 있습니다.

노하심 유적 · 유물에 대해서는 길림대학에서 은퇴하신 임운 선생님이 세 가지의 계통으로 정리를 잘하셨어요. 먼저 길림 지방의 특색을 가진 유물로서, 청동자루가 있는 동병철검〈그림 46〉 네 자루를 지방 특색이 있는 유물로 정리를 했고, 호심경이라든지 팔찌, 전낭 이런 것들도 지방 특색을 가진 유물로 정리를 했습니다. 다음으로 중국 한문화의 영역으로 설명하는 것은 동경이라든지 오수전, 그다음에 방금 강인욱 선생님이 얘기한 철제 농기구라고 볼 수 있는데, 철부, 삽, 철삽, 철착 이런 것들을 다 한문화의 영향으로 보셨고, 철제 장검, 동포 이런 것들도 한문화의 영향으로 봤습니다. 북방 초원 문화 계통 것들도 꽤 많이 나오는데요. 동물문 패식이라든지 동복, 그다음에 곳주, 동촉, 귀걸이 장식 이런 것들은 다 흉노, 선비 계통으로 분류를 할 수 있다고 봅니다. 그러니까 결국에는 이렇게 3개의 특색, 즉 그 지방의 특색, 한문화, 북방 초원 문화 이런 세 계통을 갖는 노하심 유적을 부여의 유적으로 보고 있습니다.

그러나 노하심 유적을 부여의 유적으로 규정하는 데에는 결국 여기서 나오는 토기〈그림 50〉가 가장 중요한 근거가 되고 있습니다. 노하심 유적 출토 토기는 서차구라든지 완공 등 선비로 규정할 수 있는 유적 출토의 토기와는 다르게 서단산 문화를 계승한 토기라는 거예요. 그리고 노하심출토 부여 토기가 포자연 전산의 상층에서 나오는 토기하고 대단히 유사하다는 겁니다. 이상의 토기 형태를 보건

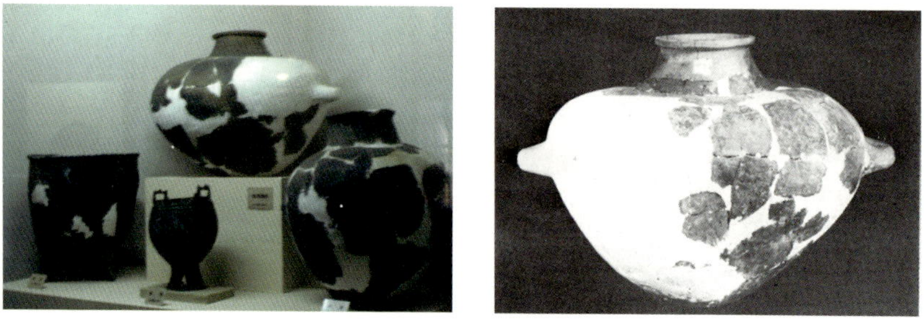

〈그림 50〉 노하심 유적 출토 토기

데, 서단산 문화를 계승했고, 이후에 한문화의 영향도 어느 정도 보이는 노하심토기를 부여 토기로 규정할 수 있습니다. 그리고 흑룡강성 서북쪽의 한서 문화의 토기도 후기 단계에는 부여 토기 형태를 보이기 때문에 이것을 부여 문화로 포함하게 되는 것입니다. 부여 토기의 대체적인 형태는 호나 관, 두 이런 것들이 많습니다.

여기서 제가 드리고 싶은 이야기는 결국 이 토기 때문에 노하심을 부여의 대표적인 문화로 이야기를 하고 있는데, 그다음에 주거지인 포자연 유적이라든지 모아산, 동단산 등의 왕성 유적들을 종합해서 정리를 하면 부여의 국가적인 특성, 문화 특성 등이 조금 더 잘 이해가 될 것이라 생각합니다.

아직도 강인욱 선생님처럼 부여사의 범주를 폭넓게 해석하는 분도 있고, '노하심 유적 자체를 정말로 부여 것으로 봐야 하느냐?' 이런 근본적인 의문을 제기하는 분들도 있지만, 현재 중국 학계에서 부여 영역 범위 안에서 조사된 가장 대표적인 무덤인 노하심 유적의 유물들을 부여로 설명을 하는 부분들은 우리가 기본 전제로 하고 논의를 해야 하지 않을까 이런 생각이 듭니다.

좌장 윤용구 : 감사합니다. 정리된 줄 알았는데 또 말씀을 들으니까 원점으로

간 듯한 느낌이 들고요. 현상적으로 지금 한대 중국계 유물들 그다음에 초원의 흉노계든 선비계든 유물들이 상당히 많이 들어와 있는 것은 분명한 사실인 것 같고요. 그게 들어왔다고 해서 부여의 정체성하고 관계되는 부분은 저는 아니라고. 그렇다고 해서 그 유물 많이 나왔다고 해서 부여의 주민들을 흉노 또는 선비라고 볼 수 있는 그것은 아니라고 생각하고 일단 문헌이 분명한 토대가 있기 때문에 그것은 아닐 것 같은데 여하튼 간에 물질 문화 부분에 있어서 부여의 재지적인 문화의 그런 것들이 토기 외에는 잘 보이지 않는 것이 아닌가 하는 오해를 갖게 된 것 같아서 그랬고요.

이종수 선생님, 관련해서 조금 더 말씀해 주시죠.

이종수 : 잠깐 생각해보니까 정말 부여만의 특징을 가장 잘 보여주는 게 최근에 발견된 부여 금동 가면인 것 같습니다.

좌장 윤용구 : 네, 그것은 좀 이따 말씀드리려고 했습니다.

이종수 : 이 유물은 외부에서 들어온 것도 아니고 자체적으로 제작을 한 것 같아서요.

2. 부여 계통 유물(동병철검, 동복) 문제와 라마동 고분군의 금동 가면

좌장 윤용구 : 네. 그 외에도 부여에 지금 국가형태, 왕권문제까지 하면서 국가의, 쉽게 얘기하면 『삼국지』 동이전 단계의 전성기 시절에 부여의 문제를 쭉 짚어보고 있으면서 물질 문화 부분에 대해서 조금 더 남은 이야기를 나누게 되었습니다.

이제 자연스럽게 3세기 후반에 들어서서 부여가 새로 요서지역에서 발흥하고 있는 모용외 세력에 의해서 285년에 거의 약탈적인 수준에 침략을 당하게 되고요. 이후 4세기 들어서 또 한차례 선비의 침공으로 부여가 결국은 역사의 뒤안길로 사라지게 됩니다. 지금 이승호 선생님 발제문에는 장제목을 '쇠퇴'라는 표현을 쓰셨어요. 처음에 송호정 선생님이 말씀하신 대로 선비와 고구려 사이에서 대외관계에 있어서나 많이 위축되는 측면도 있고 문헌으로 확인은 안 되지만 고구려가 부여의 남부지역을 계속해서 잠식해 올라왔을 가능성이 높다고 봐야죠. 그리고 부여의 뒤뜰이라고 할 수 있는 읍루지역이 이탈해 나가는 것에도 아마 고구려의 영향이 있었을 것이라는 짐작은 하고 있습니다. 그래서 결국은 이 쇠망기 부분에 있어서 부여의 주민들이 여러 차례 분산되는 단계에 들어갑니다. 그것이 쇠퇴의 단계, 단계마다 결국은 현상적으로는 부여의 주민들이 분산되고 이주하는 그런 현상들이 기록상에 보이고 있는데요. 이와 관련하여 요서지역에 전연의 선비 유적으로 처음에 알려졌다가 최근 부여인의 집단묘역으로 주장하는 북표 라마동 유적이 있습니다. 최근에 이 라마동 유적에 대해서 정리도 가장 최근에 하신 분이 이종수 선생님이 여기에 자리해 계시는데요. 거기서 나온 여러 가지 유물들, 유구의 내용들, 부여와의 관계 또 선비하고의 차별성에 대한 말씀을 듣겠습니다.

이종수 : 지금 보시고 계신 PPT 자료는 제가 저번 주에 경희대에서 발표한 내용인데요. 예전부터 라마동 고분군에 많은 관심을 갖고 있었지만 직접적으로 발표할 기회가 주어지지 않았는데 옆에 계시는 강인욱 교수님께서 기회를 주셔서 발표를 하게 되었습니다. 이 자리를

빌어 감사드리고요. 이번 발표는 아주 초보적인 단계에서 비교만 했을 뿐이지, 라마동 출토 금동 가면이 정확하게 부여와 어떠한 관련성이 있는지에 대해서는 좀 더 심도 있는 연구가 이루어져야 할 것 같습니다.

지금 화면에서 보이는 것은 라마동 고분군을 찍은 항공사진〈그림 51 · 52〉입니다. 무덤이 일렬로 일정하게 배열되어 있는 것을 볼 수가 있습니다. 전체 발굴 범위 중 서쪽 지역에 12줄이 확인되고 있습니다. 한 줄마다 30기에서 많게는 40기 정도의 무덤이 배치되어 있습니다. 이러한 양상들은 기본적으로 일반적인 선비 무덤에서 보이는 현상입니다. 그런데 '이게 왜 선비하고 다르냐?'라고 하면 머리가 향한 방향 즉 두향이 일반적인 선비의 무덤들은 서쪽을 향해 있는 반면에 이 고분군의 무덤은 전부 다 동북쪽을 향해 있습니다. 물론 한 기만, 무덤의 형태가 전혀 다른 한 기만 서쪽을 향해 있는데요. 이 무덤은 전형적인 선비 무덤입니다. 이 무덤을 제외하고 나머지 무덤들은 모두 다 동북쪽을 향해 있는데, 지도상으로 보면 동북쪽에는 부여가 위치해 있습니다. 이러한 두향의 차이점이 이 무덤이 일반 선비 무덤과 다른 가장 큰 특징 중의 하나라고 할 수 있습니다. 그리고 묘광의 구조와 형태, 출토 유물에서도 일반적인 선비 무덤과는 차이를 보이고 있습니다.

넘어가서 라마동 고분군과 부여 무덤의 특징을 비교해 보았습니다. 먼저 입지적 특징을 살펴보면, 두 고분군 모두 구릉 사면부에 입지해 있습니다. 사실 대부분의 고분군들의 일부를 제외하고 입지가 대략 비슷합니다. 다만 생활공간하고 무덤공간을 일정하게 분리하고 있는 특징이 나타나고 있습니다. 무덤의 배치는 라마동 고분군의 경우 규칙적인 배치 양상이 나타난다고 말씀드렸는데, 노하심

〈그림 51〉 라마동 고분군 항공 사진

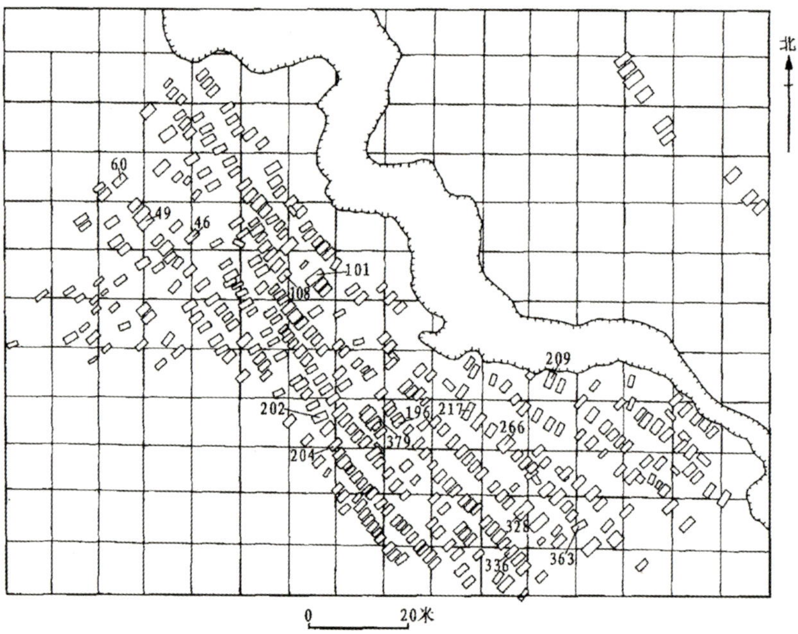

〈그림 52〉 라마동 고분군 발굴 평면도(遼省文物考古研究所, 2004)

고분군의 경우도 1호 무덤과 11호 무덤을 중심으로 방사형태의 배열 양상이 확인된다고 주장하시는 분들도 계십니다. 그런데 여기서 주목되는 점은 노하심 고분군의 경우 머리 방향이 서쪽을 향해 있습니다. 그래서 저는 그걸 또 이렇게 해석했습니다. 무덤에 묻힌 사람들의 출자가 서북쪽의 눈강 하류 유역이기 때문에 머리 방향이 그쪽을 향한 것이 아닌가라고? 이러한 예는 선비 무덤도 마찬가지로 자신들의 출자인 서쪽을 향해 있는데, 이러한 점을 고려하면 사자의 머리 방향을 자신들이 출자했던 지역을 향하게 하는 것이 당시의 장례풍속 중에 하나가 아니었나 라고 추정해 보았습니다.

무덤 유형은 라마동 고분군의 경우 토광목곽묘와 석곽묘 두 종류가 확인되는데, 석곽묘는 10기 정도로 수량이 많지 않습니다. 합장묘 계통은 관과 곽이 함께 사용되는 그런 특징이 나타나고 있습니다. 노하심 고분군은 순수토광묘와 함께 관인지 곽인지 정확하게 확인되지 않는 목질장구가 사용된 무덤들이 주를 이루고 있습니다. 모아산 고분군의 경우는 대부분 목곽묘 계통이고, 특징적으로 토석혼봉묘 이런 계통도 나옵니다. 무덤 형태는 양쪽 다 장방형입니다. 선비 무덤하고 가장 다른 이유 중에 하나가 바로 이 무덤의 형태입니다. 선비 무덤은 두광족협頭廣足狹, 즉 머리부분이 넓고, 발 부분이 좁은 그런 형태 관을 쓰고 있는데 라마동 고분군은 노하심, 모아산 고분군과 동일한 형태의 장방형을 그대로 사용하고 있다는 점에서 차이를 보입니다. 매장 방식에서도 두 고분군 모두 단일 일차장과 앙신직지장이 사용되고 있습니다. 동물뼈 순장도 이루어지고 있는데, 특징적으로 소뼈를 매납하고 있습니다.

그리고 부장 유물의 배치 양상을 살펴보았습니다. 두 무덤을 비교해 보니, 노하심이나 라마동 모두 두개골 상부 쪽에 토기, 칠기, 철기 이런 종류의 유물을 놓고요. 허리 부분에 무기류, 하복부에는 청동기, 발 아래에는 마구류를 놓고 있었습니다. 유물 배치 양상은 두 무덤이 똑같다고 보시면 되고 선비 무덤과는 차이를 보입니다. 그리고 또 다른 공통점으로 관 상부에 토기를 올려놓는 현상을 들 수 있습니다. 이밖에도 화장 현상과 유물 훼기 현상 역시 두 고분군에서 모두 확인되고 있습니다. 여기에서 화장은 우리가 일반적으로 생각하는 시신을 완전히 태우는 화장은 아니라 시신을 안치하고 불로 약간 그을리는 형태의 간략화된 화장으로 보시면 됩니다.

라마동 고분군 출토 유물 중에서 제가 가장 관심을 가졌던 유물이 바로 이 금동 가면이었습니다. 아까도 말씀을 드렸지만 부여 금동 가면은 어디서도 볼 수 없는 부여 문화만의 특징이 가장 잘 표현된 그런 유물이라고 할 수 있는데, 라마동 고분군에서도 이와 유사한 형태의 금동 가면이 출토되고 있어 양자 간의 관련성을 파악해 보고자 하였습니다. 먼저 제작 기법상의 특징을 살펴봤는데요. 라마동 출토 금동 가면은 타출 기법, 금동판을 두드려서 형태를 만들고 있습니다. 그런데 부여 금동 가면은 주조로 제작되고 있어 차이를 보입니다. 크기에 있어서도 라마동 출토품은 대략 8~13cm정도 되고요. 부여 금동 가면은 17~27cm로 직접 이렇게 얼굴에 써도 될 만한 크기입니다. 그리고 사용처에 대해서는 라마동 금동 가면의 경우 흑기직黑崎直이라고 중국어로는 헤이치즈라고 하시는 연구자가 이와 관련해서 논문을 발표했는데, 그 분은 시신의 얼굴을 덮을 때 사용했던 삼베의 양끝을 고정하기 위해서 만든 도구로 파악하였습니다. 부여 금동 가면의 경우 저는 직접 착용할 수 있게 만들었다는 점에서 하늘에 제사를 지내거나 길흉을 점치는 행위에 사용되었을 것으로 파악하였습니다. 그리고 후에 왕이나 그 일족이 죽으면 무덤 혹은 제사 관련 유구에 부장되었을 것으로 추정해 보았는데, 아직까지는 명확하게 사용처를 찾아내기는 쉽지 않은 것 같습니다. 다만 그동안 발견된 부여 금동 가면이 모두 모아산 고분군에서 출토되고 있다는 점에서 그 가능성을 상정해 보았습니다.

양식적 특징은 설명 길게 드릴 필요 없지만 아래의 것이 부여 금동 가면입니다. 이 형태를 보시면 지금 사회를 보시는 윤용구 선생님 얼굴하고 비슷합니다. 거의 똑같이 생기셨습니다. 그래서 윤용구 선생님도 혹시 피에 부여계 유전자가 흐르고 계신 건 아닌가 라는 생각을 하게 되었습니다. 그리고 위에 것이 라마동 고분군에서 출토된 금동 가면인데 형태적으로는 거의 비슷한 모습을 하고 있습니다. 가면의 위쪽과 아래쪽, 그리고 귀 양쪽에 구멍이 뚫려있는 특징 역시 일치하고 있습니다.

지금 보시는 것은 금동 가면이 출토된 라마동 무덤의 실측도〈그림 53〉입니다. 그림을 보시면 관 내부에 두개골 있고요. 두개골 바로 옆쪽의 관 벽면에 붙어서 서쪽에 4개, 동쪽에 3개 등 모두 7개가 놓여 있습니다. 그런데 사실 '얼굴을 덮는 삼베를 고정하는데, 이렇게 많은 금동 가면이 필요할까?'라는 생각이 드는데요. 아무튼 이런 식으로 하나의 관 안에 적게는 1개부터 많게는 7~8개까지도 금동 가면이 부장되어 있다고 보시면 될 것 같습니다. 라마동 고분군에서 대략 20여 점이 출토되었다고 하는데, 그 중에서 이렇게 형태가 확인되는 것은 13점 정도라고 합니다. 이 그림은 라마동 출토 금동 가면을 형식 분류하여 이른 시기부터 늦은 시기까지 배열해 놓은 것으로 라마동 금동 가면의 변화 양상을 확인해 볼 수 있습니다〈그림 54〉.

이 사진은 제가 국립중앙박물관에 신청해서 직접 실견하고 찍은 사진인데요〈그림 55〉. 실제 착용이 가능한지 제가 한 번 써 보았습니

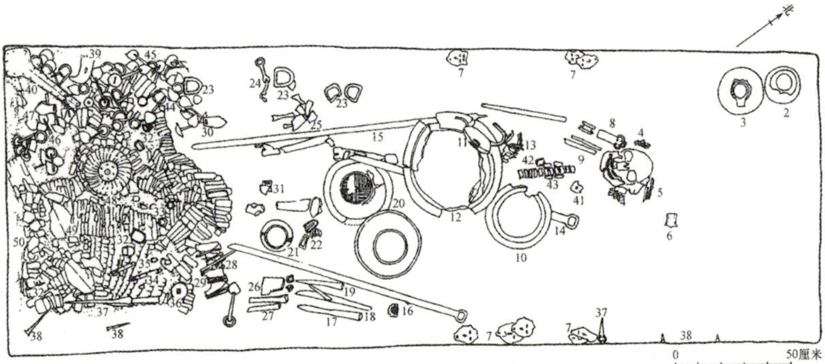

〈그림 53〉 라마동 고분군 M5 도면

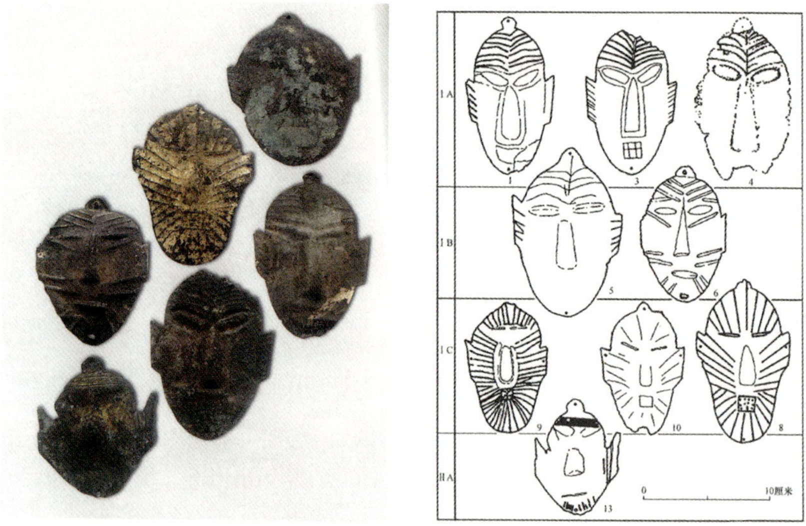

〈그림 54〉 라마동 고분군의 금동 가면

다. 그런데 저는 얼굴이 커서 다 들어가지는 않고요. 윤용구 선생님이 쓰시면 다 들어가실 것 같습니다. 그리고 가장 재미있었던 것이 여기 안쪽을 보면 눈과 눈 사이에 구멍 뚫린 고리가 하나 달려있습니다. 처음 전시된 모습과 도면 사진만 보았을 때는 고리를 확인할 수 없었는데, 이번에 실견하는 과정에서 찾을 수 있었습니다. '이 고

〈그림 55〉 부여의 금동 가면(1, 2 : 국립중앙박물관 소장 3 : 길림성박물원 소장 4 : 추정 여순박물관 소장)

리는 어떤 용도로 사용되었을까?' 그 용도를 파악하기 위해 정말 많은 고민을 하였는데, 강인욱 선생님이 '얼굴에 착장하기 위해서 사용된 것 같다'라고 이야기 해 주셔서 많은 도움이 되었습니다.

앞에서 한 이야기를 종합해 보면, 두 무덤의 전반적인 양상들을 비교해 보면 라마동 고분군과 부여는 일정한 관련성이 있다고 말씀드릴 수 있습니다. 그리고 마지막으로 『통감』 등에 기록된 부여 유민 관련 자료를 검토해 보면, 전연에 의해 끌려온 부여 유민 집단을 도성 부근에 사민했다는 내용과 부여 유민들 중에 삼연에서 높은 벼슬을 했던 사람들이 나타나고 있다는 점에서 이들이 라마동 부근에 사민되어 터를 잡고 살다가 죽은 후에 묻힌 무덤으로 보아도 큰 무리가 없을 것 같습니다. 아직까지는 부족한 부분이 많아서 앞으로 보강을 많이 해야 할 것 같습니다. 이상입니다.

좌장 윤용구 : 지금 이종수 선생님께서 말씀하신 것에 대해서 유은식 선생님께서 말씀해주시죠.

유은식 : 제가 제 발표했던 부분에 대해서는 적극적으로 방어는 안 하고 있는데요. 이 부분은 제가 발표를 안 했기 때문에 저의 생각을 말씀드려야 할 것 같습니다.

사실 최근에 중국 학계나 국내에서도 라마동 유적을 부여 유민의 고분으로 보는 견해들이 많은 것 같은데요. 그런데 몇 가지 검토해야 할 사항들이 있습니다. 부장유물은 부여보다는 대부분 선비 유물이라는 점입니다. 물론 금사뉴환대엽이식은 부여 노하심 유적에서도 출토되지만, 선비 양식으로 보는 견해도 있듯이 부여 유물로 단정 지을 수 없습니다. 이조돌대철부도 노하심 유적에서 출토됩니다.

강인욱 교수님께서는 뾜체식이라고 했는데요. 중원지역의 동한 시기의 유적에서 다량 출토된 바 있어 한계 유물로 추정됩니다. 이 철부는 후대로 가면 신부 길이가 짧아지는 경향이 있는데, 라마동 출토품은 신부 길이가 짧고 어깨 부분이 발달한 가장 후대의 형식입니다. 그 이외 유물은 부여 지역에서 출토되고 있지 않습니다. 그래서 라마동 고분군의 주체 세력을 부여 유민으로 판단할 수 있을지는 검토가 필요합니다. 그리고 이 이야기는 사전모임 때도 잠깐 말씀을 드렸는데 부여 유민들이 저렇게 큰 고분군을 조성할 수 있을지 의문이 있습니다. 유민 집단의 고분군에 대한 다른 사례가 보고된 바 없습니다. 이러한 부분도 합리적으로 검토해야 할 것 같습니다.

좌장 윤용구 : 말씀하실 게 많을 것 같아요. 이게 지금 대성동에 나오는 고분군과 연결시키는 김해, 부산권의 연구자들도 꽤 있어서 이게 우리 한국사 고고학에서는 여전히 계속 논의될 주제이기도 하고요. 또 하나는 지금 중국 고고학 안에서도 라마동 유적의 성격에 대해서 선비계로 보는 게 아직은 우세한 편이고 전립곤 선생님이 말씀하셨지만, 제가 좀 보니까 주홍 선생의 인골연구에 의하면 선비 무덤에서 나온 인골과 신체구조가 많이 다르다. 그런 이야기도 좀 하고 있어요. 국내 연구는 이종수 선생님이 처음 하시는 것 같고요. 그래서 좀 더 기다려봐야 할 것 같은데. 이 부분에 대해서 길게 이야기할 형편은 아닙니다마는, 권오영 선생님하고 강인욱 선생님 의견을 들어는 봐야 할 것 같습니다.

권오영 : 제가 사회자 선생님하고 좀 멀리 떨어져 있고 중간에 유리가 있어서 그런지 몇 번 손을 들었는데 아까 다 지나쳐버렸는데, 조금 저는

원래 말을 길게 하는 것을 싫어해서 짧게 짧게 하다 보니까 너무 짧게 얘기하는데요. 오늘은 조금 말씀을 드리겠습니다.

일단 유은식 선생님하고 강인욱 선생님 두 분에 대한 아까 질문거리가 지금 연결이 되는 부분이 있어요. 뭐냐면 우리가 자꾸 부여 자료가 없다 보니까 조금 비슷한 것들을 끌어들이고 싶은 이런 유혹들은 누구나 있게 마련인데 그것을 어떻게 참느냐가 문제겠죠. 그런데 동병철검 문제에 대해서 지금 서로 '이게 부여냐, 아니냐?'에 대한 논의들이 있는데 이것을 얘기할 때 한대의 장검들에 대한 검토를 좀 해야 하는 것이 아닌가. 전 그런 생각을 하는 게 예전에 뭐냐면 제주 용담동 고분이었나요? 그때 처음에 발굴하고 나서 부여검 나왔다고 막 난리가 났었어요, 제주도에서. 그런데 나중에 보니까 그게 부여 검이 아니라 영남 쪽 검이었다. 그러면서 한대 철검의 영향을 받아서 긴 장검이기 때문에 그랬는데 나중에 또 오송 이야기 나오겠지만 이 검 자체를 정말 부여로 볼 수 있는 것이냐에 대한 의문도 있고 그다음에 아까 강인욱 선생님이 유은식 선생님에 대해서 질문을 했는데 사회자 선생님께서 그냥 넘어가셨는데 이것은 중요한 문제인 게 지금 동복 문제를 많은 연구자들이 부여계로 보고 있죠. 그리고 심지어 영남지방에서도 그것을 갖고 부여 얘기를 한단 말이죠. 그런데 지금 동복 나오는 지역에 부여 관련된 유적하고 그다음에 고구려 쪽이 좀 나오고 그다음에 영남지방에 나와요.

좌장 윤용구 : 낙랑에서도 많이 나옵니다.

권오영 : 네. 그런데 형태가 좀 다르죠. 형태가 좀 배가 부른 것, 다리가 달린 것 등등 하는데 이 문제에 대해서 강인욱 선생님은 그것은 흉노라

고 할 때 좀 분명히 구분할 필요가 있는 게 흉노 스타일의 흉노계 동복이지만 선비도 쓰고 부여도 쓸 수 있는 것인지 아니면 이 동복 자체의 제작지를 흉노로만 좁혀볼 것인지를 분명히 할 필요가 있을 것 같고, 지금 라마동 얘기 나온 김에 마지막에 짧게 말씀을 드리자면, 저는 기본적으로 중국학자들이 인골을 가지고 이걸 동호고 예맥이고 이게 부여고 선비고 말하는 자체를 우리가 과연 믿을 수가 있느냐? 어떻게 인골 연구가 얼마큼 진행이 돼 있기에 이것을 가지고 이건 부여인이고 이것은 선비인이라는 말을 할 수 있느냐. 하물며 부여와 선비의 중간 경계에 있는 서차구나 노하심, 이런 지역의 경우에는 그야말로 아니, 아버지는 부여계고 어머니는 선비계일 수도 있는데, 그러면 그것을 어떻게 구분할 것이냐 해서 인골을 가지고 부여계와 선비계를 구분하는 자체는 저는 아직은 시기상조라고 생각을 하고요. 그다음에 또 하나가 그렇게 부여 고고학 하는데 자료가 없어서 고통스러워하면서 왜 필요한 부분은 받아가는데 별로 도움 안 된다고 생각하는 부분은 버리는지. 예를 들어서 분명히『삼국지』에 부여에서는 "살인순장 다자백수"라고 하고 있잖아요. 그러면 만약에 반론이 일어난 사람들은 '노하심 봐라. 라마동 봐라. 서차구 봐라. 모아산 봐라. 순장 없지 않느냐? 그러니까 부여가 아니다.' 이런 말 나오면 어떻게 할 건지. 그다음에 또 하나는 이것은 왕에 관련되니까 제한되긴 하지만 분명히 부여에서는 중국에서 옥갑을 받아 제사를 하잖아요. 그러니까 저는 라마동의 얼굴 같은 경우도 물론 한과는 관련이 없겠지만 그런 무언가 장례 풍습과 연결시킬 필요가 있다는 것. 그리고 마지막에 또 하나는 역시 '유관 무곽', '유곽 무관'은 이것은 많은 논쟁이 있긴 하지만 정말로 이 무덤들을 가지고 이야기할 때는『삼국지』에 나와 있는 묘장제에 대한 것을 너무 쉽게 버릴 건 아니라는 생각이 들고, 그다음에 자꾸 마이크를 안 주시니까 한 번 잡은 김에 한 번 더 하자면, 이종수 선생님, 라마동에 총 무덤 개수하고 그 무덤이 조영된 시기를 좀 봐야 할 것 같아요. 예를 들어서 무덤 개수가 지금 한 300~400기 되나요? 그런데 만약에 그 무덤의 가장 이른 것과 늦은 것의 시차가 별로 없다고 한다면, 과연 정상적으로 저 좁은 지역에서 계속 죽은 사람들이 순차적으로 묻힌 것인지, 아니면 좀 특별한 극적인 사정으로 인해서 떼죽음을 당한 것인지. 그다음에 많은 의문들이 있는 게 과연 포로로 잡힌 사람들이 저런 무기를 가질 수 있느냐 하는 의문을 가질 수도 있지만 가능하죠. 포로로 잡힌 사람들을 용병으로 쓰려면 무기를 주고 관리하면 된단 말이죠. 그래서 저는 그런 부분들까지 봐야 논의가 좀 진전이 되지, 전립곤이 이야기했다고 해서 라마동을 부여에서 잡혀온 포로라고 얘기하는 건 그다음 단계에서 좀 이선생님께서 더 진행이 돼야 하는 것이 아니냐. 죄송합니다. 사회자께서 하도 마이크를 안 주셔서 제가 아까부터 밀린 것을 다 하느라 시간을 좀 끌었습니다. 죄송합니다.

좌장 윤용구 : 라마동 이야기 이전에도 철검에 관한 문제, 동복에 관한 문제를 말씀을 하셨어요. 일단 답변을 유은석 선생님께 드릴 수도 있습니다마는, 우선 라마동과 관련해서 강인욱 선생님 생각은 어떠신지 한 번 말씀해 주시죠.

강인욱 : 먼저 라마동의 경우 담당하시는 중국 선생님들께 정식보고서가 언제 나오냐고 물어보면 '올해 말에 나온다.'를 벌써 10년째 하고 있습니다. 저는 먼저 부여설이 왜 나왔는지부터 먼저 볼 필요가 있다

고 생각해요. 사실 라마동은 삼연문화라는 것을 누구도 부정하지 않았습니다. 그런데 아까도 사회자 분께서도 언급하셨지만 전립곤 선생님이 김해 쪽 몇 번 왔다 갔다 하시면서 경상도 지역에서 많이 회자가 되고 있었던 (가야의) 부여계 기마민족설과 결합이 된 것이 그 발단입니다. 원래 처음 보고서에는 삼연으로 다 기록 하셨어요. 물론, 라마동 유적이 삼연 중에서도 이질적이었다는 것은 모두 인지하고 있습니다. 그렇다고 '이것은 부여계다.'라고 했을 때에 부여라는 것의 실체가 무엇이고 어떠한 점이 구체적으로 유사하다는 점을 밝히지는 않았습니다. 상당히 가설적으로 이야기했거든요. 그런데 다 대부분 그렇습니다마는, 동북지방 고고학계에서 워낙 대가가 말씀을 하셨으니깐 가설적으로 제안하신 게 어느 덧 정설이 돼서 확대 재생산되는 과정을 거쳤습니다. 물론, 저도 부여와 선비 사이에는 사민 내지는 이민의 가능성은 충분히 많다고 생각합니다. 훈춘의 고성지古城址라는 유적에서 전연의 용성에서 나오는 기와가 나왔거든요〈그림 54〉. 바로 엽맥문이라고 하는 독특한 문양입니다. 누가 봐도 명확하게 고구려나 발해계가 아닙니다. 그리고 실제로 그렇게 사람들을 원거리로 대량의 주민들을 이동시킬 만한 국력은 당시 고구려가 가지고 있었으니 그런 가능성을 인정할 수 있다고 생각합니다.[6]

다만 라마동에서 우리가 선비 또는 비선비계라고 규정하는 근거가 대부분 너무 미약하다는 데에 근본적인 문제가 있습니다. 예컨대 이종수 선생님께서 말씀하신 여러 (비선비계 증거) 중에 두광족협

---

6 강인욱, 2018, 「고고자료로 본 백산말갈과 고구려의 책성」『동북아역사논총』61.

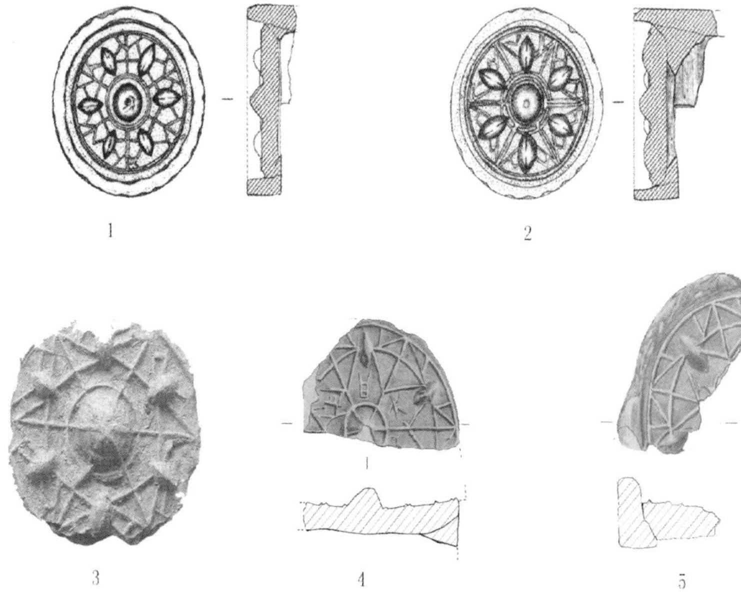

〈그림 56〉 요서지역 북연 출토품과 훈춘 고성촌 사지의 기와 비교 1, 2-金嶺寺, 3-조양 老城, 4-6 훈춘 고성촌 사지 출토(田立坤, 2016 吉林珲春发现的燕系瓦当之背景, 考古与文物 2016-6)

이 아니라는 점도 들었습니다. 그런데 (후룬뻴 지역의) 초기 선비라든지 선비 중에서 두관족협인 것이 있고 그렇지 않은 경우도 있습니다. 그리고 두향을 서쪽으로 했으니 그 사람들의 고향이 서쪽이라고 한다면 우리가 북쪽으로 머리를 둔다고 모두 북한에서 내려온 사람은 아니지 않습니까? 사실 제가 알고 있기로도 두향이, 어떠한 문화적 성향을 보여주긴 합니다만, 그것은 장례풍속이지, 그들의 원향을 가르쳐준다는 것은 가설적 수준에서만 나올 수 있는 이야기입니다. 결코 증명이 된 적은 없습니다.

또한 중요한 핵심은 이겁니다. 우리는 과연 사민과 이민을 어떤 식으로 고고학적으로 증명할 것인가 입니다. 물론 그것을 증명할 수 있는 좋은 예도 있지요. 예컨대 발해가 멸망한 직후에 그 유민들이 요나라에게 끌려가서 몽골에서 성을 건설했던 예가 있거든요.[7] 물론 이 설이 완벽히 증명된 것이 아니라 약간 반박도 할 수 있겠습니다. 그런데 무덤 같은 경우는 (이주를 한 사람들이) 자기들의 원래 무덤을 똑같이 만드는 것은 거의 불가능합니다. 대신에 자기의 원래의 습속이 반영되거나 귀속을 상징하는 소규모 귀중품들이 몇 개 들어가는 정도로 증명됩니다. 가장 확실한 사민의 증거는 무덤에서 보이는 두향이나 이런 것이 아니라 그들이 만드는 토기 같은 것이 나와야 합니다. 즉, 사민된 사람들이 자신들의 원래 전통을 유지하며 토기를 만들었을 때 가장 고고학적으로 뚜렷하게 나올 수 있다고 봅니다. 그리고 설사 사민이 실제 이루어졌다고 할지라도 그들을 고고학적으로 완벽하게 밝힐 수 없다는 것도 인정해야합니다. 따라서 저는 '라마동을 부여로 본다는 것은 아직은 가설적이다.' 고 할 수 밖에 없으며, 제가 알고 있는 한 아무리 봐도 그러한 대량의 사민을 이야기할 수는 없을 것 같다는 생각이 듭니다.

또 하나 아까 보셨던 라마동 가면에 대해서 덧붙이겠습니다. 사실 제가 고조선과 부여의 인물상에 대해 2014년도에 발표를 했는데 저는 논문으로 안 내고 그냥 묵혔더니 같이 학회에 참석한 이종수 교수님이 논문으로 내셔서 제 한을 대신 푸셨군요. 저도 관심이 많은 이 인물상이라는게 연구를 하면 일체유심조라는 생각이 듭니다. 자기가 원하는 만큼 보인다는 뜻입니다. 얼마나 가깝냐는 것 사실 상당히 자의적 판단이 될 수가 있거든요. 그런데 아까 보신 라마동의 가면 같은 경우 얼굴에 문신을 막 했거든요. 저는 그것을 보는

---

7 몽골 친톨고이 성의 발굴 결과 발해의 유이민이 세운 진주(鎭州)에 비정하는 견해를 말한다.

순간 아무르강에 있는 사카치-알리안 암각화에 있는 인물상, 가만 보면 윤용구 선생님과 유사하다는 생각이 들었습니다. 또 이걸 보면서 거란이나 요에서 발견되는 인면구도 연상됩니다. 저는 제 느낌이 맞다는 것을 주장하려는 게 아닙니다. 그런 느낌을 과학적으로 증명하려면 우리가 조금 더 객관적으로 연구할 필요가 있지 않을까 하는 생각입니다. 그다음에 동병철검 이야기는 나중에 또 한 번 더 할 테니까 여기서 일단 정리하겠습니다.

좌장 윤용구 : 동병철검 부분은 이따가 충분히 이야기할 시간이 있을 것 같습니다. 사실 처음에 김포 운양동에서 나온 긴 철검이 나왔을 때 그때 저도 인천에 있어서 여러 차례 가봤는데 저 그때도 봐도 '아, 철기구나. 철검이구나.' 하는 정도의 안목이었는데 그 당시에 발굴자들은 낙랑지역에서 나오는 철검하고 연결을 시키려고 생각을 많이 했습니다. 한대 철검의 일환이고 손잡이는 나무일 가능성도 높다는 생각들을 했고요. 또 일부 동병철검도 나오고 했습니다. 지난주 경희대 발표에서도 그랬고 이번 발제에서도 그런데 운양동에서 남쪽으로 4㎞ 떨어져 있는데 원래는 김포 땅이었는데요. 지금은 인천시 검단에 속해 있는데 마전동에서도 운양동에서 나온 것과 같은 철검들이 다수 나왔고요. 그래서 철검 부분은 이따가 다시 논의하기로 하겠습니다. 권오영 선생님 말씀과 강인욱 선생님 이야기, 라마동과 관련해서 아까 유은식 선생님이 연결시키기 어렵다는 말씀, 그리고 강인욱 선생님도 라마동에 관해서는 아직 가설적인 수준에 있다는 얘기를 했습니다. 전립곤 선생님이 은퇴를 하시고 마치 정년논총과 같은 본인의 문집을 내셨는데요. 물질 문화와 관련해서 조금 더 하실 말씀이 있고…….

강인욱 : 잠깐 하나만 덧붙이겠습니다. 아까 제가 말씀 드린 것은 흉노계라고 했지 (흉노에서 왔다는 것은 아닙니다). 동복은 철저하게 각자가 만들었습니다. 동복 자체는 위신재의 역할을 한다기 보다 제사나 의례의 조리도구로 쓰이기 때문입니다. 즉, 굳이 수입할 필요가 없이 각 지역에서 자체적으로 제작을 했다고 보는 것이 합당할 것입니다. 동복은 보통 밑에 굽이 달린 것과 그렇지 않은 것을 세분하는 데, 아마 조리방법과 제사에서의 차이를 반영하겠지요. 여하튼 두 형식 모두 흉노의 문화에서 발견됩니다. 하여튼 동복은 흉노계지만 제작은 각자했다고 보고 있습니다.

좌장 윤용구 : 그런데 동복이 그 모양이 같든 다르든 그 사용하는 자에 의해서 용도는 다 다르다고 그런 것 같은데요.

강인욱 : 네, 맞습니다. 다른 이유가 예컨대 스키타이의 시대에 발견되는 동복은 구연이 아주 넓은 솥 같은 형태에 가깝지요. 그래서 그 위의 고리에 막대기를 걸어서 불 위에서 조리를 하는 형태입니다. 그런데 흉노 때부터 상당히 잘 만든 대각이 달린 받침이 생깁니다. 이것은 기본적으로 조리법이 바뀐다는 것을 의미합니다. 그리고 이 시기에는 농경문화와 유목문화가 다양하게 접합이 됩니다. 그와 동시에 다양한 요리문화도 들어오는게 자연스럽겠지요. 동복은 이러한 다양한 사회적 배경을 가지고 같이 들어왔기 때문에 이것은 단순하게 하나의 유물로 떼어볼 수는 없다고 생각을 해요.

3. 부여의 쇠퇴와 후기 왕성 위치 문제

좌장 윤용구 : 알겠습니다. 마지막에 쇠퇴와 후기 왕성 위치 문제 부분인데요.

후기 왕성 부분은 논란이 많지만 사실 논란을 벌이기가 어려운 제약이 있는 것 같습니다. 성안에서 뭔가 특별한 유물이 나온 것도 아니고 발굴을 한 것도 아니고 대개 지표조사 수준인 부분인데요. 우선 후기 왕성 부분에 대해 이승호 선생님께서 대개 정리를 했는데 결론은 "어디인지 특정하기 어렵다." 그런 말씀을 해 주셨습니다. 중국학계 여러 동향에 대해서 특히 요원 산성에 중국학계 설이 모이면서 이종수 선생님께서 그것에 대해서 언급하신 글이 좀 있습니다. 그래서 후기 왕성과 관련된 중국학계 연구의 특징과 문제점 그리고 선생님의 생각을 말씀해 주십시오. 5분 드리도록 하겠습니다.

이종수 : 후기 왕성은 제가 부여를 연구하면서 마지막으로 정리하고 싶은 부분입니다. 그래서 이 후기 왕성을 찾기 위해 한동안 열심히 관련 유적을 답사하였습니다. 정말 꼭 찾고 싶은 생각이 간절합니다. 제가 박사논문을 쓰는 과정에서 후기 왕성에 대한 답을 찾고자 농안 지역을 몇 차례 답사하였는데, 그 당시 생각한 것이 농안은 문헌적으로는 부여의 후기 왕성으로 연결시킬 수 있지만, 고고학적으로는 그 흔적을 찾을 수가 없어서 후기 왕성의 후보지에서 배제하였습니다. 그래서 '농안이 아니면 어딜까?.'라고 고민을 많이 했습니다. 그래서 생각한 것이 당시 부여인들의 자기가 살던 곳하고 가장 비슷한 자연지형을 갖춘 곳으로 옮겼을 가능성이 높다는 가정하에 길림시하고 자연 지형이 가장 비슷한 곳을 찾았습니다. 그 결과 길림성 요원시 일대가 가장 비슷하다고 생각하고, 그 일대를 직접 답사해보니, 자연지형이 분지형태로 비슷하고, 주변에 많은 성곽들이 축조되어 있어 가능성이 매우 높아 보였습니다. 길림시의 용담산 산성과 같은 용수산 산성이 위치해 있고, 비교적 낮은 곳에 평지성 형

태의 성자산 산성 입지해 있고, 외곽에는 공농산 산성도 축성되어 있어 천혜의 요새를 갖추고 있는 지역이었습니다. 그래서 저의 박사 논문에서 처음으로 부여의 후기 도성을 요원시 일대로 비정하였습니다.

그리고 나서 한 십년이 지난 후에 요원시에서 부여 후기 도성 관련하여 아주 큰 학술대회가 열렸습니다. 당시 중국의 분위기가 문화관광사업 활성화를 위해 지역사를 적극적으로 발굴하고 있었는데, 부여 후기 도성설은 요원시 입장에서 매우 중요한 학술적 근거를 제시해 주었고, 이를 계기로 대규모의 학술대회를 개최하게 된 것입니다. 최근에는 다시 잠잠해졌는데, 왜냐하면 부여의 후기 도성을 용수산 산성으로 특정해서 비정하였는데, 용수산 산성을 아무리 발굴해 봐도 부여 관련된 유적이나 유물이 출토되지 않고, 고구려와 그 이후 시기의 유적·유물만 출토되고 있어 근거를 찾지 못하고 있는 실정입니다.

저도 박사논문에서는 요원설을 주장하였지만 최근에는 문헌에 기록된 "서사근연"에 더 주목하여 서쪽으로 좀 더 이동해서 후기 왕성을 찾아보려고 노력하고 있습니다. 후기 도성의 위치와 관련하여 과거에도 개원설, 사평설 등 서남쪽 지역을 비정한 견해들이 있고 하여 그쪽 지역을 답사를 많이 다니고 있습니다. 특히 개원시 일대에는 부여촌, 부여소학교, 부여길, 부여공원 등의 부여 관련 명칭이 많이 남아 있고, 주변에 고대 성곽이 분포하고 있어 가능성이 높은 곳이라 할 수 있습니다. 몇 해 전에 개원시 탑자구 산성에 대한 조사를 진행한 바 있는데, 성곽의 입지와 구조, 규모면에서는 충분히 타당성이 있다고 보았습니다. 지역의 향토사학자분들도 부여의 후기 도성이라 주장하고 있어 향후 발굴이 이루어지면 정확한 축성시기를 파악할 수 있겠지만 지금까지는 조그마한 희망으로 안고 가고 있습니다.

좌장 윤용구 : 아무래도 길림의 서쪽에서 찾으려고 하는 것은『자치통감』기록에 많이 구애되는 측면이 있는 것 같아요. 서쪽으로 간 세력이 어떤 세력이 갔는지는 명확하지 않습니다마는 그들이 부여의 주민들이 쇠망기에 들어서 한 방향으로만 흩어졌다고 보기는 어렵다고 보고요. 적봉 북쪽에서 서진 때 받은 도장이 발견되고, 시대가 불분명합니다마는 분명히 부여의 유물이 나오기도 했고 부여가 전성기라고 해야 하나요? 하여간 활발하게 활동할 때 그들의 활동범위가 어느 한 방향으로만 있지 않았기 때문에 여러 군데서 흔적이 나올 수 있고『위서』에 보이는 두막루로 이주해간 부여인들의 존재가 분명히 기록에 남아 있고 남쪽으로도 내려가고 여러 가지로 흩어졌을 가능성이 있다고 봅니다. 지금 이승호 선생님은 대개 농안에서 다시 정리를 하고 계신 입장인데 아무래도 송호정 선생님 이야기를 안 들을 수가 없을 것 같아요. 이 후기 왕성에 대한 논란이 선생님이 정리하시고 난 뒤에 논란이 된 부분이어서 어떻게 생각하고 계시는지 한번 생각을 듣고 싶습니다.

송호정 : 제가 중간 중간 계속 얘기를 하였는데, 부여사와 관련해서 가장 해결이 안 되는 주제가 북부여, 부여, 동부여의 문제라고 말씀을 드렸지만, 사실 전체적으로 부여 통사를 정리하는 중에 부여, 동부여 문제 못지않게 어려웠던 부분은 후기 부여의 왕성 문제였습니다. 사회자님도 말씀하셨지만 과연 왕성으로 봐야 하는지 싶고, '서사근연' 할 때 '사徙'의 의미에 대해 사전도 찾아봤어요. '사徙'자가 정말

도읍을 옮긴 것인지 이러저러한 생각을 해봤는데, 대부분의 연구자는『자치통감』에 나오는 기록에 입각해 대체적으로 부여의 후기 도읍지를 농안이나 부여의 서쪽지방, 서풍이나 요원쪽 어딘가에 가서 멸망 시까지 부여가 있었을 것이라고 추정을 합니다.

그런데 광개토왕비문 기록, 오늘 참 많이 얘기합니다마는, 저는 410년에 광개토왕이 정벌하는 동부여는 부여라고 보고 있고, 이 동부여는 346년에 서사근연한 부여는 아니라고 생각합니다. 그동안 후기 부여 왕성에 대해서는 대체적으로 조정걸 이래 농안 지역의 중요성을 이야기하면서 그쪽으로 비정하는 분들이 많습니다. 그리고 현재 부여현 지역도 나중에 발해가 용주 또는 통주 황룡부를 세울 때 그 지역에 두는 것으로 보아 대체적으로 부여현을 포함한 흑룡강성 서북쪽에 비정하는 분들도 있습니다. 그러나 그렇게 보기에는 고고학적인 자료가 전혀 없고 뒤에 문헌자료도 없기 때문에 명확히 말하기가 어렵습니다.

저는 어쨌든 중국의『위서』에서 부여라고 하는 단일한 국가체제가 쭉 이어지는 기록을 보면, 후기 부여의 왕성도 전기부여의 왕성과 동일한 곳으로 보아야 한다고 생각합니다. 물론『자치통감』기록에 346년 왕 현玄 이하 5만 명이 포로로 잡혀갈 정도로 부여가 큰 타격을 입게 되는데, 그때 서쪽으로 왕 이하 많은 부여인들이 옮겨간 것은 분명한 것 같고요. 개인적인 생각일 수는 있겠지만 '서사근연'한 부여가 어느 시기에는 다시 원래 부여의 왕성지역으로 돌아와서 그 역사를 이어갔고, 그 세력을 410년에 광개토왕이 공격한 것으로 이해를 하는 것이 자연스럽지 않나. 이런 생각을 가지고 있습니다.

그러한 생각을 갖고 글을 정리하려고 하는데 기존 고구려사하고 충돌되는 부분도 있고, 부여사 자체의 흐름 속에서 왕성의 내용을 쓰려고 해도 쓸 수 있는 기록 내용들이 많지 않아요. 결국에는 후기 왕성 부분은 애매하게 쓰고 말았습니다. 그리고 서쪽으로 옮겨간 왕성의 위치에 대해서는 제 나름대로는 문헌기록에 충실하게 서쪽으로 옮겨갔다고 하면 서북쪽인 농안은 아니라고 보았습니다. 그리고 농안은 평지이기 때문에 방어할 수 있는 구릉이나 산지가 없거든요. 그래서 길림시의 서쪽방향에서 고구려성으로 추정되는 서풍 지역의 사면성 일대가 아닐까라고 추정해 보기도 했습니다.

분명 『자치통감』 기록을 중시한다면 서쪽으로 왕 이하 5만명의 부여 사람들이 이도移都라고 할 정도로 옮겨간 것은 인정할 수 있습니다. 그러나 옮겨간 부여 사람들이 멸망 시까지 그 지역에 남아 있으면서 후기 왕성을 건설하고 끝까지 생활하였을 것이라는 생각에 대

〈그림 57〉 부여 왕성 동단산 유적

해 저는 현재의 고고학적인 자료나 부여사의 전개 과정 속에서 보면 조금 부정적으로 보고 있습니다.

좌장 윤용구 : 감사합니다. 제가 맡은 소임도 이제 막바지를 향해서 가고 있어서요. 상당히 이제 마음의 여유가 생기고 있습니다. 이제 토론자 선생님들하고 발표자 두 분, 여섯 분이 제 눈에 다 들어오네요. 아까는 한 분만 보고 옆에 분이 무슨 손짓을 해도 눈에 안 들어왔는데 지금은 손드시면 다 볼 수 있을 것 같습니다. 죄송하다는 말씀을 드리고요. 지금 이승호 선생님 물질 문화에 대해서는 어떻게 답하시기 어려우실지 모르겠는데 그래도 부여사 전체를 공부하시는 입장이기 때문에 지금 이야기하고 있는 부분에 대해서 특히 물질 문화 부분에 대해서 선생님, 혹시 생각 있는 부분, 라마동 같은 부분 어떻게 생각하고 계시는지 한 번 말씀 들어볼까요?

이승호 : 사실 라마동 고분군은 저도 열심히 살펴보는 중입니다만, 아직 정확히 제 견해가 이렇다 말씀드릴 수 있는 능력도 없고 지식도 없습니다. 다만 부여로부터 중원지역으로 건너간 유민의 숫자나 규모가 상당했다는 점은 고려할 필요가 있겠습니다. 285년에 이미 모용선비의 습격을 받았을 때 끌려간 부여인이 1만여 명이었고, 그 이후로도 계속 모용선비에 의해 부여인들이 약탈당하면서 말 그대로 노예로 팔리는 그런 경우도 많았습니다. 그다음에 결정적인 것은 송호정 선생님께서 벌써 말씀하셨듯이 346년에는 왕 이하 5만 명의 인원이 대거 중원지역으로 끌려가게 됩니다. 그런데 여기서 라마동 고분군 위치가 극성과 가깝다는 부분을 다시 생각해 볼 필요가 있습니다. 왜냐하면 342년이면 전연의 수도가 극성에서 용성,

즉 지금의 조양 일대로 이동을 하는데, 그렇다면 이미 그 전부터 조영되고 있던 라마동 고분군의 조영 집단은 285년에 이주한 부여인 집단부터 먼저 고려를 해야 하는 게 아닌가 생각합니다. 그리고 라마동 고분군이 포로로 잡혀 온 부여인들의 무덤군이라면 왜 거기서 무기도 발견되고 위세품도 발견되는 것인가 하는 점에 대해서도 만약 전연 사회 내에서 집단적으로 거주하는 부여 유민 사회가 상정 가능하다면, 그러한 유민 집단을 이끄는 리더가 있을 것이라는 점입니다. 예컨대 나중에 전연으로부터 책봉을 받는 여울이라던가 이런 부여의 지배계층이 전연부터 전진, 후연까지 그 나라 정계에서 계속적으로 활약을 하면서 부여왕으로 책봉도 받고 관직도 받고 하면서 그곳의 부여인 사회, 유민사회의 리더로 활동을 했을 거라고 보거든요. 이렇게 부여의 지배층에게 부여왕을 비롯한 고위 관직이 수여되었다는 점을 볼 때, 그들이 통제 아래에 존재하는 주민 집단도 상정할 수 있게 됩니다. 이렇게 부여 유민사회의 모습을 상상해 본다면, 라마동 고분군을 이해하는 데 많은 힌트를 얻을 수 있지 않을까 이런 생각을 하고 있습니다. 이상입니다.

좌장 윤용구 : 감사합니다. 지금 말씀을 쭉 들었는데 역시 라마동 자료는 쉽사리 부여의 주민이 이주해간 흔적이라든가 그것으로 섣불리 보기에는 쉽지 않은 것 같고요. 부여 쪽에서 나오는 가면은 실 크기에 가까운데 라마동에서는 거의 절반도 안 되는 크기고 무덤 하나에서 7~8개가 나온다고 하면 그것은 얼굴에 썼다고 하기에는 좀 어려울 것 같고 용도가 다르지 않을까 하는 생각도 들고요.

그러면 이제 부여의 쇠퇴 과정에서 285년에 한 번 타격받고 다시 346년에 타격받았을 때 그 양태는 똑같은 것인지 그런 것에 대한 궁금증도 있고요. 동일하게 그냥 침략 받아서 대량으로 주민이 이주됐다. 그렇게 단순하게 봐야 할 부분인지 좀 자세히 알 수가 없는 부분이 있습니다. 그래서 아까 송호정 선생님께서 후기 부여사 부분은 너무 정리 안 된 부분이 많다는 말씀을 하셨는데요. 송호정 선생님이 책을 내고 난 뒤인가 어디 청남사학인가에 3세기 후반 이후의 부여사의 어떤 흐름에 대해서 글을 하신 걸로 기억이 나는데, 맞죠? 그래서 전연 이후에 부여사의 어떤 흐름을 맥락을 어떻게 잡는게, 물론 494년 역사에 있어서 사라져가긴 합니다마는 대략 그 부분을 우리가 어떻게 봐야 하고 현재 앞으로 어떻게 연구가 좀 더 됐으면 좋겠다는 말씀을 들으면서 쇠퇴 부분에 대한 이해로 갈음할까 이렇게 생각을 해봤습니다.

송호정 : 그런 논문을 썼는지 이제 생각이 나네요. 논문이라기보다는 저희 학과에서 내는 잡지에 급하게 고구려사와 중국 요녕성 일대에 전연부터 전진, 후연, 북연으로 이어지는 선비족과 관련된 내용들을 정리를 하면서 그 동쪽에 부여가 존재했을 것이고, 부여의 구체적인 활동내용들을 그 시대를 이해하는 차원에서 간단하게 정리를 한 것인데요. 굉장히 중요한 부분이긴 하지만 별로 할 말이 없는 것은 제가 주로 공부를 했던 내용이 앞쪽 부분이기 때문입니다.

제가 가지고 있는 생각은 전국시대 후반부터, 기원전 4세기~3세기 이때부터 중국에서 철기문화가 중국 동북지역으로 전례되면서 일정 지역에서 정치체들이 철기문화를 바탕으로 국가를 형성해 나갑니다. 우리 역사와 관련해서 고조선 주변 요동, 한반도 서북한지역에 세죽리-연화보 유형문화가 유행하였고, 길림지역 일대에서는 부여의 선주민들에 의해 서단산 문화를 계승한 포자연식 문화라든지 노하심 문화, 동단산 문화가 이어집니다. 그다음에 두만강 유역을 중심으로 하는 옥저 지역에서는 단결-크로우노프카 문화〈그림 58〉가 발전하는데, 그 양상은 대체적으로 비슷하다고 봅니다. 이는 한대의 철기문화가 서서히 동진을 하는 과정에서 그 영향들을 받는 거고요. 그다음에 흉노나 선비 등 유목 계통의 초원 문화에 영향을 받는 요소들이 생깁니다. 마지막으로 지역 자체에서 계승된 문화적인 양상도 보입니다.

전국시대 후반부터 중국 동북 지역에는 중국 한대문화와 유목문화, 지역 자체의 문화 등 세 계통의 문화가 발전하게 됩니다. 이런 속에서 보면 조금 전 논의된 라마동 유적의 주인공이 '부여냐? 선비냐?' 이것이 사실 증명하기가 쉽지는 않습니다. 유적의 위치나 부여와 유사한 문화 내용으로 봐서 문헌 기록이 명확하게 남아있지 않지만 부여에서 끌려온 포로들이 남긴 것이라는 해석도 가능하긴 합니

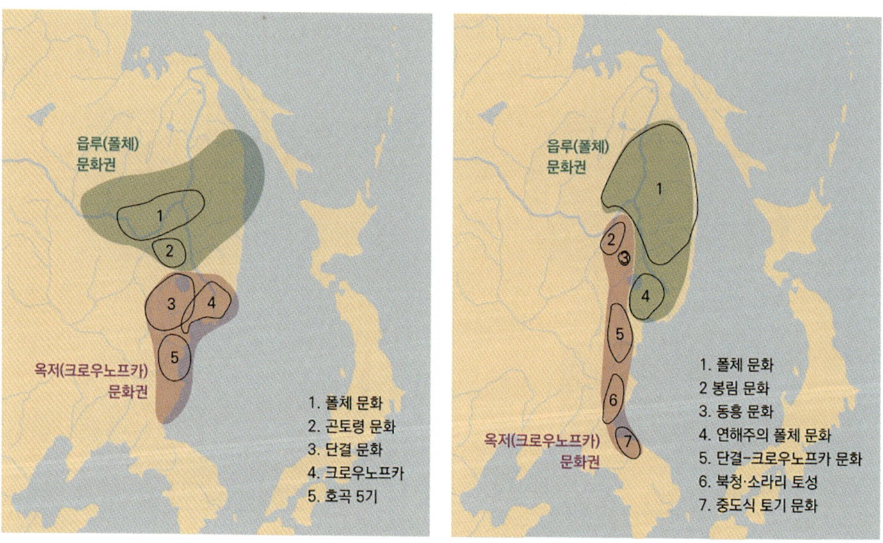

〈그림 58〉 기원전 4~1세기 읍루와 옥저의 분포(좌), 1~3세기 읍루와 옥저문화권이 남하한 이후의 판도(우) (강인욱 2020)

다. 다만 그것을 명확히 증명하기는 쉽지 않다고 봅니다. 대개 유적의 지역적인 위치로 보면 선비 계통으로 보는 것이 무난하지 않나 생각합니다.

부여의 멸망기에 해당되는 4~5세기는 남쪽에 있는 고구려의 가장 전성 시기에 해당이 됩니다. 그래서 고구려는 계속 북쪽으로, 휘발하 위쪽으로 올라가게 되고, 한편으로 서쪽에 있는 선비족이 세운 전연부터 북연에 이르는 왕조가 요하 서쪽 일대를 중심무대로 요동까지 진출을 하게 되거든요. 그렇기 때문에 부여는 계속 고구려의 타격을 받았고, 선비의 타격을 받게되어 국가적인 성장을 지속해 나가기가 어려웠다는 생각이 듭니다. 결국 410년에 광개토왕의 정벌에 의해서 부여는 사실상 괴멸 상태에 이르게 되지 않았나 생각합니다.

좌장 윤용구 : 아마 중국이 부여가 더 이상 효용가치가 떨어졌다고 해서 그랬는지 부여에 관한 기록이 중국 기록 안에서도 사라져버리는 시점이 돼 버렸습니다. 안타깝게 생각을 합니다. 그래서 후반기의 부여사의 흐름을 잘 이해하기 어렵고 현재로서는 전연에 의해서 강제로 옮겨진 부여인들의 존재 양태에 대해서 향후에도 물질 문화나 문자 자료 같은 것들은 일단 위서나 주서 등 이런 데 흔적이 남아있고요. 사실은 중국 사서에 부여계 활동한 주민들이 저는 다 부여사람이라고 생각하지 않아요. 부여는 중국인들이 받아들이기에는 굉장히 우호적인 냄새가 나는 표현이에요. 그래서 고구려인도 명함은 부여인으로 했을 가능성이 높다고 봅니다. 후반기 부분에 있어서는 4세기 후반에 들어서면 이미 전연은 중원지역으로 빠져나가고 실제로 부여 지역에 새로운 패자는 고구려와 물길입니다. 이승호 선생님도 인용을 하셨습니다만 『위서』에 황금하고 가옥인가를 왜 바치

지 않느냐, 고구려한테 얘기하니까 '부여는 물길에 쫓기고' 이런 표현이 나오고 있어서요. 사실은 4세기 후반 이후에 부여가 밀려나는 데는 고구려, 물길 두 세력에 의해서 부여의 중심 거주지가 아마 완전히 잠식이 되는 게 아닌가 하는 생각을 갖게 됩니다. 그래서 쇠망기 부분은 송호정 선생님이 말씀하신 대로 더 이상 추적할만한 물적 자료가 없는 것이 아쉬운 부분입니다.

4. 백제는 부여를 계승하였나(부여의 동병철검과 토광묘 계승 문제)

그러면 이제 마지막 주제인 부여와 백제의 계승관계 부분에 대한 이야기를 해보도록 하겠습니다. 이 이야기는 오래된 논제고요. 여기서는 최근 논란이 많은 부분에 한해서만 이야기를 한정하는 것이 저희에게 주어진 시간 동안에 가능한 토론 범위가 아닌가 생각이 듭니다. 그래서 일단 이 부분에 대해서는 저희 발제문에 두 분의 의견들이 다 있고요. 그리고 지난주에 경희대학교에서 부여사를 할 때도 권도희 선생님의 발제가 있었습니다. 기본적인 발제가 있었고, 다 아시겠지만 권도희 선생님은 한강 유역에서 나오는 여러 북방계, 제가 별도로 말씀을 들어봤더니 부여계라고 표현하기가 도저히 어려워서 북방계라는 모호한 표현을 했습니다. 그리고 그날 권도희 선생님이 단호하게 주민의 이주 흔적으로 보지 않고 낙랑과 고구려를 거쳐서 들어 온 흐름으로 이해한다고 보셨습니다. 당일 청주 오송에서 나온 동병철검이 갖고 있는 여러 가지 눈에 보이지 않는 잠재된 부분을 중심으로 해서 강인욱 선생님과 윤정하 선생님께서 공동발표가 있어서 오늘 네 분 선생님들이 다 그것에 대해서 의견을 내셨습니다. 그런데 그 내신 부분은 이미 서면으로 제출이 됐기 때문에 일단 그 부분은 우선 두고요. 오늘 일단은 계승을 긍정한다기보다는 오송에 있는 동병철검을 중심으로 이 문제를 원론적인 차원이 아닌 좀 더 적극적인 대안이 필요하다는 전제하에 강인욱 선생님이 말씀을 하셨습니다. 그래서 오늘 토론의 시작은 계승의 가능성에 대한 부분이라는 점에서 강인욱 선생님의 말을 듣고 다시 다른 선생님들의 긍정이든 반대든 토론 말씀을 하는 순서로 진행을 하겠습니다. 선생님, 부탁드리겠습니다.

강인욱 : 지난 주의 발표는 사실 제가 혼자 한 게 아니라 여기 앞에 앉아있는 윤정하(한성백제박물관) 선생님과 같이 발표했습니다.[8] 물론, 잘못된 것은 다 제 책임이라고 생각하시면 되겠습니다. 오송 철검〈그림 59 · 61〉 같은 경우는 저는 기본적으로 서차구와 노하심〈그림 59 · 60〉에서 나왔다는 것은 사실은 이게 아까 권오영 선생님께서 '한나라 것이 아니냐.' 이랬는데 제가 본 바로는 한나라에서 이렇게 생긴 게 없습니다. 물론 기본적인 장검들은 다 나오는데요. 장검들은 길이만 가지고 '한나라'다 이런 식으로 말하는 경우는 없습니다. 한나라에서 장검이야 썼겠지만 이런 식의 손잡이가 나온 적이 없습니다. 게다가 서차구하고 노하심 유적, 나아가서 채람까지도 포함한다면 한두 점이 나온게 아닙니다. 10점 이상 대량으로 나왔기 때문에 부여 전체를 대표하는 검이라 볼 수는 없겠지만 적어도 부여의 서쪽을 대표하는 동병철검이 분명합니다. 실제로 부여의 서쪽 이외에는 발견된 예가 없잖습니까. 현재로서는 오송과 부여 서쪽과의 관련성을 볼 수밖에 없는 상황입니다. 문제는 연대 차이입니

8 윤정하·강인욱, 2020, 「청주 오송 유적 출토 부여계 동병철검 출토의 의의」『유적과 유물로 본 부여의 고대 네트워크』, 경희대학교 한국고대사·고고학연구소 제 12회 학술대회.

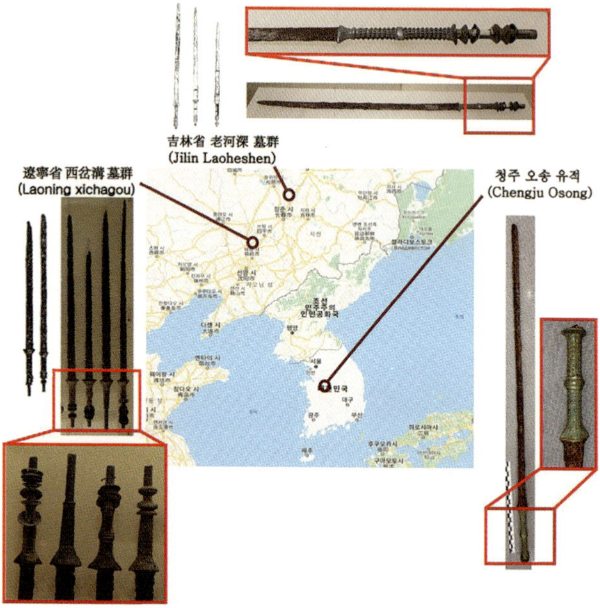

〈그림 59〉 유수 노하심, 서풍 서차구, 청주 오송 유적의 동병철검 비교

다. 물론, 저는 백제를 전공하지는 않습니다만, 기존 연구를 참고하면 적어도 100년에서 200년 가까이 차이가 날 수 있다고 합니다. 자, 그런데 이게 단순하게 교류라고 말할 수도 있겠지만 저는 한 단계 더 나아가고 싶습니다. 우리가 어떠한 특정한 유물이 원거리에서 나왔을 때 흔히 이분법적으로 생각해서 1번 이주다. 아니면 2번 이주가 아니라 교류라고 합니다. 그런데 이렇게 이분법적으로 나오는게 과연 해결책인가? 이것을 좀 더 유물 자체를 검토하면 새로

〈그림 60〉 유수 노하심 출토 부여 동병철검(ⓒ강인욱 촬영)

운 것을 할 수 있었거든요. 보시다시피 여기 이렇게 돌기들이 있는데요. 엄청 닳아 있었고 심지어 저 손잡이 밑부분에는 보면 돌기들이 빠진 것도 있습니다〈그림 61〉. 이건 단순하게 손잡이만 많이 사용한 것이 아닙니다. 손잡이가 중간에 잘려있고, 그 밖으로는 검신을 구부려서 고정했습니다. 한 마디로 검신을 교체했다는 뜻입니다. 유수 노하심이나 서풍 서차구의 유물들은 병부가 제대로 다 붙어 있습니다. 이것은 바로 검의 손잡이 끝을 자르고 검을 끼워서 다시 넣어서 이 검을 교체한 겁니다. 그러니까 이것은 편년상으로 보면 100년이나 200년의 차이가 나니 적어도 4~5대 이상은 썼던 중고 중의 중고가 되는 것이죠. 그런데 여기에 더 재미있는 현상은 서차구와 노하심 출토품의 경우 손잡이의 돌기가 거의 닳지 않아서 실질적인 그러한 위신재로서의 역할을 뚜렷하게 해줍니다. 오송이 참 고맙게도 전면 발굴이 다 되었거든요, 전체 오송 고분의 양상을 보면 다른 고분에서도 철검들이 꽤 나오는데 동병철검의 것과는 차이가 없어요. 즉, 동병철검의 철검 자체는 백제거예요. 이 손잡이만을 검신을 바꾸어가며 부여 것을 대를 이어서 썼다는 뜻입니다. 이것을 과연 당대의 교역으로 볼 수 있을까? 아니면 이 검을 사용한 사람의 고위 신분을 나타내는 위신재로서 역할을 했을까요? 저는 그렇게 볼 수 없다고 생각합니다. 무덤의 크기와 유물 등을 보면 일반적인 무사 무덤에서 나오는 특징입니다. 제 생각을 간단히 말씀

〈그림 61〉 청주 오송 15지점 17호 토광묘 출토 동병철검(ⓒ강인욱 촬영)

드리면 이 유물은 전체 집단을 대표하는 부여의 어떠한 상징적인 물건이 아니라 개인적인 계승의식을 보여 주며 개인적으로 계승되었다는 것입니다. 이것 하나로 신화가 증명이 된다거나 부여계 주민이 이주했다거나 교류했다는 이런 차원의 말을 하는 것이 아닙니다. 이러한 유물들은 그 당시에 청주 오송에 지역사회에서 일탈적인 부여 계통의 유물들을 대를 이어서 써도 용인이 되었다는 것을 의미합니다. 그리고 그 지역사회의 성원들이 진실이든 아니든 이 사용자의 부여에 대한 계승성을 인지하고 있었고, 그렇게까지 대를 이어서 쓸 수가 있도록 용인했다는 뜻입니다.

저는 여기서 또 하나 재미있는 것을 생각했습니다. 우리가 부여와 백제 계승 인식의 핵심은 신화입니다. 고고학으로 신화를 증명할 수 있을까? 당연히 증명할 수 없습니다. 1차적으로 신화는 상당히 농축적인 과정을 거쳐서 현재에 기록됩니다. 왜냐하면 이게 수백 년간 수천 명, 수만 명의 기억들이 합쳐지고 또 기억들이 형상화되면서 다양한 왜곡을 거칩니다. 그래서 우리한테 전해지는 신화는 엄청나게 많은 시간과 공간이 농축되어 있습니다. 반면에 고고학 유물은 일탈적이며 개별적입니다. 특정한 시간과 공간에서 튀어나온 것입니다. 그러니 특정한 시간과 공간이 튀어나온 유물들로 신화를 입증하기 위해서는 엄청난 과정을 거쳐야 합니다. 따라서 저는 신화와 직접 연결시키지 않고 그 당시에 재지계인 오송의 사람들 입장에서 이 검은 어떠한 위치였을까를 보는 것이죠. 그렇다면 이것은 일차적으로 피장자 개인적인 신화를 반영하지 반드시 국가 신화와 동일할 필요는 없다고 생각합니다. 이런 특정한 개인이나 집단신화가 국가의 것으로 되기도 하고 폐기되기도 하고 변형되기도 합니다. 그 모든 과정을 제가 다 밝힐 수는 없겠죠. 그런데 3세기 후반에 백제가, 마크 바잉턴을 비롯하여 많은 분들이 동의하시는 부분이 백제가 본격적으로 부여 신화를 도입했다고 이야기합니다. 저는 이게 너무나 이상했습니다. 갑자기 있지도 않은 부여 신화를 등장시키면 과연 재지계들이 동의할 것인가? 다수의 집단들이 그 신화를 인정할 것인가? 그리고 그렇게 급조된 신화를 인정할 정도로 백제의 권력이 강했는가? 아니면 백제가 그렇게 엄청난 신화를 조작하면서 그것을 인정할 수 있도록 엄청난 부여계의 위신재를 배분했는가? 전혀 그렇지 않다고 생각합니다. 제 결론은 각 집단별로 개별적인 신화가 계속 잔존되었고 지역사회에서 통용되었다는 것입니다. 아까 윤용구 선생님이 좋은 지적하셨는데요. 김포 운양동처럼 이렇게 부여계 유물들은 한데 모여 있단 말이죠. 이것은 전체의 백제가 아니라 지역집단의 신화가 반영되었을 가능성이 큽니다. 이것이 어떻게 해서 전체 백제의 신화가 되었는지는 추후에 좀 더 고려해 봐야겠지요. 또 하나 재미있는 게 있습니다. 저는 문헌사 전공자는 아니고 다른 분들의 연구를 참고하는 수준입니다만 3세기 후반, 또는 4세기 초반이라고 해도 되겠습니다만, 부여는 완전히 힘을 잃는 시대입니다. 읍루가 중원에 다이렉트로 사신을 파견하고요. 요서지역에서는 모용황이 나옵니다. 그러니까 국력으로만 본다면 누가 봐도 부여는 존경하려야 존경할 수가 없는 완전히 작게 찌그러진 나라가 되어 있습니다. 과연 부여가 당시에 이미 신화 또는 다양한 이데올로기로서 상징화가 되어 있지 않다면 과연 상식적으로 백제가 그 작게 망해가는 부여를 신화화 할 수 있을까요? 오송 철검이라는 유물이 상당히 돌출적으로 나왔습니다만 앞으로도 저는 이러한 비슷한 유물들이 이렇게 돌출적으로 계속 나올 것을 믿습니다. 관련하여 또 하나 주목해야 할 것은 백제가 자신들의 국가적 신화의 대상으로 부여를 등장시키는 서기 4세기 이후입니다. 이때부터는 오히려 이러한 돌출적인 부여계의 유물마저도 사라지고 없습니다. 저는 이 역설적인 상황이 백제와 부여를 풀 수 있는 근거가 된다고 봅니다. 신화적으로는 부여 계통을 주장하지만 정작 물질 문화 상에서는 그들을 연결할 수 나오는 유물이 나오지 않는 다는 것입니다.

또 하나 재미있는 현상이 있습니다. 한국에서 소위 부여계라고 불리는 유물들의 원산지라고는 말할 수 없겠지만 그 오리지널리티 originality와 유사한 지역을 말한다면 철저하게 서차구와 노하심 쪽으로만 귀착됩니다. 제가 아까 처음에도 말씀드렸습니다마는 왜 서부여는 없고 동부여와 남부여만 나올까? 저는 이것은 결국은 부여 길림시 일대에서 옥저까지 이르는 지역은 비슷한 문화권을 이루었음이 고고학적으로 확인됩니다. 그러니 부여의 고대국가체제가 와해됐을 때에도 사방으로 흩어지지는 않았던 부여의 정체성이 강한 코어 세력이라고 할 수 있을 겁니다. 그러니 지역적으로도 멀리 흩어지지 않을 수 있었겠지요. 반면에 서차구와 노하심은 부여의 중심세력과 가장 이질적이기 때문에 부여세력이 해체가 된다면 가장 먼저 떨어져 나갔을 지역이 아닌가 싶습니다. 그렇다면 그들은 아까 말한 라마동 같은 경우도 관련지을 수 있지요. 라마동 유적 자체가 부여는 아니지만 그 안에 상당히 많은 부여계 요소가 있을 수도 있다고 생각합니다. 즉 부여가 해체됐을 때, 약화되었던 서기 2~3세기대 이후에 가장 먼저 서차구와 노하심으로 대표되는 부여의 서쪽 세력은 다른 지역으로 이동하거나 피신할 수밖에 없었던 그러한 정황이 충분히 인정되고 있습니다. 그렇게 본다면 부여에서 백제로 이동하는 소수의 이민들이 있을 가능성이 충분히 있다고 할 수 있습니다. 저는 문헌을 무조건 신뢰할 수는 없겠지만, 십제와 같은 구체적으로 사람들의 이동을 증거하는 기록이 많습니다. 적어도 전체 백제를 대표하지 않고 소수의 집단들이 내려왔을 수도 있고, 대를 거치면서 그들이 토착화가 되어서 물질 문화가 거의 99% 현지화가 되었다고 할지라도 그들의 이민의 기억만은 꾸준히 남아 있어서 이렇게 돌출적인 유물로 나올 수 있습니다. 그리고 그러한 개별 집단의 기억은 나중에 고대국가 형성 과정에서, 물론 자세한 그 과정은 밝혀야 하겠지만, 국가적 이데올로기를 수립하는 하나의 기반 역할을 했을 수 있다가 제 견해가 되겠습니다. 이상입니다.

좌장 윤용구 : 제 예상보다는 좀 빨리 끝났네요. 몇 분이 더 발언할 수 있을 것 같습니다. 오송의 그 동병철검을 특정해서 말씀을 하셨습니다마는, 부여와 백제의 어떤 물질 문화의 연관성을 설명하시는 데는 손색이 없었습니다. 그리고 그게 점으로 나타나는, 또 시차도 굉장히 떨어져있는 유물임에도 불구하고 그것이 갖고 있는 잠재적인 의미까지 소개해 주셨고요. 그런 잠재적인 것이 『삼국사기』에 부여, 고구려 계통의 어떠한 건국신화가 만들어지는 베이스가 되지 않았나 하는 그런 의견입니다.

그것을 포함해서 현재 고고학이든 지금 중부 지역에서 나오는 이른바 북방계 유물 또는 부여 계통의 유물들을 가지고 글을 본격적으로 쓴 문헌사 쪽의 글은 사실은 없는 것 같아요. 없는 것 같고 새로운 논제로서 물질 문화 자료를 전면적으로 쓴 게 아니라 보고서마다 그러한 의견들이 좀 모여 있는 형태인데요. 권오영 선생님께서 이제 토론문에 장문의 글을 써주셨지만 그래도 또 직접 말씀을 듣는 것이 생동감도 있고 지금 토론 시간이 조금 여유가 있으니까 선생님, 한 5분에서 10분 사이에 판단을 해 주시면 좋을 것 같습니다.

권오영 : 네. 오송 철검 문제에 대해서 말씀을 드리겠습니다. 물론 경부에 그렇게 돌기가 있는 한대 검은 없죠. 그런데 문제는 오송 철검의 검신 길이가 몇 센티미터입니까? 백제에 그렇게 긴 철검 검신은 제가 보기에는 없는 것으로 알고 있습니다. 그래서 그 철검이 병부 쪽을 부러뜨리거나 아니면 재활용해서 철검의 슴베 부분을 꺾어서 재활용한 부분은 저도 동의를 해요. 그런데 그것이 오송에서 이루어졌는지, 아니면 다른 지역에서 이루어져서 들어왔는지는 일단은 알 수 없습니다. 그다음에 또 하나는 이 시기에 오송에 살던 사람들은 그전 단계부터 계속적으로 성장해오던 주구토광묘 아니면 주구들로 쭉 아파트처럼 구획되어 있는 그런 목관묘들 아니면 주구가 없는 목관묘 등등 그 지역에서 쭉 성장해온 사람들이에요. 이들은 결론적으로 백제가 되지만, 오송 철검이 부상되는 이 단계에 이 사람들을 백제인이라고 할 수는 없습니다. 마찬가지로 운양동에서, 우리는 지금 부여를 하니까 운양동 가지고 지금 부여 이야기를 하지만, 만약에 백제와 낙랑이라는 주제 갖고 바로 이 장소에서 학술대회가 있었을 때는 많은 사람들이 운양동에서 나온 토기를 가지고 '낙랑토기다.' 아니면 '산동지방의 백색토기다.' 이런 말 하면서 그때는 그런 쪽으로 갔어요. 그리고 그 운양동에서 나오는 분구묘는 백제 중앙, 석촌동 혹은 서울 일대에서 보이는 백제 고분과는 거리가 멀고 인천에서부터 전라남도의 서해안까지 뻗쳐있는 분구묘 전통에서 만들어진 무덤이고, 그 무덤에 묻힌 사람들이 백제라고 아직은 볼 수가 없습니다. 그래서 저는 오늘 이 학술대회가 너무 너무 반가운 게, 좋은 기회인 것 같아요. 제가 발제문에는 조금 일부러 졸릴

까 봐 좀 자극적인 표현을 썼는데요. 대개 이런 주제 학술대회는 요즘 말하는 학술적인 용어로 '답정너'였거든요. 이거 거의 학술용어입니다. 답은 정해져 있고 너만 결정해라 하는 것은 이렇게 나올 줄 알았어요. 문헌적인 자료는 백제가 부여를 계승했을 가능성이 아주 높다고 하는데 '고고학적인 증거는 아직은 부족하지만 조금 더 기다려보자. 언젠가는 나올 것이다.' 이렇게 결론이 날 줄 알았는데, 오늘 그렇지 않고 다행히도 경희대 발표에서 권도희 선생이 북방계라고 표현한 것은 나름대로 이유가 있을 것입니다. 왜냐면 실제로 북방계라고 해야지 흉노, 선비, 부여, 위만조선, 고구려 이게 다 포함되는데, 이것을 딱딱 그냥 부여계로 집었을 때 고민이 많잖아요. 그래서 이러한 북방계 유물들이 나오는 중부지역의 유적에 대한 해석이 옛날 같으면 우리가 너무나 쉽게 유혹을 당했죠. 너무 쉽게 옛날에는 유혹을 당하니까 옛날에는 석촌동의 적석총을 가지고 혹은 석촌동 3호분 동쪽에 나오는 토광묘를 가지고 우리가 부여로 끌어들이려고 했어요. 그런데 부여에 무슨 적석총이 있습니까? 토광묘를 우리가 백제와 부여의 계승성으로 보면 일본에도 있고 중국의 중원에도 있고 없는 데가 없잖아요. 그런데 그런 단계에서 요즘은, 이번 학회는 많이 벗어나서 부여라고 하더라도 중앙과 지방 혹은 지역 간에 다양한 물질 문화의 차이가 있다는 점도 인정을 하게 됐고, 예전에는 우리가 그냥 부여와 백제하면 부여 왕실과 백제 왕실을 생각했잖아요. 그런데 그렇지 않죠. 백제라고 하면 실제로 부여 지역에 비해서 그렇게 좁은 지역인데도 생각해 보십시오. 백제 지역의 수장급 무덤의 묘제가 석촌동 다르죠. 주구토광묘 있죠. 분구묘 있죠. 신봉동 같은 그런 목곽묘 있죠. 그다음에 화성 지역, 논산에 보이는 석곽묘 있죠. 영산강 유역에 옹관묘 있습니다. 결국은 얘네가 다 백제로 되기는 하지만 묘제가 다 다르잖아요. 그것처럼 부여도 내부적인 물질 문화가 다르고 백제도 내부적인 물질 문화가 지역마다 다 다르기 때문에 우리가 옛날처럼 과감하게 단순하게 그냥 부여 중심에서 백제 중심 이런 생각은 이제 벗어날 때가 됐다는 점에서 반갑고, 저는 그러면서 강인욱 선생님이 던진 이 화두는 우리가 충분히 앞으로 검토를 해볼 가치가 있고 아주 재미있는 이야기라고 생각을 합니다. 다만 문제는 뭐냐면 아까 제가 이승호 선생님한테 부탁을 드렸지만, 우리가 지금 여기서는 이렇게 이야기하고 있지만, 만약에 이런 논리로 가면 김해 대성동에서 이른바 북방계 혹은 영남 연구자들이 부여계라고 말하는 것들을 어떻게 이해할 것이냐? 우리의 논리로 갖고 가면 그러면 김해 대성동 고분은 이것보다도, 지금 우리가 말하는 것보다 훨씬 더 부여적인 냄새 혹은 라마동적인 냄새죠. 실제로 라마동 같은 유물들이 나왔잖아요. 그러면 이제 라마동도 부여계로 보시는 우리 이종수 선생님 입장에서는 그러면 만약에 영남에서 대성동 고분 갖고 이야기하면 필연적으로 부여인들이 내려왔다고 밖에는 볼 수가 없게 되나요? 제 말씀은 이제 이런 문제가 있기 때문에 여기서 한 번에 해결될 수는 없지만, 우리가 그나마 몇 개 안 되는 북방계 자료 갖고 정말 눈물겹게 이렇게 얘기하고 있을 때는 사실은 김해 쪽도 같이 고려할 필요가 있다. 오히려 그쪽이 더 부여인의 집중적인 이주를, 저는 동의하지 않지만 그것을 말하는 데 오히려 유리하지, 중부 지역 자료는 역시 주민의 이주보다는 다양한 형태의 어떤 뭐, 그게 꼭 교류가 아니라 물건이 흘러들어올 방법이야 여러 가지 있겠죠. 포로로 들어올 수도 있고 정말 주민이 올 수도 있는데, 대규모의 주민의 이주를 보여주는 자료는 오히려 김해보다도 중부 지역은 아직 빈약하다. 저는 그 정도로 말씀을 드리고 이제부터 오히려 앞으로 본격적인 연구가 될 수 있겠다. 이런 희망을 갖게 됐습니다.

좌장 윤용구 : 강인욱 선생님, 먼저 답변이라기보다는 의견 말씀해 주시죠.

강인욱 : 네. 저도 권 선생님하고 전적으로 동의합니다. 저는 북방 쪽을 전공하기 때문에 그런지는 몰라도 북방 유라시아 관점에서 부여를 봐야지만 부여의 실체가 보인다고 생각합니다. 모든 역사는 널리 볼수록 자세히 보인다는 것이 제 평생 학문의 신조이기도 합니다. 그동안 우리 학계가 너무 북방 관점에 관심이 없었는데요, 부여는 유라시아와 한반도를 이어주는 마치 클러치와 같은 나라라는 생각을 많이 합니다. 다만 지금까지 부여와 백제를 이어지는 신화에 대한 이야기는 많은데, 정작 한강 유역에서 유물이 별로 안 나왔지요. 그러니 이렇게 유물이 한두 개 나온 것을 가지고서 이렇게 다양한 토론을 할 수 있다는 것 자체가 참 반갑기도 하고요. 저는 기본적인 부분은 다 찬성합니다만, 다만 김해 대성동 문제에 대해서 덧붙이겠습니다. 과연 물질 문화의 그 다소가 과연 이 이주민의 다소와 비례하는가의 문제입니다. 사실 이것은 사실 검증되지 않고 우리가 쉽게 말하기도 어렵다는 것을 말씀드리고 싶습니다. 예컨대 제가 김해와 관련하여 말씀드리면, 어떤 분들은 '모용선비 5,000명의 기병이 경주로 내려왔다.'는 주장을 하시는 것을 가끔 볼 수 있습니다. 그런데 유목민들의 습성을 조금만 이해하시면 그게 불가능한 이야기일 것입니다. 아마 유목민들이 볼 때 가장 살기 좋은 동네는 김해나 경주가 아니라 대관령 초원입니다. 유목하는 사람들은 말하고 목축 동물을 먹일 수 있는 초원이 없으면 살 수가 없고 굶어

죽을 수밖에 없습니다. 가라고 등 떠밀어도 못 갑니다. 김해 대성동은 기층민들의 이민이 아니라 철저하게 철기류에만 한정이 되어 있다는 특정이 있습니다. 이것은 기술과 소규모의 장인들의 이동에 의해서 나올 수 있는 결과입니다. 그러니까 저희는 암묵적으로 그 유물의 양과 규모를 등치시키는데, 저는 실제로 이것은 다양한 맥락에서 보아야한다고 생각합니다. 흉노에서 훈족에 이르는 시기인 기원전 1세기부터 서기 5세기까지에 이렇게 부여나 김해 지역에 보이는 양상들은 결코 한반도만의 현상이 아니라는 것에 주목해야 합니다. 제가 제 토론문 맨 뒤에만 적었지만, 당시에 유라시아 전역에서 흉노를 자처한 사람들이 14개 나라나 됩니다. 그 지역도 광범위해서 불가리아부터 신라까지 다양합니다. 그 사람들이 다 흉노의 혈연 또는 동족이냐는 논의는 의미가 없습니다. 흉노의 후예로 자청한 이유는 자신들이 생각하는 셀프 컨피던스, 즉 자의식을 보여주는 것입니다. 그러니 이 문제를 단순하게 유물의 양과 연관시켜서 볼 필요는 없고, 다양한 컨텍스트에서 그들을 해석할 때에 그 진상을 볼 여지가 많을 것입니다. 저는 흑백논리를 제발 벗어나서 넓게 보자고 말씀드리고 싶고 ,권오영 선생님 말씀처럼 일희일비할 필요도 없겠지요. 저는 개인적으로 이 오송 유적의 사람들이 백제인이냐 아니냐는 문제는 현재로서는 잘 잘 모르겠습니다. 어느 누구도 이들은 백제 또는 마한이라고 뚜렷하게 말해 줄 수 있는 증거가 아직은 부족하기 때문입니다. 그래서 제가 아까 이들을 '개별 집단이다.'라고 한 것은 '이 사람이 백제다, 마한이다.'라는 소모적인 논쟁이 목적이 아니기 때문입니다. 적어도 그 사람들의 북방에 대한 귀속의식 또는 선민의식같은 자의식이 있었고, 그것은 그 집단에서 소규모로 한정되었을 가능성이 크다는 정도의 이야기였습니다. 앞으로 또 더 좋은 유물 나오면 같이 또 배우겠습니다.

좌장 윤용구 : 좀 싱거워지는 느낌이 있습니다. 서로 물 타기 하시면 이게 곤란해집니다. 아마 지난주에 한번 경희대에서 논쟁이 어떤 형태로든지 있었기 때문에 조금 완충재 역할을 하지 않나 하는 생각이 들고요. 이종수 선생님은 어떻게 생각하시는지요? 한강유역을 중부지역에 이른바 부여계 혹은 북방계로 표현하는 유물들에 대해서 어떻게 평가를 하시나요?

이종수 : 저는 과거에 부여 자체에만 관심이 있었고요. 백제와의 계승 관계까지 연구한다는 것은 사실 제 능력의 한계를 넘는 일이라고 생각했습니다. 부여도 잘 모르는데 어떻게 백제까지 이야기 할 수 있냐? 라는 생각이 항상 머릿속에 있었고, 그래서 이 부분에 대해서 관심이 없었습니다. 그런데 2017년에 한성백제박물관에서 석촌동 고분군 토광묘와 부여의 관계에 대해 발표를 해달라는 부탁을 받고 당시에 처음으로 석촌동 고분군을 공부하고 오늘 발표한 라마동 고분군도 그 당시에 처음으로 주의 깊게 살펴보았습니다. 부여의 대표적인 고분유적인 노하심 고분군과 석촌동 고분군 토광묘를 직접적으로 연결하다 보니 시간적으로나 공간적으로 연결시킬 수 있는 부분이 너무 적어서 중간에 라마동 고분군을 끌고와 연결고리를 만들어 볼려고 노력하였습니다. 물론 발표 당시에는 직간접적으로 계승성이 보인다는 결론을 도출했는데, 사실 삼자를 하나의 계통으로 연결시키기에는 논리적 근거가 매우 빈약하기 때문에 무리가 있습니다.

당시에는 부여의 존재를 길림시 중심으로 한정하였기 때문에 해답을 찾기가 어려웠는데, 며칠 전 이번 학술대회 기획회의 과정에서 윤용구 선생님께서 '졸본부여는 부여가 아니냐? 거기도 부여로 볼 수 있지 않냐.'라는 말씀을 듣고 그때 딱 떠오르는 게 있었습니다. 작년에 통화 만발발자유적 보고서가 출간되었는데요. 올 초에 입수하여 보고서에 대한 해제를 한 적이 있었습니다. 그 과정에서 만발발자 유적에서 발굴된 대형토광묘〈그림 62〉가 눈에 확 들어왔습니다. 길이 16m, 너비 2.5m에 이르는 하나의 큰 묘광에 수십 명이 매장된 집장묘인데요. 관곽을 사용하지 않고, 시신을 일렬로 나란

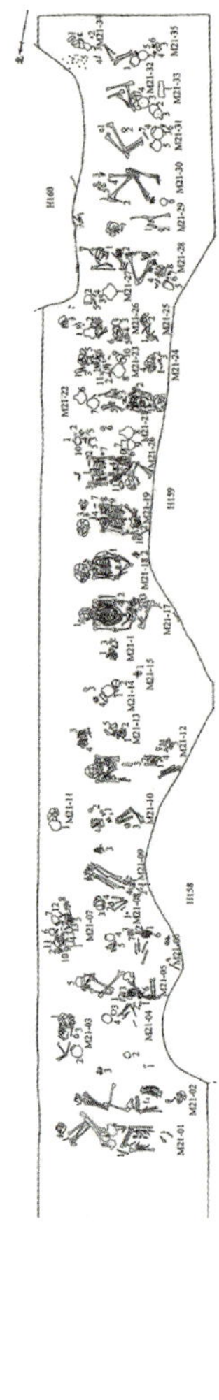

〈그림 62〉 통화(通化) 만발발자(萬發撥子) 유적의 대형 토광묘

〈그림 63〉 석촌동 대형토광묘

히 배열해 놓은 형태입니다. 만약에 이 석촌동에서 조사된 대형토광묘〈그림 63〉가 정말 대형토광묘라고 한다면 어느 정도 연결이 되지 않을까라는 생각을 하게 되었습니다. 아직까지 세부적인 검토는 해 보지 않았지만, 앞에서 강인욱 교수님과 권오영 교수님이 계속 관련성을 부정하고 계셔서 제 입장에서는 그래도 일정정도는 백제에 부여의 계승성이 포함되어 있다는 방향으로 견해를 끌어가고 싶습니다. 최근에 통화 만발발자 유적 집장토광묘와 관련해서 연구를 진행하고 있어서 조만간에 관련 연구 결과가 도출될 걸로 기대하고 있습니다.

좌장 윤용구 : 네. 뭐라고 표현하기가 쉽지 않네요. 『삼국사기』 백제본기에 따르면 백제계든 부여계든 여하튼 졸본부여에서 출발하는 형태로 되어 있어요. 그러니까 길림에 있는 부여나 서차구나 노하심 쪽의 부여라기보다는 한 번 걸러진 부여라고 해야 하나요? 졸본 쪽에 있는 세력들이 남하한 걸로 이렇게 표현을 하고 있다는 것이죠. 그런 부분이 굳이 신화를 종래와 같이 그렇게 역사성을 많이 부여해서 해석할 생각은 없습니다마는, 역시 뭔가 이 신화가 계속 진화를 하면서 좀 구체적으로 된 느낌이 있는 것이죠. 백제의 동명신화 또는 온조 비류 신화는 주몽과 또는 논형에 나오는 신화보다는 상당히 그 구체성을 많이 띄고 있어요. 인명이나 계기나 이런 것들이. 그래서 그게 구체성을 띄면 사실이냐, 신화라는 게 원래 거짓말을 보태고, 보태고 하는 식이 되는 거니까 오히려 후대의 기록일수록 오히려 더 허구일 가능성이 높을 수는 있겠죠.

지금 부여와 백제 계승 문제를 쭉 이야기하고 있는데요. 물질 문화와 관련해서 지금 강인욱 선생님과 권오영 선생님의 기본적인 입장을 들어봤고 향후에도 비슷한 유물이 또 나오겠죠. 나올 수 있다고 보고요. 김해 지역에 있는 비교적 뚜렷한 북방계 유물이 엄연히 존재하고 있고 훨씬 더 의례적인 측면의 것들도 많이 나타나고 있습니다. 그래서 그것은 단지 지금 점점이 있는 유물의 흐름보다도 훨씬 더 많은 설명이 필요로 한 그런 물질 문화의 양태가 보여서 사실은 중서부 지역에 한정해서 이야기할 부분은 아니다. 다만 이게 백제의 신화와 관련된 그것이 끼어있기 때문에 이야기를 하리라고 생각합니다.

유은식 선생님께서 의견을 주셨습니다마는 권오영 선생님하고 강인욱 선생님 말씀을 들으시면서 물질 문화 부분에 대해서 좀 어떻게 추가된 말씀, 온건한 말씀을 해 주셨어요. 이제 볼 장 다 본 시간이 돼서 속마음을 한번 얘기해 주시면 어떨까 싶습니다.

유은식 : 오전에 발표할 때 대부분 말씀드렸는데요. 저는 한반도에서 나온 북방 또는 부여로 추정하는 유물에 대해서는 대부분 부여계 유물로 보고 있지 않습니다. 다만 청주 오송 유적의 동병철검에 대해서는 부여계로 볼 수 있다고 생각합니다. 검수 부분의 내심 쪽이 다른 점 외에는 노하심 유적의 115호 출토품과 형태적으로 거의 유사하기 때문입니다. 특히 오송 유적의 동병철검은 검파 부분에 돌점문이 시문되어 있는데 이러한 형식은 노하심 유적에서 유일하게 출토됩니다. 따라서 오송 유적 동병철검은 부여유물로 판단됩니다. 그러나 노하심은 기원 전후 시기, 오송 유적은 3~4세기로 편년되기 때문에 오송 출토 동병철검은 전세품으로 판단됩니다. 동시기에 교류로 볼 수 없습니다. 그 외 부여계 유물은 부여 지역에서만 확인되는 것은 아닙니다. 요령성 일대, 고구려 초기 중심지역, 요길지역의

서차구와 채람 고분에서도 출토되기 때문에 부여 유물로 특정할 수 없습니다. 그리고 덧붙여 말씀드리면 한반도 북방계 또는 부여계 유물들이 대부분 3세기에 몰려서 나오는데, 선비나 전연문화와 관련이 있지 않을까라는 생각이 듭니다. 이상입니다.

좌장 윤용구 : 감사합니다. 어떻게 정리해야 될 지 잘 모르겠습니다. 저도 정리를 할 수 있으리라고 생각은 하지 않습니다. 다만, 저희 토론회가 그냥 원론적인 이야기에서 머문다면 장시간 여러 선생님들의 귀한 시간을 이 박물관에서 뺏어서 할 수 있는 의미는 아니라고 생각하고요. 그런 것은 아니고 저희 토론회가 유의미하게 되려면 정확하게 기록을 남겨야 하는 일이 있겠습니다마는 뭔가 정리된 이야기를 이 단계에서 해 주고 넘어가야지, 이게 된다는 생각이 들고요. 저 개인적으로는 16국 시대에 대한 공부가 되어야 한다는 생각을 많이 합니다. 4세기 초 · 중반에 서진 멸망 이후에 많은 세력들이 흩어지게 되는데, 고구려의 4세기나 5세기 때 금속유물 중에 선비 계통의 유물을 빼놓고는 설명하기 어렵잖아요. 지금 그렇게 따지면 고구려가 부여를 계승했는지 선비를 계승했는지 그 얘기가 더 먼저 나와야죠. 물질 문화에서 엄청난 양의 선비계통의, 삼연 계통의 물건이 고구려에서 출현하니까.

강인욱 : 선비가 엄청나게 넓고 다양하거든요. 자바이칼부터 시작해서 (요서지방과 내몽골을 비롯한 중국 북방에) 다 나오니까 그것도 좀 더 세분할 필요가 있을 것 같습니다.

좌장 윤용구 : 맞습니다. 아까 전반부 토론할 때 잠깐 말씀드렸습니다마는 말

이 선비지, 선비 안에서 여러 계통이 있고 선비가 통일을 하면 과거에 흉노고지에 있던 흉노의 잔여 세력이라든가 오환의 세력은 다 선비를 관칭합니다. 그 기록상으로는 다 선비로 나오지만 그들 안에는 물질 문화 또는 그들의 생활 상태는 다를 수밖에 없는 그런 측면이 있습니다. 그래서 사실은 중부지역에서 나타나는 북방계 유물의 어떤 흐름은 물론 낙랑도 중요하고 고구려도 중요합니다마는 16국 시대의 초기에, 4세기 초반의 어떤 흐름들을 조금 더 보면 중부지역에서 나오는 연대가 나오고 거의 비슷비슷한 3세기 말, 4세기 초의 시기는 그렇기 때문에 그런 것도 좀 고려해야 하지 않나, 이런 개인적인 생각을 해보았습니다.

5. 마무리

이제 토론을 마무리할 시간이 됐고요. 15분 정도 시간이 남았는데 오늘 학술회의에 대한 선생님들의 스스로의, 발표하신 선생님이시든지 아니면 토론회에 참석하신 선생님들이 어떻게 평가하시는지, 스스로 선생님들이 오늘 많은 시간을 할애해서 이 자리에서 열띤 말씀을 해 주신 부분에 대한 스스로의 변이라고 할까요? 그 말씀을 한 2분씩 들으면 오늘 대개 마무리가 될 듯싶습니다. 발표 순서대로 하도록 하겠습니다. 이승호 선생님부터 말씀을 해 주셨으면 좋겠습니다.

이승호 : 감사합니다. 여러 선생님들 모시고 이렇게 후학으로서 부여사를 한창 열심히 공부하는 입장에서 많은 가르침을 받게 되어 너무 감사드립니다. 다만 한 가지 이 얘기는 꼭 해야 할 것 같은데, 미처 발표와 토론 중에 말씀드리지 못한 박경철 선생님의 중요한 지적이 있

습니다. 그러니까 이번 토론에서 부여가 왜 쇠퇴했는지 부여의 쇠퇴 요인에 대해서도 여러 논의가 있었는데요. 한 가지 놓친 부분이 바로 부여의 대외교섭 방식에서 보이는 특징입니다. 즉 부여가 줄곧 전개한 중원 세력 일변도의 외교정책이 3세기 후반부터는 오히려 독이 되어 부여가 대외적 위기에 효율적으로 대응하지 못한 원인이 되었다는 박경철 선생님의 지적을 언급해두고 마무리해야할 것 같습니다. 부여의 대외교섭은 결국 중국 군현 혹은 위진 왕조와의 관계에 주로 의지해왔고 결국 그것이 서진의 몰락 이후 부여의 외교적 타격으로 돌아왔다는 의견인데요. 이것 또한 부여에게 있어 하나의 쇠퇴 요인으로 작용하였다고 볼 수 있습니다. 이런 점은 마크 바잉턴의 저서에서도 마찬가지로 지적하고 있는 부분입니다. 부여 쇠퇴의 원인에 대해 논의하면서 이러한 전통적인 부여의 대외정책 기조에 대해서는 짚고 넘어가지 못해 마지막으로 말씀드립니다. 감사합니다.

좌장 윤용구 : 네, 고맙습니다. 유은식 선생님.

유은식 : 제가 지지난주인가요? 북방의 재인식이라는 학술대회에 참석했는데요. 학술대회 좌장이었던 최종택 교수님께서 마지막에 하신 말씀 중에, 중국 발굴자료와 중국학계의 의견들을 따라가는 것보다 이제는 재해석할 때가 됐다고 하셨습니다. 저는 이 말씀에 동감을 하고 있습니다. 왜냐하면 오늘 나온 부여 관련 쟁점사항들은 대부분 60년대, 70년대 늦으면 80년대 초에 제기되었던 중국학계의 의견들입니다. 그 당시에는 주변지역의 고고학 자료가 거의 없었고, 고고학적 방법론도 미숙했습니다. 이 시기의 견해들이 한국학계

에 무비판적으로 수용되었고, 어떤 쟁점들은 중국학계 보다 한국학계에서 오히려 확대 해석된 부분도 있습니다. 그래서 앞으로는 중국학계의 의견과 자료들에 대해서 냉철한 검토가 필요하다고 생각합니다. 그리고 마지막으로, 제 발표 요지문에 오탈자가 많은데요. 책으로 낼 때는 내용도 보강하여 완성도를 높이도록 하겠습니다. 감사합니다.

좌장 윤용구 : 감사합니다. 송 선생님.

송호정 : 마지막 토론 주제에 관련된 이야기를 마무리 차원에서 말씀드리겠습니다.

저는 지금 두 페이지로 요약되어 있는 임운의 '서차구형 동병철검'에 대한 논문을 보고 있는데, 마지막 결론이 '한반도나 대마도에서 서차구형 동병철검이 나오는 것들을 놓고 보면 결국은 백제가 부여에서 나왔다는 전설은 아마도 역사적 진실성을 가지고 있다.' 이렇게 결론을 내렸어요. 이 부분에 대해서 저는 어떻게 얘기해야 하나 토론시간 내내 고민을 많이 했습니다.

오송에서 나온 동병철검이나 대마도에서 나온 검자루, 제주도 용담동 고분에서 나온 철검들도 고고학적인 측면에서 접근할 때는 이것들이 한나라에서 수입한 것인지 북방민족 계통의 것인지 이런 부분들을 분명히 따져줘야 합니다. 결국 이것들은 당대 최고 지도자의 무덤에서 나온 것이고, 교역품이든 원거리 교역에 의해서든 어떤 일정한 세력이 있기 때문에 이런 것들이 들어왔다고 저는 봅니다. 개인이 그러한 철검을 수입했다고 설명하기는 좀 힘들 것 같고, 유입된 유물이라면 운영하는 주체가 분명히 있어야 할 것인데, 특히 무기류의 경우는 국가나 정치체를 상정하지 않을 수 없다는 생각이 듭니다. 이점에 대한 고고학적인 측면에서의 이야기들이 되고 그 다음에 그것을 우리 역사와 관련시킬지 하는 부분들이 논의돼야 된다고 생각합니다.

현재까지 부여 계통의 유물들은 너무나 광범위하게 분포를 하고 있기 때문에, 그리고 부여의 문화적 특성 자체가 여러 문화 요소가 혼용이 되어 있기 때문에, 한강 이남에서 북방 부여 계통의 유물이 나오는 사실을 대체적으로 문화적인 영향, 원거리 교역이라고 부르면 좋을 것 같고, 부여와 백제 간에 문화나 주민의 이동 등을 상정하는 근거로 활용하는 것은 신중해야 한다고 생각합니다.

문헌 기록 가운데 개로왕의 국서라든지 성왕대에 남부여를 칭하는 기록들은 백제가 국가적인 정체성을 다시 한 번 되새겨야 하는 상황 속에서 부여의 건국 설화가 대단히 폭이 넓고 근원적인 측면이 있어서 그것을 가져다가 썼을 거라고 생각합니다. 그런 측면에서 부여와 백제의 역사적 계승성 문제는 문헌기록을 중심으로 고찰하고, 고고학적으로 입증하기에는 현재의 고고유적 유물의 출토 상황에서는 어렵지 않느냐 생각합니다. 그래서 고고학 자료에 대한 해석은 어떤 세력이 어떻게 만들어 사용하고, 전해주었을까 등의 문제나 상호 문화적 영향을 이야기하는 정도에서 그쳐야 한다고 생각합니다.

권오영 : 저도 간단하게 말씀드리겠습니다. 일단 오해가 없도록 제가 말씀드릴 필요가 있는 것이 사실 저도 학부 때부터의 석사논문이고 계속 제가 해왔던 게 백제초기의 국가형성에서 고구려, 부여와의 영향 관계 내지 주민 이동을 입증하려고 사실은 제가 80년대부터 그렇게 해왔고요. 그다음에 이승호 선생님이 아마 안 보신 것 같은데

1995년에 이미 제가 국사편찬위원회 한국사에서 백제의 기원 이야기하면서 백제인들이 가지고 있는 부여 계승의식, 건국신화, 『신찬성씨록』, 『일본서기』 얘기 다 얘기했던 겁니다. 그런데 문제는 25년이 지났지만 그것에 대한 새로운 문헌 자료는 안 나오고 있잖아요. 반면에 25년 사이에 어떤 일이 벌어졌냐면, 지금 이 자리는 오늘 진짜 많이 분위기가 바뀐 겁니다. 예전에는 백제 건국세력들이 정말 부여에서 말 타고 내려온 부여 말씨 쓰던 길림 사람들이 와서 백제 왕실을 건국했다. 이렇게 많이 생각을 했잖아요. 그런데 오늘만 보더라도 부여라고 하는 것도 단순하지 않고 그 안에 다층의 다종다양한 문화와 종족집단이 있고 또 백제도 사람이 없다가 갑자기 부여계, 고구려계 와서 무주공산에 국가 세운 게 아니라 이 지역에 청동기 시대부터 계속 정치체가 발전해 왔다는 것을 인정을 하잖아요. 사실 이것만 해도 아주 큰 변화거든요. 그러고 나면 제가 아까 강인욱 선생님한테 이야기했던 게, 우리 사회자 선생님은 물타기라고 하는데 물타기일 수도 있지만, 지금부터는 조금 다른 차원의 연구가 가능하지 않겠느냐. 그 얘기는 물론 고고학과 문헌사는 물론이고 지금 보면 이 세 분은 유라시아 내지 중국 동북지방, 극동 고고학 이렇게 연구하시는 분이고 송호정 선생님은 한국사 입장인데, 이런 게 어우러져서 부여를 보더라도 선비, 흉노, 오한, 읍루를 같이 보는 입장과 또 한국사를 보는 입장이 같이 어우러지면 다음번에 이런 얘기를 하면 훨씬 좀 더 한 단계 발전하지 않겠느냐. 저는 분명히 제가 아까 우리 이종수 선생님 보여드렸지만 저도 2018년 이 책에서 석촌동 3호분 동쪽 토광묘 가지고서 만발발자랑 연결시키면서 아직까지 끈을 놓치지 않으려고 발버둥을 치는 겁니다. 치는데 자꾸 나오는 고고학 자료는 북방과 연결되는 것보다는 재지적인 성장을 보여주는 것이 많으니까 그런 고민을 하고 있고 분명히 하죠. 『삼국사기』에 남옥저인 구파해가 내려오고 다 나오잖아요. 그러니까 그런 흐름은 끊임없이 계속 내려오고 그들이 서울만이 아니라 여기저기 정착한 것도 인정을 하지만, 단순 명쾌하게 한 칼에 갑자기 어느 날 부여족이 내려와서 백제 왕실을 싹 갈아치우고 이런 얘기만 하지 말자. 그런 의도였습니다.

이종수 : 2004년도 7월에 한국고대사학회에서 부여사를 주제로 학술대회를 개최한 적이 있었는데, 그 당시 저는 길림대에서 박사학위를 받고 막 한국에 들어온 시점이라 아무것도 모르고 박양진 선생님의 발표에 토론을 담당했었는데요. 당시에 학회에 참석하셨던 한 분이 저한테 중국 사람이 어떻게 이렇게 한국말을 잘하냐고 칭찬해 주셨던 에피소드가 기억에 남아 있습니다. 오늘 이 자리에서 다시 한 번 부여를 주제로 학계를 대표하는 선생님들과 함께 자리를 할 수 있어 감회가 새롭습니다. 2004년도에 부여사에 대한 정리가 한 번 이루어졌고, 이번에 그 이후의 연구 성과를 다시 한 번 정리할 수 있게 되었다는 점에서 부여 전공자의 한 사람으로서 대단히 기쁘게 생각합니다. 이런 자리를 마련해 주신 한성백제박물관 관계자 여러분들께 진심으로 감사의 말씀을 드립니다.

마지막으로 제가 하고 싶은 이야기는 한국사에서 부여사가 차지하는 비중이 너무 작다는 점입니다. 단적으로 우리 역사교과서 내용을 살펴보면, 부여는 초기국가 혹은 연맹체국가에 포함되어 옥저, 동예 등과 함께 다루어지고 있습니다. 그래도 다행인 것은 분량은 옥저와 동예에 비해 조금 더 많습니다. 그런데 그 당시의 역사적 상황을 살펴보면, 옥저, 동예, 읍루 이런 나라들은 대부분 부여에 예속되어 있었습니다. 심지어 주몽도 동부여에서 졸본 지역으로 와 나라를 세우는데, 졸본부여라는 명칭을 사용하고 있지 않습니까? 그만큼 부여는 기원전 1세기경부터 기원 3세기경 까지 동북지역을 대표하는 가장 강력한 국가였음에도 불구하고 우리가 인식하고 있는 부여는 옥저, 동예와 같은 부락연맹체 정도로만 취급당하고 있습니다. 이런 부분에서 굉장히 아쉽다는 생각이 들고요. 그래서 이번 기회를 통해 부여가 연맹체 단계에 머무르던 소국이 아니라 동북아지역을 호령하던 강대국이었음을 정확하게 인식해 주셨으면 하는 바람입니다. 감사합니다.

강인욱 : 저도 오늘 많이 배웠습니다. 저는 석사논문부터 요령지역의 비파형동검에서 시작했고 이후 멀리 시베리아까지 가고 중앙아시아도 가면서 정신없이 이것저것 연구를 하다보니 제 주전공이 뭔지 저도 모르겠습니다. 그렇지만 저에게 부여만큼 매력적인 주제가 없는 것 같습니다. 이게 유라시아에는 흉노가 있다고 하면 동북아시아에는 부여가 있다고 말할 수 있을 정도로 그들의 영향은 매우 거대했기 때문입니다. 부여라는 나라는 작은데 그들을 자처하는 사람들이 이렇게 많았다는 것은 결코 우연이 아니었겠지요. 이렇게 다양한 맥락에서 등장하는 부여를 풀면 우리가 북방과의 관련성을 보여주는 많은 정보와 연구 방법론을 얻을 수 있다고 생각합니다. 왜 또 북방 이야기 하냐고 하실지 모르겠지만 한국은 삼면이 바다기 때문에 필연적으로 모든 것은 북쪽으로 귀결될 수밖에 없는 상황입니다. 때문에 저는 아까도 이야기 드렸지만 이것을 이분법적으로만 보지 않았으면 좋겠습니다. "이게 거기서 온 것 맞냐? 아니면 관계없다." 내지는 "왔으니까 다 말타고 와서 정권을 바꾸었다."는 식으로 북방지

역을 잘 모르면서 단정짓지 않았으면 좋겠습니다. 물론, 중국의 영향도 당연히 고려 대상에 들어가겠지만 시야를 조금만 넓혀서 유라시아를 보시면 정말로 다양한 이야기를 할 수 있지 않을까 싶습니다. 특히 오늘 많은 선생님들의 문헌사에 기반한 토론문을 보며 느꼈던 점도 많습니다. 저는 문헌사 쪽으로 비판할 생각도 능력도 없습니다만, 부여와 백제 계승성과 관련해서 한가지 걱정되는 점이 있습니다. 만약에 문헌사에서 그렇게 일관되게 부여와 관련된 기록이 그렇게 자세하게 나왔음에도 불구하고 실제로는 관련이 없다고 이야기한다면 말입니다. 그렇다면 저 같은 고고학자의 입장에서 본다면 한국 고대사에 등장하는 기록들은 제대로 신뢰할 수 없는가라는 회의론적인 선입견이 들지 않을까 하는 생각이 듭니다. 저는 단정짓기 보다는 다양한 해석의 여지를 남겨두면서 끊임없이 시도하는 노력이 필요하지 않을까 싶고요. 특히 저는 고대사 전공하시는 선생님들을 존경하는 점 중에 하나는 매번 새로운 자료가 나올 때마다 과거와 자신의 그러한 아이디어를 기꺼이 버리고 새롭게 또 업데이트를 하시는 데에 있습니다. 권오영 선생님은 과거의 견해를 버리고 재지계 쪽으로 업데이트 하셨는데 저는 반대로 느꼈습니다. 이 유물(청주 오송 출토품)을 보는 순간 '됐다. 이제 북방과 한반도로 내려오는 연구를 본격적으로 할 수 있겠구나.'라는 생각을 했습니다. 바로 신라나 가야에서 단편적으로 보이는 북방과의 교류 현상들을 유라시아적 보편성에서 해석할 수 있다는 여지를 본 것이지요. 어쨌든 간에 다양한 방법으로 시도를 할 때 좀 더 풍성한 역사가 나올 수 있을 것은 분명한 것 같습니다. 저는 오늘을 시점으로 해서 제 연구도 한반도에 있는 고대사나 고고학에 약간의 기여를 할 수 있다는 생각을 하고 앞으로 더 관심을 가지고 열심히 연구하고 귀

기울여 듣겠습니다. 감사합니다.

좌장 윤용구 : 네. 발표하신 선생님들 네 분의 토론 선생님들 귀한 말씀 감사히 들었습니다. 오전 10시부터 오후 6시까지 긴 시간 동안 발표와 토론이 이어졌습니다. 아까 여러 선생님들이 말씀하신 대로 오랜만에 부여사를 다루는 종합적인 학술회의를 한성백제박물관에서 열게 되었습니다. 오늘을 계기로 해서 새롭게 변모할 수 있는 게 많지는 않겠습니다마는 발표하신 선생님들, 두 분 선생님들 최선을 다해서 정리를 해 주셨고 또 관련된 토론하신 선생님들 모든 가능성을 내려놓고 많은 말씀을 해 주셨습니다. 말은 사라지지만 글은 남게 되어 있고 저희가 나눈 긴 이야기가 녹취가 돼서 후학들한테 좋은 길잡이가 됐으면 하는 바람입니다.

마지막으로 사회자가 마치 호랑이를 타고 시작한 그런 불안한 마음으로 시작을 해서 이제 종착점에 오게 되었는데요. 학술회의가 좀 더 의미 있는 내용으로 마무리되려면 두 분 발제하신 선생님들께서 오늘 이야기를 잘 보완하셔서 마무리해 주셨으면 하는 당부, 두 번째는 한성백제박물관이 한강유역에 있습니다마는 유라시아 대륙의 동쪽 끝자락에 자리하고 있어서 한성백제박물관이 지향해야 할 전시와 학문적 경향은 한강 중상류에 머물러서는 안 된다고 저는 생각을 합니다. 그리고 늘 하는 얘기입니다마는 고고학과 문헌은 서로 같은 시간과 공간을 연구하기 때문에 고고학에 대한 문헌사의 배려가 더 필요하지 않은가 생각해 봅니다. 문헌사 하는 사람들이 고고학자들이 무엇을 필요로 하는지에 대한 궁금증에 적극적으로 답할 시기다. 이렇게 말씀을 드리면서 오늘 정리하도록 하겠습니다. 장시간 함께 해 주셔서 감사하고 고맙습니다.

휘보(총 목차)

백제학연구총서 쟁점백제사 1
백제, 누가 언제 세웠나(Foundation of Baekje)
- 백제의 건국시기와 주체세력

백제학연구총서 쟁점백제사 2

근초고왕 때 백제 영토는 어디까지였나(Territorial Expansion of Baekje)
- 백제의 영토확장

주제제안

백제의 영토확장에 대한 몇 가지 검토(노중국)

주제발표

백제의 동북방면 진출_문헌적 측면(임기환)
백제의 동북방면 진출_고고학적 측면(심재연)
백제의 서남방면 진출_문헌적 측면(강종원)
백제의 서남방면 진출_고고학적 측면(서현주)

종합토론

좌장 이현혜 · 임영진 **토론** 이성주 · 백승옥 · 노중국 · 임기환 · 심재연 · 강종원 · 서현주

Ⅰ. 영역의 기준과 지배방식
1. 영역의 개념과 기준
   - 영역의 개념 - 영역의 기준·명찰론
2. 지배방식
   - 지배방식의 유형 - 직접지배·간접지배
   - 영향권·세력권
3. 영역과 지배방식의 고고학적 지표
   - 5가지 고고학적 지표 - 성곽
   - 무덤 - 취락
   - 위세품 - 토기

Ⅱ. 백제의 영역 확장
1. 『삼국사기』 백제본기 초기 기록의 영역 확장 기사
   - 영역 확장 기사의 연대
   - 패하·주양·웅천의 위치
2. 백제의 북부지역 진출
   - 패수·열수·대수의 위치
3. 백제의 동부지역 진출
   - 말갈 기사의 해석
   - 화천 원천리 유적
4. 백제의 남부지역 진출
   - 벽골제 축조 - 고사부리성 축조
   - 풍납토성 초축 연대 - 완주 상운리 유적
   - 영산강유역 -『일본서기』 신공기 49년조 기사
5. 근초고왕 때 백제의 영토는 어디까지였나

백제학연구총서 쟁점백제사 3

한성백제의 왕궁은 어디에 있었나(Structure of Hanseong, the Capital of Baekje)
- 한성의 도시구조

주제제안

한성백제 왕도 연구의 현황과 과제(이형구)

주제발표

백제 왕궁과 풍납동토성(이도학)
한성백제 왕궁의 구조와 풍납토성(신희권)
백제 한성의 실체와 몽촌토성(여호규)
몽촌토성을 통해 본 백제 왕궁의 실체(권오영)

종합토론

좌장 양기석 · 임영진 **토론** 차용걸 · 박순발 · 심광주 · 김기섭 · 이도학 · 신희권 · 여호규 · 권오영

Ⅰ. 문헌 자료로 본 백제의 초기 도성
1. 백제 초기 도성의 위치
- 하북위례성과 하남위례성의 위치
2. 백제 초기 도성의 명칭과 위치
- 위례성·한성·한산·한산성·북한성
- '이도한산'의 성격

Ⅱ. 고고학 자료로 본 백제의 초기 도성
1. 용어 검토
- 도·도성·왕성 - 성·곽·성원·성장
- 원·궁원
2. 백제 한성시기 주요 성곽의 분포
- 이성산성 - 아단성
- 광주고읍 춘궁리·하남 교산동
3. 백제 한성시기의 도성
- 하북 위례성 - 고대 도성의 구성요소
4. 풍납토성의 도성 구성
- 궁전 - 제의시설 - 도로시설
5. 몽촌토성의 도성 구성
- 지상 건물지·성토대지 - 목책
- 외성 - 적석시설 - 무덤
6. 풍납토성과 몽촌토성의 축조 시기
7. 백제 한성시기 왕궁의 위치

Ⅲ. 백제의 초기 도성 관련 남은 문제

백제학연구총서 쟁점백제사 4

백제의 왕권은 어떻게 강화되었나(Establishment of State Power in Baekje)
- 한성백제의 중앙과 지방

주제발표

백제 국가의 형성과 발달 과정을 둘러싼 중요 쟁점(이현혜)
한성 백제의 중앙집권화 정도에 대한 연구의 평가(박현숙)
고고자료에 투영된 한성백제의 중앙과 지방(이한상)
백제 한성도읍기 중앙과 지방의 성립과 지방통치(노중국)
백제 한성기의 지방도시(박순발)

종합토론

좌장 임기환 **토론** 강현숙 · 권오영 · 노중국 · 박순발 · 박현숙 · 이한상 · 이현혜 · 이희준 · 전덕재

종합토론 1부

Ⅰ. 문헌 자료 연구성과 정리
1. 연맹왕국과 귀족국가의 개념
- 3~4세기대 각 국의 지배 복속 관계
- 부와 부체제
2. 한성백제 중앙과 지방에서의 부
- 고고자료를 통해서 본 부
- 3~4세기 정치발전단계와 부체제

Ⅱ. 문헌과 고고자료의 조화 모색
1. 위세품 사여를 통한 중앙과 지방과의 관계
2. 한성백제의 중앙과 지방관계를 보여주는 고고자료

종합토론 2부

Ⅲ. 주요 쟁점사항
1. 한성백제의 영역
- 삼국사기 초기 기록의 해석과 영역
- 고고자료의 분포 범위와 정치체의 영역
2. 한성백제의 영역지배
3. 중앙에서 지방으로의 위신재·위세품 사여
- 문헌기록상 중앙집권화의 지표
- 피장자의 성격과 위세품 및 위신재
- 금동제 위세품의 사여 연대
- 위신재의 출토 상태와 성격
4. 고구려의 왕권 강화 사례

Ⅳ. 객석 질문

백제학연구총서 쟁점백제사 5

백제의 성장과 중국(The Growth of Baekje and China)

주제발표

3세기 이전 마한백제의 성장과 중국(윤용구)

고고자료로 본 낙랑·대방군과 마한제국(정인성)

4세기~5세기 초엽 백제의 대중교섭 양상(여호규)

고고자료로 본 한성백제와 양진, 십육국의 대외교섭(조윤재)

종합토론

좌장 김기섭 **토론** 강종훈 · 김무중 · 김병준 · 성정용 · 여호규 · 윤용구 · 정인성 · 조윤재

종합토론 1부

I. 백제의 성장과 중국과의 관계

1. 발표 내용 논평과 비판
   - 3세기 이전 마한백제의 성장과 중국
   - 백제 지역 출토 중국계 외래유물의 기원과 편년
   - 백제 관련 중국 문헌자료의 해석과 적용
   - 백제와 고대 중국과의 관계를 보여주는 고고자료
2. 중국 사료에 나타난 백제의 성장 과정
3. 백제 지역 중국계 외래유물의 출토 양상과 해석
4. 고대 중국의 교역과 주변민족 통제 방식

종합토론 2부

II. 백제의 고대 중국 사행로와 교역품

1. 백제의 대중국 사행로
2. 백세 마구의 변천과 중국과의 관계
3. 백제의 중국자기 이용 방식과 의미
4. 백제 지역 마구의 기원과 변천 양상

III. 객석 질문과 총평

백제학연구총서 쟁점백제사 6

한국사 속의 백제와 왜(Baekje and Wa in Ancient Korea)

주제발표

4세기말~5세기초 백제와 왜의 관계(홍성화)

5세기 백제계 도왜인-곤지계를 중심으로(정재윤)

왜에 남겨진 백제 문물(서현주)

백제에 남겨진 왜의 문물(김낙중)

종합토론

좌장 주보돈 **토론** 박현숙 · 이근우 · 우재병 · 홍보식 · 홍성화 · 정재윤 · 서현주 · 김낙중

종합토론 1부

Ⅰ. 발표내용 논평과 비판

1. 4세기 말~5세기 초 백제와 왜의 관계
   - 『일본서기』 사료의 비판
   - 칠지도 제작 연대와 배경
   - 광개토왕릉비의 백제와 왜
   - 목만치를 통해 본 백제와 왜의 관계
2. 백제와 왜의 문물 교류 양상
   - 백제와 왜의 교역 물품
   - 고분의 피장자 문제와 문물의 선별 수용 양상

종합토론 2부

3. 왜 5왕을 중심으로 본 백제와 왜의 관계

Ⅱ. 문헌자료를 통해 본 백제와 왜의 관계

1. 인명과 장군호를 통해 본 백제와 왜의 관계
2. 곤지와 동성왕 무령왕을 중심으로 한 백제와 왜의 관계

Ⅲ. 고고자료를 통해 본 백제와 왜의 관계

1. 한반도와 일본열도 고고학 자료의 용어 문제
2. 부안 죽막동 제사유적 출토 자료의 계통
3. 고고자료에 근거한 백제와 마한의 구분
4. 영산강유역 고분의 계통

Ⅳ. 객석 질문과 총평

백제학연구총서 쟁점백제사 7
백제와 요서지역(Baekje and Liaoxi)

주제발표

백제 요서진출설의 연구와 역사교육-국사 교과서 서술을 중심으로(임기환)

고고학적으로 본 요서(遼西)지역(박순발)

16국시대 요서(遼西)의 인구 증감과 전연(前燕)·후연(後燕)·북연(北燕)의 대응(최진열)

백제 '요서진출설'의 문헌적 검토(윤용구)

4세기 전반 백제군(百濟軍)의 요하(遼河) 일대에서의 활동에 관한 기사의 검토(강종훈)

종합토론

좌장 노중국 **토론** 노태돈 · 양기석 · 오영찬 · 홍승현 · 임기환 · 박순발 · 최진열 · 윤용구 · 강종훈

종합토론 1부

I. 발표 내용과 비판
1. 고고학적으로 본 요서지역
- 용어 및 개념 설정의 문제
- 삼연지역 발견 고구려 · 부여계 유민의 흔적
- 동이교위부와의 장거리 교역 가치
2. 16국시대 및 전연 · 후연 · 북연시대의 요서지역
3. 백제 요서진출 관련 사료 해석
4. 4세기 전반 요하 일대에서의 백제군 활동
- 4세기 전반 백제의 성장 정도 검토
- 『남제서』의 동성왕 표문 해석과 『진서』의 입전 체제

종합토론 2부

II. 백제와 요서지역의 관계
1. 용어 설정 및 교과서상 서술에 대한 문제 제기
2. 백제 요서진출의 시간적 범위
3. 문헌자료를 통해 본 백제의 요서 진출
4. 백제 요서진출의 공간적 범위
5. 백제와 요서지역의 관계 해석

III. 백제 요서진출설 관련 쟁점에 대한 제언(교과서상 서술 문제 등)

IV. 객석 질문과 총평

백제학연구총서 쟁점백제사 8

개로왕의 꿈, 대국 백제(King Gaero's Dream toward the Great Baekje)

기조발제

백제 개로왕에 대한 역사적 평가(양기석)

주제발표

백제 개로왕대의 대외관계(김수태)

개로왕대의 정국의 동향과 체제정비(김영심)

한성도읍 후기 백제 묘제의 전개양상(이남석)

개로왕대 한성의 도성 경관과 토목공사(신희권)

종합토론

좌장 노태돈 **토론** 노중국·여호규·문안식·김무중·양정석·양기석·김수태·김영심·이남석·신희권

종합토론 1부

I. 발표 내용과 비판

1. 백제 개로왕대의 대외관계
   - 백제와 고구려, 신라의 관계
   - 백제와 왜, 송, 북위의 관계
2. 백제 개로왕대의 지방통치 방식
3. 한성도읍 후기 백제 묘제의 전개양상
4. 한성의 도시 경관과 토목공사

종합토론 2부

Ⅱ. 백제 개로왕대를 바라보는 시각

1. 개로왕에 대한 평가
2. 왕·후제에 대한 이해
3. 백제의 대외관계
4. 백제 한성기의 고분 양식
5. 백제 한성기 도성, 궁성, 왕성 문제

백제학연구총서 쟁점백제사 9

백제의 성장과 낙랑 · 대방(The Growth of Baekje and Lelang · Daifang)

기조발제

백제의 성장과 낙랑, 대방의 관련성(권오영)

주제발표

낙랑 역사의 전개와 백제(권오중)

中國系 인물의 百濟 유입과 활동 양상(김창석)

백제 한성기 횡혈식고분의 발생과 낙랑 · 대방의 묘제(조윤재)

백제 토기 · 와전문화의 발달과 낙랑 · 대방(정인성)

종합토론

자문 노중국 **좌장** 박순발 **토론** 윤용구 · 김기섭 · 김무중 · 성정용

종합토론 1부

I. 발표 내용과 비판

1. 백제의 건국세력과 낙랑군 남부도위
2. 백제의 건국과 대방군의 위치
3. 백제 토기의 발달과 군현계 문물
4. 낙랑 · 대방과 말갈
5. 고흥(高興)의 역사 기록, 서기(書記)의 문제
6. 환령지말(桓靈之末)과 조묘기술집단
7. 낙랑 고분의 동장 기법과 산초법(散草法)
8. 낙랑 인물의 백제 이동 문제

종합토론 2부

Ⅱ. 백제와 낙랑 · 대방

1. 백제 한성기 기와 제작기법과 낙랑
2. 백제 한성기 기와의 문양
3. 총평
4. 객석 질문

백제학연구총서 쟁점백제사 10
한성백제사 다시보기(Reviewing the Issues on Hanseong-Baekje History)

주제발표

다시 보는 한성백제사(노중국)
'한성백제사' 연구의 진전을 위한 몇 가지 提言(주보돈)
백제 한성기 도성과 묘역의 문제(박순발)

컨퍼런스

백제, 누가 언제 세웠나(임영진)
한성백제의 왕궁은 어디에 있었나 -한성의 도시 구조-(신희권)
근초고왕 대 백제영토는 어디까지였나(강종원)
백제의 성장과 낙랑·대방(조윤재)
백제의 성장과 중국(윤용구)
한국사 속의 백제와 왜(정재윤)
백제의 왕권은 어떻게 강화되었나(박현숙)
백제와 요서지역(임기환)
개로왕의 꿈, 대국백제(양기석)

종합토론

좌장 노중국 **토론** 임영진·신희권·강종원·조윤재·윤용구·정재윤·박현숙·임기환·양기석

컨퍼런스 1부

Ⅰ. 논평과 전망
1. 백제, 누가 언제 세웠나
2. 한성백제의 왕궁은 어디에 있었나
3. 근초고왕 때 백제의 영토는 어디까지였나

컨퍼런스 2부

Ⅱ. 논평과 전망
4. 백제의 성장과 낙랑 대방
5. 백제의 성장과 중국
6. 한국사 속의 백제와 왜

컨퍼런스 3부

Ⅲ. 논평과 전망
7. 백제의 왕권은 어떻게 강화되었나
8. 백제와 요서지역
9. 개로왕의 꿈, 대국 백제

백제학연구총서 쟁점백제사 11

백제, 한성에서 웅진으로(Baekje, From Hanseong to Woongjin)

백제학연구총서 쟁점백제사 12

백제 웅진기 왕계와 지배세력

(King's lineage and ruling forces during the Baekje Woongjin period)

기조발제

백제 웅진도읍기 왕계와 지배세력(노중국)

주제발표 I

1. 일본 사료로 본 백제 웅진시기 왕계(박재용)
2. 중국 사료에 나타난 백제 웅진기 왕계 문제(임기환)
3. 문헌으로 본 백제 웅진기 지배세력(강종원)
4. 고고자료로 본 백제 웅진기 지배세력(이현숙)

종합토론

좌장 양기석 **토론** 노중국 · 박재용 · 임기환 · 강종원 · 이현숙 · 홍성화 · 윤용구 · 정재윤 · 권오영

종합토론 1부

Ⅰ. 발표 내용과 비판

1. 일본 사료로 본 백제 웅진기 왕계 문제
2. 백제 웅진기 왕계 자료의 검토
3. 문헌으로 본 백제 웅진기 지배세력
4. 고분자료로 본 백제 웅진기 지배세력

종합토론 2부

Ⅱ. 백제 웅진기 왕계 문제

1. 곤지에 대한 문제
2. 모도 · 여도 · 문주와 여대 · 모대 · 말다 · 동성 문제
3. 중국 사서에서 모대 시기에 웅진으로 천도한 기록에 대한 문제
4. 곤지, 동성왕, 무령왕의 관계

Ⅲ. 한성 함락 후 웅진으로 남래한 귀족 문제

Ⅳ. 객석 질문

백제학연구총서 쟁점백제사 13

백제 웅진기 영역과 지방통치

(Territory and Local domination during the Baekje Woongjin period)

기조발제

백제 웅진기 지방통치 연구 현황과 과제(정재윤)

주제발표

1. 백제 웅진시기 지방통치의 구상과 운영의 실제(김영심)
2. 백제 웅진기 북동쪽 영토와 지방지배(양시은)
3. 백제 웅진기 영토 개척과 지방지배 - 동쪽을 중심으로- (곽장근)
4. 백제 웅진기 금강·만경강 유역 지배방식(서현주)

종합토론

좌장 박순발 **토론** 정재윤 · 김영심 · 양시은 · 곽장근 · 서현주 · 노중국 · 김병남 · 김낙중 · 강종원

종합토론 1부

Ⅰ. 백제의 정치형태와 지방지배

1. 한국 고대의 영역 지배 관련 용어 정리 : 연맹왕국과 부체제
2. 지방통치의 정의와 백제의 지방관 파견 시기 문제
3. 왕 · 후제와 담로제 문제
4. 성주, 도사 문제

종합토론 2부

Ⅱ. 담로제의 고고학적 증거

1. 담로의 중앙 파견 문제와 석실분 유입, 토기, 성곽, 제의시설
2. 금동관 등 위세품과 지방통치 문제

종합토론 3부

Ⅲ. 담로제의 여러 모습

1. 담로 규모의 대 · 중 · 소 차이
2. 통합된 모습에 대한 고고학적 증거 문제
3. 백제의 장군호, 왕 · 후, 막부제와 담로의 관계 문제
4. 백제 웅진기 영토에 대한 고고자료

종합토론 4부

Ⅳ. 총정리

백제학연구총서 쟁점백제사 14

백제 웅진기 외교관계와 인식

(Foreign Relations of Baekje Woongjin period and their Perception by Neighboring Countries)

기조발제

웅진도읍기 백제의 이웃 나라에 대한 인식과 대외정책(노중국)

주제발표

1. 5세기~6세기 전반 신라의 대외정책과 백제(전덕재)
2. 고구려는 웅진 도읍기의 백제를 어떻게 보았을까(이정빈)
3. 대가야와 웅진기 백제의 외교 관계와 상호 인식(김낙중)
4. 왜에서 바라본 백제 웅진기 외교관계와 인식(이재석)

종합토론

좌장 노중국 **토론** 전덕재 · 이정빈 · 김낙중 · 이재석 · 박현숙 · 위가야 · 이동희 · 홍성화

종합토론 1부

Ⅰ. 발표 내용에 대한 지정 토론

1. 5세기~6세기 전반 신라의 대외정책과 백제
2. 고구려는 웅진 도읍기의 백제를 어떻게 보았을까?
3. 대가야와 웅진기 백제의 외교관계와 상호인식
4. 왜에서 바라본 백제 웅진기 외교관계와 인식

종합토론 2부

Ⅱ. 백제가 이웃 나라들을, 이웃 나라들이 백제를 어떻게 인식하였나?

1. 『삼국사기』 본기 각각의 전거자료 문제
2. 고구려가 백제를 속민으로 보는 인식에 대한 백제의 대응 논리
3. 백제가 신라를 보는 시각에 대한 신라의 대응 논리
4. 백제가 가야를 보는 시각에 대한 가야의 대응 논리
5. 백제가 왜를 보는 시각에 대한 왜의 대응 논리

Ⅲ. 500년대 무령왕 시기 가야를 둘러싼 백제와 신라·왜 관계

Ⅳ. 가야는 왜 중국 남조와의 교류를 한 번으로 끝냈는가?

Ⅴ. 객석 질문

백제학연구총서 쟁점백제사 16
삼국사기 초기 기록, 어디까지 믿을 수 있나

기조발제

『삼국사기』 초기 기록 연구의 흐름과 문제점(노중국)

발표문

1. 『삼국사기』 초기 기록의 이해 방식(이강래)
2. 『삼국사기』 초기 기록의 주요 쟁점에 대한 의견(연민수)
3. 『삼국사기』 초기 기록의 해석 문제(정재윤)
4. 『삼국사기』 초기 기록에 접근할 때 고려해야 할 몇 가지 문제(강종훈)
5. 『삼국사기』 초기 기록의 해석에 대한 의견(여호규)
6. 『삼국사기』 초기 기록에 대한 관점(박현숙)

종합토론

사회 김기섭 **토론** 노중국 · 이강래 · 연민수 · 정재윤 · 강종훈 · 여호규 · 박현숙

종합토론 1부

1. 『삼국사기』의 특징
2. 『삼국사기』 백제본기의 초기 기록
3. 『삼국사기』 고구려본기의 초기 기록
4. 『삼국사기』 초기 기록의 신라와 백제 건국 연대
5. 『삼국지』 동이전과 『삼국사기』 초기 기록, 『삼국유사』 왕력 비교

종합토론 2부

1. 백제의 마한 병합 시점 문제
2. 2~3세기대 백제와 신라의 전쟁기사 문제
3. 백제의 영역 변천과 마한 병합 문제
4. 『삼국사기』의 왕실 계보 문제
5. 『삼국사기』 고이왕조의 6좌평 · 16관등 설치 기사 문제

종합토론 3부

1. 『삼국사기』에 가야사가 빠진 이유
2. 『삼국사기』 초기 기록의 사료적 가치
3. 고고학 자료로 본 3세기 『삼국사기』와 『삼국지』
4. 고고학계에 대한 제언
5. 청중 질문